杰赫星命

金融占星

（甲辰年最新修訂版）

序章

薪火相傳

回想杰赫星命由《八字編》開始，經歷《紫微斗數》，至今已不經不覺進入第五個年頭，這段時間在筆者腦海經歷了三次「系統」的重新植入，且不斷升級，不斷地自我進化昇華。同樣地，筆者亦由從前的學生變成學者，再由學者升格為老師，所謂：「今日為徒，他日為師！」這個薪火相傳的過程正在本人身上體現過來。

說實在，早在三、四年前的我，根本沒打算在玄學界發展的念頭，亦從來未曾想過成為眾人師表，之前學習術數的目的都是出自好奇心驅使，只是為了滿足自我求知欲罷了，否則，就不會學上了這麼多林林種種不同類型的術數。還記得，十年前網上討論區有個叫「舅父」的人物，事實上我跟他的關係是蠻好的，此人為了學術老是跟人吵架，並橫跨多個討論區，是非實在多到不得了，但他也是我「帖」的忠實擁躉，每天都見他發言，且偶有出來閒聊茶聚。

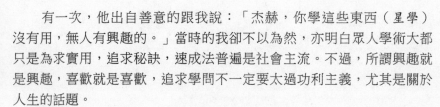

有一次，他出自善意的跟我說：「杰赫，你學這些東西（星學）沒有用，無人有興趣的。」當時的我卻不以為然，亦明白眾人學術大都只是為求實用，追求秘訣，速成法普遍是社會主流。不過，所謂興趣就是興趣，喜歡就是喜歡，追求學問不一定要太過功利主義，尤其是關於人生的話題。

現時回想，假如當年的我真的打算在這方面發展，只會專門攻讀

一兩科，或者是八字跟風水吧，事關兩者都比斗數和占星容易，短時間學會，說白了因為賺錢快嘛！

可是，若然真的時光倒流，當初的我決定選擇了「實用」，今日就沒有「命星三式」，這個空間也沒有人知道這麼多星命關係。反而，當年所謂的「無謂嘢」，今日反而成為了整個《杰赫星命》的思想核心，更意外的是，當大家一旦想起八字、斗數、占星和金融等星命聯動，不約而同就會想起我。

最後，亦都是事實，筆者對星學的興趣正是促使本系列叢書能夠持續發展下去的動力，沒有其他原因。

序章

序章　凡是過去 皆為序章

今天筆者感覺特別興奮，事關執筆至此《杰赫星命》的佈局幾已接近尾聲，在過去五年多的努力，個人出版了八書，合共寫了一百四十萬字，然而星命系列已含蓋大多數祿命學及星學基礎，提出了許多與別不同的觀點和看法，相信各讀者定能隨心所欲，從中找到一門自己喜歡的預測學，在人生路上得到某些開悟或啟示，若然再把這書完成，就算是達成了個人推廣星學和正信的心願。

說到金融占星，可能大家都會覺得特別迷信，認為如果玄學真的能夠預測股市，試問世間上又豈有窮人乎？宜先簡單介紹，此書的前半部分將會談及個人財運及財商潛能，後半部分主要談論國家、地區經濟、週期趨勢和產業發展。事實在古代，占星的主要用途就是與國運興衰、戰爭災難及農作收成的估算有關，它在預測世事變遷的研究比推算個人命運的時代更早，就以清道光時期為例，徐天啟著《人天金鑑》就是專以木星、土星、天王星和海王星所建立的「四大天運系統」作為古時的金融占星書。假如閣下信相命運是可以預測的話，那麼，國勢及大環境又豈會無跡可尋？

不能否認，富貴由天，生死由命，一個人的窮通關係個人自身多於其他因素，命中註定大富大貴的人，不用投資炒賣也能從別的途徑獲取財利。相反，有些人就算眼光獨到，具學歷專業優勢，但缺乏勇氣和果斷，眼見大好「錢途」也不敢嘗試，這都是完完全全屬於個人的選

$ 金融占星

擇。當然國家政治穩定，大圍環境理想，經濟蓬勃發展，當個個都能安居樂業，投資者願意入市，股市自然上揚，財富效應便由此而引生，這些政治體及地域發展的連鎖反應，才是金融占星的主要討論範圍。

如今我們生活在極度商業化的社會，尤其在「金牛座八運」的世代，當個個都視物質財富為個人最大成就之時，各式其色的金融預測術便應運而生，先不說中式玄學術數等預測方法，西方也有許多學術統計，例如是朱格拉循環、庫茨涅茲循環，或是一些另類趣味統計，如是高跟鞋指數、短裙指數、漢堡包指數及摩天大廈效應等等，都是根據人群心理及某市場特徵而編制出來，再講，技術分析者視之為寶典的「江恩理論」絕大部分學理都是由天文及幾何數學引伸而出。以上指標，如果和流傳千古的占星學相比，金融占星一點也不迷信，其實驗結果更不輸蝕。

回顧當年往日，筆者計劃寫「星命」之時，已有打算將《金融占星》放在後頭作為壓軸好戲，這個運用玄學作為金融推算的念頭卻來自一本啟蒙書，為吳師青的《天運占星學》。事實上，早在十多年前的占星世界，相關的參考書基本沒有，正因為此，此書卻是唯一一本令個人窮十年心血鑽研的典籍。更屬害的是，吳師青已去世多年，但書中內容到現時為止也十分通用，觀點和現代經濟及占星概念沒有不同。再者，人性的本質，世運的轉變，貪婪成就高潮，恐懼成就低谷，不論什麼時代都是永恆不變。

但是，如果閣下打算在《天運占星學》中尋寶，相信亦非易事，事關你必須具備中西合璧的天星知識，加上有閱讀古文的耐性，把文句及古舊難明的星圖拼對解讀才能得到一點點頭緒，可說研究古星學絕對是個花費心思精神的大考驗。慶幸地，杰赫身為後輩，必定薪火相傳，把吳師青的知識進行現代化革新，以簡單易明的方式表達出來，務求寫出一本內容完善真確，別出心裁，具一定參考價值，可以給大家珍藏的金融占星書。

人的命運為甚麼會跟出生年月日時有關係呢？茲因時間代表著星體運行，星體跟地球產生磁場引力，影響地球的萬物興衰，故稱為〔宿命〕。股市的運行起落是由一眾人的共同行為所造成，當大部份人看漲的時候，價位越買越上，所以股市上升。當大部份人看跌的時候，價位越賣越落，所以股市下跌。

如果，我們能找到一個方法，知道何時會影響人的行為，那麼，就有機會預測到股市升跌的轉折點！

在股票市場上，基本因素分析，例如加息減息，港滙、美滙、人民幣升跌及國家策略等等，當然會影響一眾人對股市的看法。技術分析，平均線的黃金交叉、死亡交叉，陰陽燭圖形，會觸發基金電腦盤，也會影響股價升跌。

然而，除了坊間常見的基本因素或技術分析之外，玄學（包括子平八字、紫微斗數、西洋占星……等等）同樣可以分析一眾人的行為變化，從而得知道市場的轉折點所在，現在坊間普遍稱之謂：〔玄學金融〕又或〔金融占星學〕等等名稱。

好友杰赫兄，不論在紫微斗數、子平八字及西洋占星等學科皆有涉獵，有互補長短之益，功力甚高，而且杰赫兄對玄學金融的運用亦大

有心得也！

　　杰赫兄大作西洋占星至今已出到第四集，今集為金融占星之講解，建議各讀者先詳讀西洋占星Ⅰ、Ⅱ、Ⅲ集，對占星學有了基本認識，再來看這本金融占星，相信可以更快領悟，獲益良多。

　　弟在此謹祝願杰赫兄大作一紙風行，齊來在玄學金融圈發光發亮！

李應聰師傅
戊戌年孟冬

　　註：李師傅運用子平八字配合波浪理論分析港股已有很長時間，並在各大財經雜誌撰寫玄學財經文章，不斷跟大家作示範及預測，成績有目共睹。

代序二

序章

很榮幸能成為杰赫老師的第一屆占星課學生，雖然跟杰赫老師認識只是數月的時間，能獲得老師的信任而為這金融占星書代序，實在受寵若驚。

認識杰 Sir 的最初是透過我的八字啟蒙老師所推薦的好書《杰赫星命‧紫微斗數編》，除研習四柱八字外，愚也有興趣研究斗數，掌面相跟占星，而這多方面的興趣，也令我書架上的書籍要考慮排位安放。作為研究玄學的同好，也必有鑽研古籍，先賢的智慧，當然也有一定參考價值，但古籍當中的精髓，又有多少有心人能參透！作為現代人的你與我，也要與時並進呢。而杰赫老師的著作簡單易明，由淺入深，著墨一針見血，絕不沉悶，既科學化亦很貼地，很容易令讀者產生共鳴，是我經常翻看的好書之列，參考價值極高，尤其以往所學不到的新觀點，令愚大開眼界，深感佩服。

在斗數與占星上中下編看來，每編章也循步漸進，分類細緻，亦能將斗數、占星與掌面相元素加入，融會貫通，可見老師是相當具有創新意念，亦可想像這研究的歷程，得來不易，能夠將這精髓公諸於世，實屬難能可貴。而得知杰 Sir 開辦占星課程，當然要第一時間報讀呢！

一直對天文地理認識不多的我，也擔心追不上進度，上課前也有備課，記熟占星的符號與名字，想不到是原來學占星，並不一定要對

金融占星

天文學有深度的理解。在首兩課堂中，杰 Sir 已精要地帶出天文學與占星的由來，令一向怕沉悶的我倍感輕鬆。沒有想到，原來占星是這麼的簡單，要讚美杰 Sir 的準備充足，圖文並茂，輕易能帶出重點。課堂上亦會論述身邊發生的時事新聞，分析大勢所趨，亦是投資朋友可參考的重點。

　　最後，祝願杰赫老師粉絲成群，繼續發揮玄學上的創新意念，造福人群。

學生・月映瞳

代序三

序章

自小對中國玄學術數有著濃厚興趣的我,不論是四柱八字、紫微斗數、玄空風水或文王卦,也曾一一涉獵。反觀對於西方術數,如占星、塔羅等等,心中總是存著一點偏見,覺得西方術數總是不及中國術數細緻及準繩。

去年有幸在書局中翻看杰赫老師的首部著作《杰赫星命‧四柱八字編》,書中以湛新手法去分析八字命理,包括以紫微斗數及西洋占星的角度去分析八字命,並指出三門術數是可互相兼容。

其後老師的著作之紫微斗數及西洋占星系列,我都有一一購買及拜讀,而我對西洋占星的眼界亦因此而打開。

老師終在去年開辦首屆西洋占星課程,而我便是其中的一員。在課堂上,老師以深入淺出的手法去講解占星命理,簡單易明。而課堂不只著重研究名人案例,亦會分析學生們所提供的命例,徵驗度亦可謂相當之高。

得悉老師新書《金融占星》快將出版,心中熱切期待,因坊間以術數去占算經濟的書籍始終只有少數,謹此寄望老師新作能夠一紙風行。

學生‧艾迪

代序四

近些年來，運用玄學來預測投資市場的學說紛紛冒起，當中以四柱八字的預測最為常見。但相信在今後，坊間又多一門技法可供參考，這就是以占星為基礎的金融預測學。之前杰赫哥出版一系列的「星命叢書」儼如字典般詳盡豐富，可見他在占星學上的功力深厚，下了不少苦功。如今出版的《金融占星》更是坊間稀有，小琛有幸在出版之前簡閱，發現書中實例眾多，甚至包括國運圖、各主要投資工具等，內容更勝一籌。

投資要交學費實在在所難免，但如何減少損失，除了掌握市場走勢之外，了解個人運勢也是十分重要。本人也會運用玄學來預測Bitcoin 走勢，也深信天運是決定市場趨勢的關鍵因素。

然而，自己覺得書中最吸引之處是「個人偏財模式」的章節，事關不一定個個人都有偏財運，可以憑投資來發達致富。讀者可藉此來了解個人有什麼的偏財優勢，再加上行星對大市的影響，在投資判斷時便更能得心應手。

敬祝杰赫哥新書大賣！

王小琛
《虛幣實戰》及《美股通勝》作者

代序五

序章

期待已久，杰赫師兄占星系列的新作～《金融占星》終於面世！一般而言，占星、八字、斗數等術數，給外人的感覺通常是用於預測人命之用，但在國運、世運上的運用，甚至是金融走勢上的預測都似乎比造命術更有意義。

譬如 2018 年 1 月及 7 月發生的月蝕和日蝕，均導致金融市場產生大幅波動，而 11 月計都離開獅子座，進入巨蟹座，美股同時進入熊市，這些能夠影響金融市場的大週期星象都經得起歷史考驗，屢應不爽。不過，金融占星應用於長期走勢的預測十分有效，但在短線炒賣上卻幫助不大，所以如果能配合一些即市的波浪分析，就更顯相得益彰。占星的應用除了金融走勢的預測，還可用於造命術及風水堪輿之上，堪輿學首推唐朝的楊筠松風水先師，在他的《造命千金歌》內有提及：「一要陰陽不混雜，二要坐山逢三合，三要明星入向來，四要尊星當六甲，四中失一還無礙，若是平分便非法。」其中的三要明星，四要尊星，均是中國傳統七政四餘的內用法。

在此本人誠意推薦杰赫師兄的新作～《金融占星》，不論是投資者或者術數愛好者都值得收藏。

易優・《恆指循環密碼》作者

戊戌年冬至

目錄

第四章・行星循環週期

第五章・行星重要事件

目錄

前言 杰赫星命之由來

　　杰赫是筆者本人在網上討論區的網名，有一段時間，正值我在玄學探索路上的高溫發燒期。2008 年開始在網上玄學討論區以文會友，為網友自由算命，從而累積了一些寶貴經驗，同時結交了一些同道中人。大家將各自心得、絕技、古籍等收藏作互相交流，此時便開始了撰寫玄學文章之雅興，其間合共寫了七十多編玄文。當時玄學興趣廣泛，文章的主要題材包括四柱八字、紫微斗數、七政四餘、西洋占星、天星風水和大六壬神數等等。

　　因玄學派別眾多，很多理論都存在分歧，例如早子、夜子時；天、地、人盤；閏月四化；南羅計北等問題，因而找出原由和合理性正是當時討論之主要範圍。當年還攬了一個女命感情專區，因為這個專區從而建立了一些原始數據，從統計資料所得，正好反映現今香港女性在八字上之感情特質。及後還發展成為以討論七政四餘的星命討論區，嘗試從坊間有限資料探索中國古星學與祿命學之間的關係，此帖從古到今，無所不談。

　　後來文章不斷累積，已寫超過十多萬字，玄文除了討論區還有貼在 Yahoo Blog。後來因工事繁忙沒有再經常參與討論，隨後 Yahoo 更宣報永久停開博客。事隔多年後的今日，因一次網聚，幸得昔日網友鼓勵再次執筆，決定將前文與多年心得經驗總結並出版成書，或作為自娛自賞之用。

$ 金融占星

記得筆者第一次接觸玄學術數時只是一個二十初出頭的青年，當時正值休業待業，有位師兄自問懂得八字，可以幫忙問前程，當時的我對命理完全沒有認識，只以為是生肖運情程，黃大仙求簽等東西。便問了父母攞了自己的生辰八字，幸好母親生育時有詳盡記錄，並寫在一個紅包上，而且出生時間去到分鐘，此資料減少了不確定性，從而間接有助稍後步入學習西洋占星之途。

當年這位師兄給我的推算，今日都經已忘記得一乾二淨，可是其人給我的最大影響就是看到玄學世界的入口。自此後的數年乃個人學習高峰期，其間一共學習過九門術數，分別有四柱八字、紫微斗數、西洋占星、面相、掌相、玄空飛星、六壬神數、奇門遁甲和文王卦等等。師從至少十多位老師，其中最知名算是已故林國雄師傅，杰赫跟隨林師學得第一門功夫 ——【八字】和【面相】，其後在不同科目亦有跟隨不同流派之師傅學習。可是，各位不要過度幻想，杰赫在堂上只是一個名不經傳，非常平凡，毫不起眼的學生，因此沒有機會與名師深入師徒關係，只能算是堂上的一名聽眾罷了。

其後在工作上認識了一位朋友，他把王亭之所著之《紫微斗數講義》借給我，此人多年前對斗數充滿熱情，重金買下此講義，可是友人覺得自己慧根不足，不得其門，罷了。筆者自以為有秘笈在手，便開始慢慢細研，及後亦有學習過北派飛星紫微斗數，可是心底裡還是認同較為傳統的紫微斗數。現在，星命系列的斗數部分皆以使用類似傳統七政四餘的推算法，有些地方更會中西合璧，加入一些占星學之睇法。

回想初次得知政餘之術，是從一位在「股市技巧分析課程」上認識的同學身上，這位同學是一位素有名氣的專業風水師，由於課程的江恩理論、波浪理論、水星逆行、神奇數字、黃金比例與四度空間等與天星學理稍為吻合，便得此介紹閱讀吳師青所出版的一系列天星叢書。

後來在其他進修中心上了一個名叫「七政四餘」的課程，課程內容有百分之九十八都是西洋占星，相反七政四餘的特色與推算方法一點也沒有交代。這個「指鹿為馬」害得我在網上被習政餘之人攻擊恥笑，正因為此，從而加強了筆者的決心，從多方面研究，包括天文科學、歷史、古書和論文等等，各讀者可以到訪本人網站，其中分享了天文觀星之樂趣，與及早期有關日蝕、月蝕之記錄等等。

此系列叢書乃筆者多年在玄學領域上之心血積累，一旦大家看完《星命三編》之後，便等如練得九陽神功，除了學懂星命三式之外，更會初步了解古代三式，即太乙、奇門、六壬，以及三式與面相與不同類形人格的組合運用，此書並加入歷史發展及天文典故，盡量做到保証資料可靠和真確。筆者會把過住經驗及所知，毫不保留告訴大家，希望各位能有所獲益。

如能上知天文，下通地理，左讀歷史，右測未來，而最中知命。

最後，此書的主要內容皆以星學為題，當中主要以占星學理為本，對於七政四餘及古代星學之部分，只是蜻蜓點水式用來補充點綴，當中大部分資料皆可以從古書及網上找到。

曾經有人問我，為何不寫一本完全屬於七政四餘的書？

說實在，本人根本沒有這個方面的資格，況且，中式星學比西方落後上百餘年，現今社會流行的時事、金融及遷移占星，甚至心理分析和性格型態，都是傳統政餘星學所沒有或不被重視。時至今日，吾見研習政餘星學之人，十之八九為考古學家，而非天文學者，因此筆者不打算投放太多精神和時間去引證古訣的真偽，反而專注在占星學上發展一套適合東方人口味的術數，似乎更乎合潮流所趨。

個人認為，專精比廣泛更為重要，反之去蕪存青，專注發展星命

金融占星

三式，八字可以睇格局大運，斗數可以睇主題細節，占星可以睇性格心理，三者已經能夠幫我解決一生之難題，舊時那些老師傅都以算命三寶為主，舊三寶是八字、面相、掌相，八字看大運，面相看性格，掌相看心理，新的「星命三寶」只須出生時辰，也有異曲同工之妙。

幾可肯定，倘若對政餘星學有興趣者，此書定能給你一個大概藍圖，必定對古祿命學有所啟發。

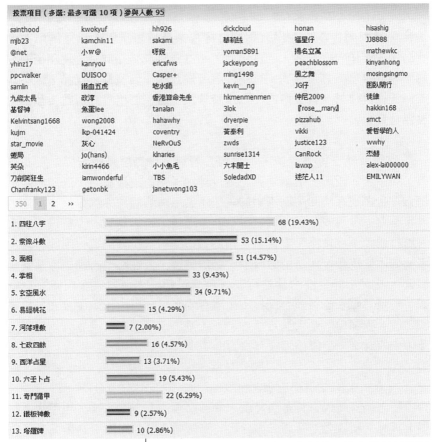

• 當年【杰赫星命】在網上討論區的玄學興趣投票

前言

先旨聲明，本人並沒有相關財經專業及認可証書，以下的所有內容均是從玄學角度及個人心得出發，某些觀點或是從群眾心理和街頭智慧而領悟得來。必須強調，書中內容所提及的任何股票及商品，絕不構成何任投資建議及買賣邀約，因投資涉及風險，價格可升可跌，盈虧由自己負責。

說到金融占星，很多人都會趨之若鶩，以為這是投資界的葵花寶典，如果深入鑽研，定能煉就出絕世神功，便能縱橫股海，所向無敵，把它神化之說在坊間可謂不絕於耳，筆者以前的想法亦都如是，但經過多年努力，發現成功絕非偶然，也非一書技法所能達到，沒有一門功夫可以打偏天下無敵手。事實上，預測大市絕對不是一門單一學問，因它涉及的因素眾多，如是地緣政治、經濟發展、人性心理、民族性及文化影響，可說是綜合性的社會行為。再者，招式如何厲害而沒有深厚功底，任督二脈未能貫通，仍打不出應有的水平，可見預測（**招式**）只是成功的一少部份，個人資質（**內功**）才是決定性關鍵。或者說，只因幸運帶來的財富，總終都因沒有實力而帶走。

投資致富的關鍵不在於看市準不準，不在於資金多寡，只在於投資者對自己有多大了解，與及個人的理財規劃及資源部署，如果想在市場上獲利，贏人之前必需先贏自己，了解個人心性可謂更為重要。不難發現，股市不升就是跌，只要你隨意買一邊，待時機成熟收割便有利可

金融占星

圖，但如何在股海中遊刃有餘，得心應手，出入平安，仍需要有相當多的經驗和磨練，即是說贏一次不難，要贏一世卻不容易，人生的競賽並非贏在起跑點，而是在於終點站，最後贏先係贏！

關鍵的是，市場永遠六親不認，不論你老豆是誰，身家多豐厚，IQ 及學歷有多高，是否專業人士或靚仔過劉華，甚至懂得奇門遁甲和金融占星（技術），在市場上永遠輸的都因為自己（心理）。投資路上永遠是寂寞的、孤獨的，沒有人可以絕對信任，沒有人會跟你走足全程，跑不到終點的大有人在，更不要相信有穩賺方法，所有美好憧憬最終都只會是謊言，事關股市是黑暗的、邪惡的、零和的、明爭暗鬥的、你爭我奪的、合謀操控的，你的成功或多或少建立在別人的失敗上，「一將功成萬骨枯」是千古定律，當你一入股海就註定要冒上這個風險，預咗輸晒是筆者給你的第一個心理準備。請緊記，對投資者來說，任何時候都是冒險的，你的輸贏與人無尤，與大戶無關，你發達不關我事，我輸錢卻沒有人可憐，投資要有個人判斷，要為自己的行為負上責任。

至於如何賺得最多最快的錢，當然就是懂得把別人的資產放進自己口袋裡，好運的人賺去失運者錢財，財富轉移是資本主義的規則。世間上只有一成的人掌握著世界九成財富，即是說在股票市場上賺大錢的人只有小數，而輸大錢的人卻屬於多數。

更多時候，股市都在上下波動，當中沒有中庸之道，沒有供求平衡，沒有合理價格，成本價與市場價絕對無關，譬如沙地石油成本幾美元，但 2007 年可以賣到 147 美元一桶；Bitcoin 成本不用 1 美元，但 2017 可以炒到 20000 美元。相反，在熊市之時所謂：「賤物鬥窮人，麵包可以平過麵粉。」所以什麼剛性需要，什麼求過於供都只是誤人子弟的借口，做生意就預咗有風險，有賺必然有蝕，礙於形勢就算蝕本也要賤賣。可見世間上沒有永遠上升，也沒有永遠下跌，日出之後是日落，日落之後是日出。

價格往往只會是「升過龍」或「跌過龍」，因為對於投機者來說，波動就等如機會，就能轉移財富，無波動即是無機會，這個「波動」就有如舞池上的音樂節奏和旋律，給人感覺輕快雀躍，讓人在不自覺間步入舞池，在台上翩翩起舞，但只要稍一不慎，甩掉半拍仍深信藝高人膽大，勉強繼續跳下去的話，結果只會愈跳愈差，甚至完全「甩KEY」，在眾人面前出糗而已。尤其大家知道，如今股市更似賭場，香港更是莊家老千市，股價非反映實際經濟，但有賭性還要有賭運，而「運氣」即是「時間」，在舞池上便是「拍子」。

還有一點，無論你肯花幾多錢去學投資，結果都只有是輸錢教懂你如何面對現實，很多知識並非知道就可以運用自如，尤其是止蝕的勇氣，悶市時的耐性，升市時的謙虛，跌市時的冷靜，見人升我跌時的不嫉妒，人蝕我賺時的不自誇，震倉時帶來的心理恐懼，所有人都吹淡時的擇善固執，以上各點還需配合個人修為，要多加體驗才能明白。

然而，金融占星的研究能讓你知道天運循環，周而復始，沒有永遠上升，也沒有永遠下跌，更重要是了解個人投資潛能和發達週期，知道何時進退，什麼時候停止，因為在投機市場上賺錢不難，保本才難！再講，個人無力改變風向並不重要，只要道如何調節帆船，一樣可以到達目的地，所謂：「時未來，則待之，勢既至，則乘之。」所以在書中的第一部分，先和大家談談個人財性及投資取向，須知道，股票市場上賺到錢的人不多，並非個個都可以步入舞池與狼共舞。

最後，此書沒有公式教曉大家如何發達，寫《金融占星》的原意在於學問分享，並綜合前人經驗以及將一些個人看法作個總結，以茲有心人共同研究參考，至於能否致富還在於閣下本身！😆

一月效應

前言

筆者在前書《運限編》提出了三個日子，對個人而言特別具命運啟示作用，如今這些日子對於股市而言同樣有一定的參考價值。

第一個時間是「立冬」，基於此時是北半球日長夜短的最後一日，故在古時很多國家都以此日作為新一年開始，亦基於此，「立冬」便有週年性轉角市的意味。筆者好友《恆指循環密碼》的作者易優，也提出以「立冬」後一天的股市圖作為來年的整體走勢參考，並提出了相關記錄。

這個「一日知一年」的理論在玄學界十分普遍，與佛學上的「天上一日，地下一年」的概念相同，然而占星學的「主限法」便是以地球自轉一度（4分鐘）作為一歲，或「次限法」以地球自轉一圈（一日）作為一年的象徵，在八字及斗數上也有以一個月作為十年大運的慣性，可見這個方法也非無稽之談。

另一個重要時間是「立春」，所謂：「一年之計在於春，這個春就是立春。」個人傾向在這個日子取樣，2017年就是一個很典型的例子，而2018年的立春日卻明顯處於大跌市，也乎合當年實際市況。

第三個是「春分」，中國人視二月「立春」為春天開始，但西方人卻認為春天在三月「春分」，當中的分歧原自於氣候與星象之間的

取捨。中國人以農立國,當然以農耕為優先考量,正因為此,每年運程書皆以此日作為地區流年批算的模板。但在古西方,鑑於黃道十二宮的基本設計是以白羊座「春分點」作為起點,這個時間便賦予了全新一年的象徵意義,故此「春分圖」便成為了一年宏觀大勢及地域發展的參考藍圖。

有趣的是,坊間也有眾多數據支持這個論點,名為「一月效應」,認為一月份的走勢將影響全年表現,如果一月份能錄得升幅,全年將是升市,反之亦然。據顯示,美股在 85 年來有 79% 如是,統計數據如下:

標普指數:76 年共有 60 次,命中率為 78.95%。
香港指數:48 年共有 30 次,命中率為 60.25%。

從中可見,「一月效應」在美國股市較準,有接近八成命中率,相反香港只有六成,雖然比率稍遜,但仍有一定的參考作用。現回顧前文,每年的立春時間約為 2 月 2-4 日,與 1 月 30 日相差只有二至三個交易日,可見在某程度上「一月效應」和「立春升跌」也有一定的關聯。同樣道理,二月的「紅盤效應」也是另外一個參考指標,但這個紅盤效應似乎只適合香港和大陸,但是,基於香港極度容易受到外圍因素影響,所以指標性便遠不及 A 股是可以理解的。

在此便引申了一個現象,為什麼同一效應,美國較香港準?

原因在於與香港這個市場的深度不足有關,我們的貨幣名叫「港元」,但掛鈎的是美元,即是美元才是其真正價值之所在,是支持其內涵值的主要根源,是引導資產價格的主要因素,因此本質上都是「美元」。再者,現今香港是一個只有房地產業的城市,「港元」只是服務七百多萬人口,但美國卻是世界超級大國,美元不但服務本土三億人,還加上世界各地不計其數的使用者,普及率為世界總貿易量之六成以

上，所以在統計上便更為「平均」，更「可信」和接近「自然」！

不難發現，香港本身的經濟結構基礎十分不穩，產業失衡，極度需要外圍帶動，如是西方的技術資金，中國的人流物流，因此只要外圍發生任何風吹草動，或大戶人為地主力拉動某權重大股，都能輕易引起價格波動，甚至改變其短期走向，故此，必須明白金融占星的第一要點就是不能太過「人為」。再舉個例，我們做玄學研究的，經常被人問及整容能否改運，這又是「自然」與「人為」的較量，一般而言，整容只是自欺欺人的微調，是新瓶舊酒的改變，但如果人的本質內涵沒有徹底性改變，運仍是改不了。記得在《基礎編》曾重點說過占星是純自然及大環境的預測法，如是社會整體發展及經濟的景氣與否，所以愈是人多參與，愈是天然無添加，預測就愈是可靠！

如果將這個現象套入外匯，可信度就更為驚人，事關貨幣市場比股票市場更為海量，以 2017 年市況為例，香港股市的日成交為 1000 億左右，但世界外匯總成交為 5.5 兆美元一日。加上在貨幣市場，不論國家央行、投資者、生意人或是一般平民百姓都參與其中，這些日常自然的經濟活動就是占星所強調的「天道」。再者，貨幣有國家主權象徵意義，外匯更是國家整體經濟的晴雨表，如國力及經濟強勁，對外購買力上升，本幣自然升值。筆者甚至發現，星象與國家經濟數據的吻合度比股市更為準繩，然而大宗商品、原油或樓市也十分準確。無他的，歸根究底「實體經濟」才是金融占星的設計原意，至於後天的股票市場，由於太容易合謀操控，價格不難短期偏離其內涵值（超買／超賣）。故此，如果以占星及其他玄學術數來作占算，就務必要加大兼容，結果與實際情況相對有高誤差是肯定的。

當中筆者發現三個日子特別引以為「忌」，這些「忌日」有如神秘百慕達三角洲，大多數的推算在此日都以失靈為大多數，日子分別是：（一）美國假期，（二）期指結算日，（三）美國議息前夕。有這樣因由，一來由於全球的金融話事人不在大廳，股海中的蝦兵蟹將便可

成機興風作浪。二來期指結算可謂是每月大戶的 Mark 價日子，而息口政策更是控制資產升跌的最有效手段，可見這些個別日子的市況最「人為」，最多陰謀詭計，最不乎合大自然法則，所以這些時間往往都易有突然和違反趨勢的情況出現。

須知道，股票是 17 世紀初被英國和荷蘭發明，在之前，占星學的推算純屬以趨勢為主導，它先天沒有絕對指數的設定，有的只是一些吉凶及形容屬性，例如正面與負面、平穩與波動、牛市或熊市、慢步及快速、頭威還是尾陣，還有一些強弱指標，如是行星本身的光度、相位和聯繫行星的力量支持等等。同樣地，股票的價格亦都如是，占星只可提供一個大約時間，如是景氣擴張或收縮，至於這隻股票的價格會到達什麼位置都不是合理的問題。

說到這裡，大家應該適時的想一想，到底「時間」重要還是「價格」重要？

記得港交所（0388.HK）還是百多元的時候，當時經濟日報某著名分析員把其目標價提升到 $500，可時至十年後的今日仍未達標，但卻不能怪他誤導，可能過多十年，說不定港交所真的可以升穿這個價。再講，「目標價」這東西一係唔到，一係升穿，從未見過啱啱好，所以下次打電話問股票的時候，除了要問目標價，記得問埋幾時到！

另一話題，從彭博相關資料顯示，占星對於金融分析又存在一定的濛瀧和準確性，視乎人們怎樣去思考和解讀，資料如下：

標普指數：　76 年出現高位次數最多的月份是 12 月，總數為 22
　　　　　　次，機會率：36.67%。
恆生指數：　48 年出現高位次數最多的月份是 12 月，總數為 15
　　　　　　次，機會率：31.91%。
標普指數：　76 年出現低位次數最多的月份是 1 月，總數為 22

$
金融占星

次，機會率：36.67%。

恆生指數： 48 年出現低位次數最多的月份是 1 月，總數為 14
次，機會率：29.79%。

從上資料可見，不論美國或香港都易有機會在 1 月（春分）見
底，或在 12 月（冬至）出現全年高位。問題是，所謂：「甲之熊掌，
乙之砒霜。」占星對於每個時間點都有見解，可以從一些象徵性時間立
極，如是四季圖、日月蝕、回歸或行星逆行，可是基於人性的偏執，
只見樹而不見林，淡友看到的是 12 月高位，可以乘勢做空，好友看到
1 月可以逢低吸納，就因為大家的心態各異，賺蝕回憶在腦海的感受不
同，看到的星象及情景感受就不一樣。據經驗，「理性命格」的人心態
傾向悲觀，「感性命格」的人心態傾向樂觀，就算同一份報告，兩個人
都有不同的睇法和分析，都有不同的目標價，情況有如「波浪理論」數
浪準則與方式大致同相，但永遠個個見解不一，同一組浪有人看升，有
人看跌，完全沒有客觀標準，只有事後修正，但修正過後卻不代表下次
正確，或同樣合用。

個人認為，「金融占星」與「波浪理論」同屬感性主觀的分析
法，什麼是客觀？當同一組數據及星象，都有統一標準答案就是客觀！
但話須如此，占星及波浪的見解不同卻非一定錯誤，並不一定代表你是
我非，有可能兩個都對，只不過是觀點與角度不同而已。正因為此，絕
對不可只以占星及波浪去估算大市，還要有客觀的數據支持，最後便會
發現，客觀的經濟數據和個股的基本分析才是最真實可靠的「星象」。

花了這麼多編幅，都在說明沒有一門絕對可靠的方法能夠適合所
有投資者，也沒有一門功夫可以適用於所有市場，然而人的見解及開放
性會「局限」或「特顯」了某些發財特質，所以德國證券界教父安德
列‧科斯托蘭尼說過：「投機是種藝術，而不是科學。」再者，科學只
是預測基礎，但科學不是萬能，仍有很多東西是科學解釋不到，尤其是
涉及廣大群眾心理活動，就更不能只以客觀無感的邏輯去推斷，還要加

上時局形勢及其他判斷。

　　稍後在第一章節，筆者會以個人財運作為出發點，重點找出每個人不同的「發財模式」，本質上，找出最有利個人的投資方法，選擇個人最具競爭優勢的項目是占星長處，而非直接告訴你大市升定跌，所謂：「授之以魚，不如授之以漁。」

　　又因市場還有其他不能量化的因素，每時每刻都在波動變化，此不確定性及不科學，很難跟人辯論分享，因此就更必須以開放態度作出觀察和驗証。

索羅斯表示：西方的經濟、金融理論傾向模仿物理學，試圖剔除不確定性，像預測行星軌跡一樣，希望將所有事情簡化到可以量化的程度。他認為這種做法錯誤透頂，因為人的行為往往受情緒影響，不如行星運動般可以量化計算，將僵化的模型搬到金融市場是脫離現實之舉。

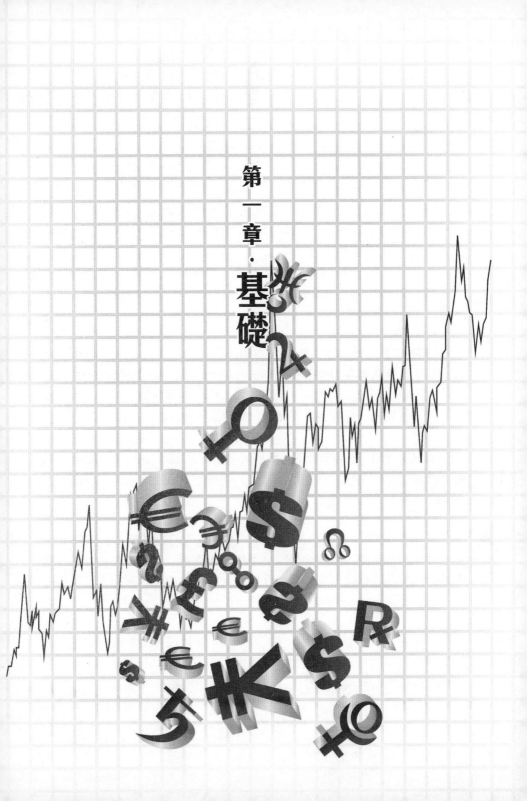

第一章・基礎

黃道十二星座

關於十二星座人性及心理部份，各位可重溫《星座編》，如今要說的是星座形態、波長和變動模式。十二星座分別是：白羊座（Aries）、金牛座（Taurus）、雙子座（Gemini）、巨蟹座（Cancer）、獅子座（Leo）、處女座（Virgo）、天秤座（Libra）、天蠍座（Scorpio）、人馬座（Sagittarius）、摩羯座（Capricorn）、水瓶座（Aquarius）和雙魚座（Pisces）。

【陰陽】：「陽性」星座具有明顯、上揚、大波幅、急速和突然性，當中包括白羊座、雙子座、獅子座、天秤座、人馬座和水瓶座；

「陰性」星座具有內斂、向下、小波幅、慢長和持久性，當中包括金牛座、巨蟹座、處女座、天蠍座、摩羯座和雙魚座。

【啟固變】：「啟固變」分類又名「四正星座」，三分法是以季節對應月份，把季初定為「啟始宮」，季仲定為「固定宮」，最後的季末定為「變動宮」。

「啟始星座」分別是春天的白羊座，夏天的巨蟹座，秋天的天秤座和冬天的摩羯座，這些都是開展型星座。「啟」為每季之初，象徵週期的起始開端，此時市場的流動性提升，購買力增強，波動節奏明朗加快，變化急速但無法持久，上落時間短暫。

「固定星座」分別是金牛座、獅子座、天蠍座和水瓶座，這些星座的立場堅定，耐力過人，是個守成專家。「固」為季節的第二個月，此是週期的穩定期，代表趨勢經已確立，波幅緩緩卻規律有序。

「變動星座」分別是雙子座、處女座、人馬座和雙魚座，基於是季末關係，這些都是蠢蠢欲動準備轉向的宮位，因此市況波動觸摸不定，容易受到外圍環境影響。加上「墓」正值季與季之間的分水嶺，市場不講原則立場，十分自由彈性，此時投機者變得異常興奮，炒賣頻繁，市場交投十分活躍。

任何行星進入「啟始星座」都容易為市場帶來劇烈反應，趨勢也會變得特別明顯，事關「四季」之始的能量最大，最能影響大局，牽涉問題也最為嚴重。當中又以夏天的巨蟹和冬天的摩羯影響最為深遠，基於巨蟹象徵民生經濟及生產活動，摩羯象徵政策調控及行政干預，此軸線如有任何不穩，都會牽一髮動全身，如是內行星進駐的話，不利者代表短期震盪，外行星則代表經濟蕭條及重大政經危機。又礙於轉季關係，大市可能先上升前急跌，或下跌時急升，務求掃清相反勢力，趨勢才會跟隨原有方向行走。

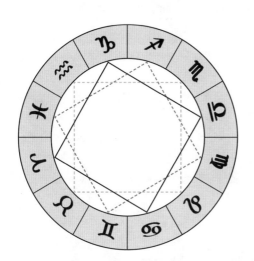

【四元素】：「四元素」是十二星座的四大分類法，又名「三方星座」，當中每個星座都包含了一個獨立元素，分別是火、土、風、水，與此同時，同一元素會平均分佈在「生旺墓」的各個宮位上。

火象（FIRE）星座分別為白羊座、獅子座和人馬座。元素星座性質好動率性，冒險心強，喜競爭挑戰。此性質如套用於市場，代表投機搏奕氣氛熾熱，牛熊對奕特別明顯，大市呈大上大落之勢。

土象（EARTH）星座分別為金牛座、處女座和摩羯座。元素星座性質穩定保守，具有耐性和風險意識。因此土象星座反映市況沉悶，此時人心悲怯，成交及波幅細，靜觀其變的意味濃厚，此時熊市的可能性相對偏高。

風象（AIR）星座分別為雙子座、天秤座和水瓶座。元素星座性質變善不定，尤其出奇不意，代表市況出現兩極分化分歧，只有個別潛力股才有可觀升幅，對策只能炒股不炒市。

水象（WATER）星座分別為巨蟹座、天蠍座和雙魚座。元素星座性質天真樂觀，常有不切實際的幻想，此時市場氣氛旺盛，容易興奮過度，投資者不理實際情況，只是盲目跟風和追炒主題，因此大市容易雞犬皆升，上下波幅不可想像。

【南北方】：北方星座為日長夜短之季節，此乃陽大於陰，本質上陽性主權貴，有領導意義，代表己方因自身條件優勢而帶動的升市動力。南方星座為日短夜長之季節，此乃陰大於陽，陰性喜積富，有被動緩減及順從之意，故此大市易受外圍環境影響。

北方星座：白羊座、金牛座、雙子座、巨蟹座、獅子座、處女座
南方星座：天秤座、天蠍座、人馬座、摩羯座、水瓶座、雙魚座

【生物類】：在黃道這個動物圈中，星座不單只有獸類，還有人類和人獸混合體。人類星座主宰「理性思維」，代表合理客觀的投資模式，投資者著重基本分析，重宏觀經濟及實際數據；獸類星座主宰「感性思維」，這些星座普遍以本能及主觀直覺行事，投資者較著重技術分析及一些小道消息；而人獸混合星座的人情與理性俱備，視乎星座的人性多或是獸性多。

人類星座：雙子座、處女座、天秤座、水瓶座
獸類星座：白羊座、金牛座、巨蟹座、獅子座、天蠍座、雙魚座

混合類型：人馬座、摩羯座

【**棲息地**】：星座學上有所謂的「二元星座」，這些星座具有正反兩面的極端性，較為善變難猜，常口不對心，有表裡不一的心性，尤其是以兩棲星座的表現最為明顯。「一元星座」則直接率白，有如國家政策一向貫切始終，是陽謀不是陰謀。如以波幅論，一元星座的趨勢最明顯，代表單邊市，兩棲星座最反覆，二元星座則有待變和轉角意味。

一元星座：白羊座、金牛座、獅子座
二元星座：雙子座、處女座、天秤座、水瓶座
兩棲星座：巨蟹座、天蠍座、人馬座、摩羯座、雙魚座

【**肥沃及貧瘠**】：這個分類十分重要，占星學把有情星座列為「肥沃星座」，把無情及獨立星座列為「貧瘠星座」。一般而言，肥沃星座代表資源豐富，基本面良好，宮位反映人民多產，有銀碼及數量眾多之意。反之，貧瘠星座代表資源短缺，僧多粥少，弱肉強食，只有少數股票可獲升幅。

肥沃星座：巨蟹座、天蠍座、雙魚座
貧瘠星座：雙子座、處女座、獅子座

【**趨勢**】：各個星座都有其形態走向，這走勢可用於人運，亦可用於事，與市場趨勢的道理相同。

白羊座：急爆領先，短期而缺乏後勁。
金牛座：緩慢而耐力十足。
雙子座：心電圖般的不斷橫行跳動。
巨蟹座：長期蘊釀，待機而發。
獅子座：頭段走勢凌厲，趨勢確定後橫行走向。
處女座：小步慢跑，逢二進一，傾向熊市。
天秤座：整體平穩，發展平均。

天蠍座：蘊釀突破，爆炸力驚人。

人馬座：主要為擴張及上升趨勢。

摩羯座：日積月累，不升不跌，走勢沉悶。

水瓶座：極端波動，大上大落，只有個別少數可以受惠。

雙魚座：百花齊放，雞犬皆鳴，非理性興奮。

【行業】：星座不但有趨勢走向的特性，連個股及版塊主題都可以以星座來作分類。

白羊座：軍工、工業設備、電器及消閒電子產品

金牛座：銀行、保險

雙子座：媒體、運輸、交通設施、電訊服務、零售

巨蟹座：食物飲品、農業產品、地產、家庭及個人護理用品

獅子座：黃金及貴金屬、鐘表珠寶、券商

處女座：工商及專業服務、公用事業

天秤座：酒店、餐飲及休閒、紡織、服裝及配飾

天蠍座：石油及天然氣、一般金屬及礦石

人馬座：汽車、紙及林業產品、文化產業

摩羯座：煤炭、建築、基建

水瓶座：資訊科技器材、軟件服務、半導體

雙魚座：醫療保健、化學製品、航運

十大行星

金融占星學上，星座代表大環境、大趨勢、大氣候，例如「雙魚座時代」代表宗教迷信，人們崇拜的偶像是鬼神，而「水瓶座時代」就是迷信科學，此時人們崇拜的偶像就是自己，或科技，這個趨勢沒有什麼好與不好，沒有升跌起落的啟示，只是反映趨勢以何主題或形式進行。

但行星就不同了，行星在占星學上是主角，主角有「正派」及「邪派」之分，可視正派代表「利好」，象徵政治民生理想，經濟處於上升期。反之，邪派代表「跌市」，象徵社會矛盾，衝突不斷，經濟蕭條，

金融占星

發展停滯不前。

占星學採用的行星有十顆，分別是：太陽（Ｓｕｎ）、月亮（Moon）、水星（Mercury）、金星（Venus）、火星（Mars）、木星（Jupiter）、土星（Saturn）、天王星（Uranus）、海王星（Neptune）和冥王星（Pluto）。

論國政及經濟預測，太陽、金星和木星屬於吉性，分別象徵動力、滿足和擴張。火星、土星和冥王為凶性，三者皆有熊市及股災的意味，火星代表暴起暴跌，土星和冥王則代表熊市及長期的經濟不景。

月亮、水星和天王星代表反覆、波動和不明轉向，海王星吉者示意歌舞昇平，雞犬皆升，凶者便是非理性上升，脫離實體經濟支持而出現的泡沫。

太陽

太陽在國運盤及四季圖為主題焦點，也是生產力及創造力的表現，並是投機、賭博、娛樂和股票交易的行星，此星與政府最高指示及決策有關。

性質：吉星，陽性
廟：獅子
旺：白羊
利：天秤
陷：水瓶
週期：1 年 1 周天，1 月 1 星座，日行 1°
重點：主題、焦點、動力、目標
象徵：政府、決策、最高權力機構
人物：元首、領導人、老闆、權威人士、社會名達
資源：黃金、硬通貨
形態：集中、散發

月亮

月亮在國運盤及四季圖代表民生的關切話題，如是衣、食、往、行等日常所需，月亮狀態能反映國民的安全感及滿足度，在國政方面代表第一級生產如農業、捕魚、自然資源，並與生育及人口政策有關。

性質：稍稍負面，陰性
廟：巨蟹
旺：金牛
利：天蠍
陷：摩羯
週期：29.5 日 1 周天，2.5 日 1 宮位，2 小時行 1°
重點：情緒、群眾心理、非理性表現
象徵：人民、百姓、公營事業、族群
人物：皇后、女總統、社會大眾
資源：銀、貴玉、珍珠
形態：沉靜、內斂、週期性變動

水星

水星在國運盤及春分圖象徵通訊及消息方面的傳播，此是商業貿易及所有流通事物的主宰，行星本身屬於中性，沒有好與不好的評價，只有別星與它接近才會帶來正面或負面消息。水星的另一個重要話題是「水星逆行」，水逆的成因在《行星編》已有詳盡解釋，基於水星的商業及流通性，逆行便有阻礙不通之意，如是資訊不通、溝通不良、交易停頓或是交通意外等，稍後還有專題討論。

性質：中性
廟：雙子、處女
旺：水瓶
利：獅子
陷：人馬、雙魚
週期：88 日 1 周天，7 日 1 星座，日行 4°

重點：理性分析、客觀中肯、永無中止的流通暢順
象徵：資訊、交通、運輸、輿論、商業貿易
人物：教師、學者、銷售員、中間人、年青人
資源：水銀、玻璃
形態：頻密的細微波動

金星

金星在占星學上是一顆吉星，在國運盤及四季圖均有幸福美滿之意，在金融方面代表儲蓄、基金和福利，屬於十分穩定的收入來源。

性質：吉星，陰性
廟：金牛、天秤
旺：雙魚
利：處女
陷：白羊、天蠍
週期：225 日 1 周天，20 日 1 星座，日行 1.5°
重點：金錢、資產、儲蓄、價值珍品
象徵：金融經濟、演藝娛樂、藝術時尚、外交關係
人物：年輕女性、藝術家、模特兒、妓女
資源：銅、珊瑚
形態：平穩、圓滿

火星

火星是一顆爭鬥之星，在國運盤及四季圖有破壞和攻擊性，代表不期望出現的突發事情。行星多數與戰爭、暴力衝突、社會糾紛，甚至是災難有關，然其性質相當猛烈，所處宮位觸發的事情相當嚴重。

性質：凶星，陽性
廟：白羊、天蠍
旺：摩羯
利：巨蟹

陷：金牛、天秤

週期：2 年 1 周天，2 月 1 星座，2 日行 1°

重點：衝突、暴力、糾紛、不和

象徵：局部戰爭、恐怖襲擊、火災、災難

人物：戰士、敵人、罪犯、強盜

資源：鐵、磁石

形態：尖銳、急速、猛烈

木星

木星是「貴人星」，象徵「天時之利」，它的進入代表某地區大環境的進步，尤其是指經濟及文化方面的發展，亦是增加對外貿易及外交影響力的時期。行星在國運盤及四季圖有利經濟擴張，增加投資建設，加大市場開放。另外，木星亦是位投機者，它會鼓勵人樂觀冒進，因此木星運限便有「牛市」的意味。

性質：大吉星，陽性

廟：人馬、雙魚

旺：巨蟹

利：摩羯

陷：雙子、處女

週期：12 年 1 周天，1 年 1 星座，12 日行 1°

重點：擴張、成長、開放、投機

象徵：文化、教育、法律、宗教、道德

人物：貴族、富裕人士、哲學家、教授、外國人

資源：錫、寶石

形態：膨脹、擴張

土星

土星是占星學的一大凶星，代表收縮及艱苦，所以在國運盤及四季圖示意困難重重，不進則退，此是經濟衰退、失業率及人口老化的指標。但有利的是，土星又是勞苦功高，是建設穩定經濟（**沒有泡沫**）的

重要指導星。

性質：大凶星，陽性
廟：摩羯、水瓶
旺：天秤
利：白羊
陷：巨蟹、獅子
週期：29.5 年 1 周天，2.5 年 1 星座， 1 月行 1°
重點：困難、衰退、保守穩定、權力制度
象徵：實業、地產、基建、行政、執行
人物：官僚、權威男性、老年人、奴隸
資源：鉛、煤炭
形態：穩建、限制、結構

天王星

先說，由於三王星的移動速度非常緩慢，影響力長期而深遠，故此行星跟群眾心理及世代環境的變遷有關，具有社會及國家性的長期反映，所以天王被定性為「世代」級別的行星。以國運及經濟占算而言，三王普遍視為凶星，負面之處在於出其不意和帶有破壞性，天王星的最凶之處是顛覆原有制度和架構，令原有趨勢突然逆轉，甚至呈相反方向極端流轉，舊權威也會被新勢力所取締。行星在國運盤及四季圖示意改革方向，是全新改變的範疇，此星又是新能源、科技突破及全新產業的代表行星。

性質：吉凶極端，陰陽同屬
廟：水瓶
旺：天蠍
利：金牛
陷：獅子
週期：84 年 1 周天，7 年 1 星座，3 個月 1°
重點：革新、開放、創造、突然改變

象徵：資本主義、市場開放、公平貿易

人物：有錢人、資本家、大戶、少數異類

資源：核電、新能源

形態：震撼、極端

海王星

海王被定性為凶星的主要原因，在於其過度理想，不切實際和軟性欺騙。行星過運初期會令群眾過份幻想，如痴如醉，難以作出理性判斷，所以海王在國運盤及四季圖示意經濟繁榮，景氣擴張，股市上漲，並是社會福利增加，歌舞昇平之時。不過，當運過之後，重回現實，便發現之前的繁華全是泡沫。

性質：先吉後凶，陰性

廟：雙魚

旺：巨蟹

利：摩羯

陷：處女

週期：168 年 1 周天，14 年 1 星座，6 個月行 1°。

重點：理想化、不可預測、混亂不堪、膨脹力、軟性影響

象徵：電影、醫藥、海事漁農、社會福利、慈善團體、娛樂事業

人物：婦女、幻想家、欺騙者、演員明星

資源：石油、化學、海產

形態：沒有形態、隨環境改變

冥王星

冥王在國運盤及四季圖示意國家級別的重大危機，如是自然災難及人為破壞，總之就有重大傷亡或驚慌恐嚇之意，行星亦示意政權及地區政府發生巨大轉變，象徵事物的去舊換新及脫變改造，經濟上代表產業重組，放棄原有嚴重虧損或是不盈利的企業。

性質：先凶後吉，陰性

廟：天蠍

旺：水瓶

利：金牛

陷：獅子

週期：248 年 1 周天，平均 20 年 1 星座，8 個月走 1°

重點：陰謀、危機、威脅、災難

象徵：遺產、稅務、地下經濟、非法活動、黑幫勢力

人物：大財主、極道人士、恐怖分子、獨裁者

資源：原油、礦產、黑錢

形態：超濃縮、瞬間釋放

行星	吉凶	影響力	周天循環	過宮時間	相位影響期
太陽	吉性	☆☆☆	365日	1個月	3日
月亮	偏淡	☆	28日	2.3日	數小時
水星	中性	☆☆	88日	1星期	2日
金星	吉性	☆☆	225日	3星期	3日
火星	凶性	☆☆☆	2年	2個月	1星期
木星	大吉	☆☆☆☆	11.86年	1年	3星期
月交點	中性	☆☆☆☆☆	18.6年	1.5年	4星期
土星	大凶	☆☆☆☆☆	29.5年	2.5年	7星期
天王星	吉凶極端	☆☆☆☆☆	84年	7年	5個月
海王星	先吉後凶	☆☆☆☆	165年	14年	1年
冥王星	先凶後吉	☆☆☆	248年	14-32年	幾年

錬金術與西洋占星有著類似的背景，古人把天上行星與地下的物質作出聯繫，便得出太陽代表黃金，月亮代表銀，水星代表水銀，金星代表銅，火星代表鐵，木星代表錫，土星代表鉛等礦物象徵，但這完全是出自化學元素的考慮。至於能否利用太陽來預測金價，個人仍然相當有保留，事關在布雷頓森林協議（Bretton Woods Agreements）之後，美元便等同黃金，可是美國為保美元霸權，不惜打壓金價，假如以過去百年通貨膨脹計算，黃金則長期偏離了實際價值，從前以黃金作為避險貨幣的角色，現在已不復存在。換句話說，隨著時代背景不同，世人對金錢的觀念改變，從前太陽代表高貴的黃金，現在應該改為硬通貨。

【星等】：了解過十大行星的屬性過後，以下環節便是分辨行星的力量強弱，行星的力量愈強，升跌趨勢愈是明顯，反之，行星沒有動力，上落波動便不甚了了。作個假設，如以恆指 30000 點作為基數，天王星在水瓶座的上下波動可以達到 4000 點，如在金牛座的話最多只有 1000 點。這個強弱指數，占星學稱為「星等」，是行星光度的意思。占星學上，每個星座都有最少一顆「主宰星」或名叫「守護星」，當此星回歸故土，坐落於自己的守護垣稱為「廟」，「廟」是極光亮之意，如行星落入「廟」的對宮為落「陷」，代表行星無力，星性難以發揮。

行星除了有自己的「守護垣」，也有另外一個第二適存地，如右表所列，白羊座的「旺垣」為太陽，即是說白羊座是太陽另外一個適存地，反而白羊之對宮天秤座，太陽在此便是「失利」，表示星性不能得到應有發揮。要留意的是，中國人認為物極必反，占星學及投資也同樣合用，行星入「廟」的動力強大，升跌顯著，氣勢如虹，但也容易成為見頂及見底之兆，反之，行星乘「旺」則趨勢持續可延，以取其尚未進入終極顛峰境界。

以守護白羊座的火星為例，行星在此（廟）的動力最大，吉者代

表半個火星週期的大升勢，但隨之而來，便是下半個火星週期的獲利回吐，如果在摩羯座（旺）則升幅緩慢，但升勢可一直持續到下次行星過運。

相反，假如火星在天秤座（利）則反映大市持續低迷，全然沒有見底回升跡象，當行星過運後的再次探底機會不可謂不大，如是巨蟹座（陷）則有可能見底回升，投資者只須等待上半週期的終極大跌，方可入市吸納。

大波幅與細波幅的分別，今時唔同往日，假如以三萬點的恆指來作指標，一般而言，單日 300 點（1%）只屬於細波幅，600 點（2%）為中波幅，900 點（3%）才算得上大波幅，1200 點（3%）為特大波幅，1500（4%）是超特大波幅。假如日後的基數為 50000 點的話，每日1000 點只屬於中波幅，其他商品價格的計算也同樣如是。

星座	廟	旺	利	陷
白羊座	火星	太陽	金星	土星
金牛座	金星	月亮	火星	-
雙子座	水星	北交點	木星	南交點
巨蟹座	月亮	木星	土星	火星
獅子座	太陽	火星	土星	天王星
處女座	水星	水星	木星	金星
天秤座	金星	土星	火星	太陽
天蠍座	冥王星	-	金星	月亮
人馬座	木星	南交點	水星	北交點
摩羯座	土星	火星	月亮	木星
水瓶座	天王星	水星	太陽	-
雙魚座	海王星	金星	水星	水星

相位

星座與行星配合是大週期的繁華指標,行星之間的「相位」亦都是另一個升跌及增縮波幅的變數,而且這個改變來得更為直接和自然。以木星這吉星為例,行星與土星這顆大凶星產生相位,在一加一減的情況下便抵銷了原有上升波幅,或代表上半年升市,下半市跌市,最終年結是以不過不失的結局告終,但具體情況須視乎「相位」是補助或是抑壓而定。

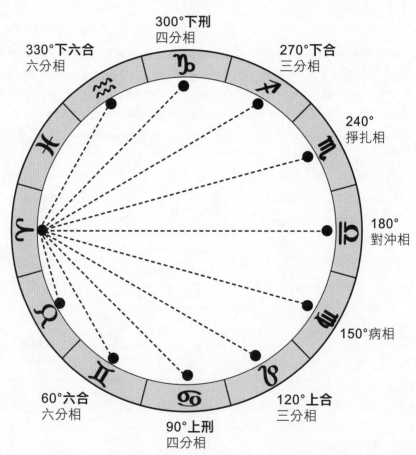

一般而言,行星與行星以相合(0°)為週期的開始,是事情和趨勢的起步,中間所有相位為過程和變化,這個過程必定經過上

刑（90°）、上合（120°）、對沖（180°）、下合（240°）和下刑（270°）的五個主要階段，當所有階段完結之後，行星第二次會合，影響力才會完全消失，才算得上一個週期的完結。

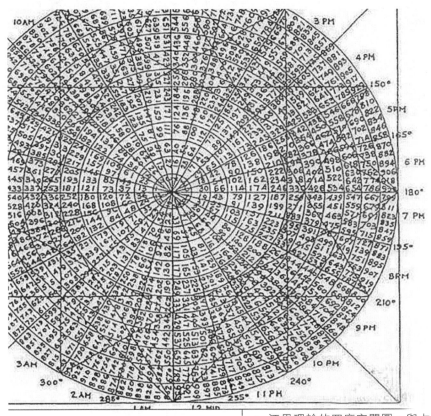

- 江恩理論的四度空間圖，與占星學的相位理論非常相似，當中的時間點更是絕對吻合。

　　要強調的是，金融占星常常以「硬相位」或「凶相」反映大小不一的危機及事故，當中以上刑、對沖和下刑最需密切關注。假如以太陽從白羊 0°（春季）出發，行經 90°為夏季（巨蟹），180° 為秋季（天秤），270° 便是冬天（摩羯），剛好就是上文講述的「開創星座」，又名「象限點」。當中尤其以「下刑」最凶，此時的衰退情況最為嚴

重，就算吉星相遇都是凶多吉少，事關下刑為冬天摩羯，此時秋去冬來，萬物不生，是個死寂蕭條的時期，要等到春天到臨，經濟才見氣息。此外，另有一個微相位為 150°，它跟潛在問題有關，在人命而言代表暗病，在股市的表現為牛皮市，以輕微下跌及調整為主，但基於其性潛而不顯，十分緩慢，因而不易察覺。

最後，星與星之間有相位，星與特殊點之間亦同樣有之，因此如用於國運圖及公司圖，還要考慮星圖上的「四角」（ASC/MC/IC/DSC）與行星之間的關係，尤其是「上升點」及「天頂」產生的良好相位，一般都會帶來市況上漲的現象。

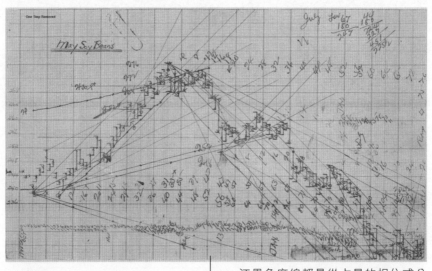

- 江恩角度線都是從占星的相位或分盤理論（泛音盤或音律圖）而得來

致富主要有三大法門，一是含著金鑰匙出世，一生不愁衣食，據統計，這些人有 58.6 萬分之一的機會，假如不是富二代，就只好憑後天努力買彩票，機會率顯示，有 1400 萬分之一機會。否則，就努力找個富商或富婆包養，原來這個不難，215 人就有 1 人。然而，以上的三大法門，分別是因父母而貴，因夫妻而富及橫財命，都可以由本命推算而得知。

金融占星

【相位吉凶】：用於本命占星的「相位」種類繁多，每種相位都有它們的用處和解釋，但對比複雜多變的人性而言，占算金融及股市便明顯沒有這樣嚴格要求，因此筆者將之簡略歸類，精簡出五個主相位和三大吉凶分類。五個主相位分別是：沖、刑、合、三合和六合；三大吉凶類型分別是：中性（可升可跌）、吉性（正面）和凶性（負面）。

中性：合相
吉性：六合、三合
凶性：刑、沖、病

「中性」以合相為主，吉凶須視乎相合的行星而定，如是木星（吉）與土星（凶）的結合，示意樂觀投機氣氛被實質數據（或不太利好的消息）抵消，所以升跌波動都不甚明顯。如是土星（凶）與火星（凶）的結合，熊市的意味便十分濃厚，相反，如是木星、太陽或木星、金星，三者都有幸運吉利之意，間接代表升市的到來。

「吉性」即是正面反映，以「六合」和「三合」作為代表，或可當作升市指標，而合、六合的分別在於明和暗、力量的強弱大小。「六合」又名「暗合」，即是有升之意而股價尚未得到實質反映，可能是已有利好消息出台，在稍後約干時間才會生效，此時大戶正在步署，密密收集，股價未有即時上脹反映。要強調的是，股市是炒預期的，股價往往比實體經濟反應來得快，早在半年前已透支將來。而「三合」為陽性，因此表示上升勢頭不絕，加上「三合」是同元素的結合，力量無窮，愈升愈有，比「六合」表現更為順遂和強勢。

有趣的是，筆者從市場行為發現，往往好消息的初期都會令大市急跌，例如是中國人民銀行每每在週末發出降低存款準備金通知，都會令市場產生即時下跌反應。同樣地，壞消息的出現，例如是 2008 年中已傳出雷曼兄弟破產的消息，大市卻一反常態連升五個月，直到 10 月股市才大跌，這些人為的相反操縱還要考慮在內，要不然星圖表示經濟狀況很差，但股市卻在非理性狂升。（註：2020 年也同樣出現類似情況）

另外，人性的缺點也必須關注，很多時升市會被人視作理所當然，加上牛市的上升期普遍慢長，所以「吉相」往往給人感覺遠不及「凶相」（熊市）的急跌強烈。「凶性」相位則以沖、刑作為代表，然而沖刑的主要分別為快慢、動靜、內外、明暗及專廣之分。嚴格來說，「刑」為暗中壓力，反映內部隱憂，表現為熊市或牛皮，在沒有不利消息下緩緩下跌。「沖」為巨大的利淡衝擊，此時股市急跌，甚至有由牛市轉向的啟示，因此個人十分重視對「刑沖」，此是要回避的一個主要相位。

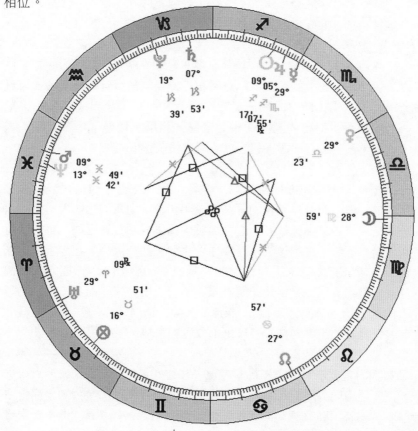

- 2018年G20峰會的大慨時間，太陽、木星、水星相合，和火星合海王都是吉利星象，此後中美宣佈元旦後互相停徵關稅。

相位	角度	相隔宮位	中式名稱	符號	屬性	影響力
合 Conjunction	0°	0	守	☌	吉	☆☆☆☆☆
六合 Sextile	60°	2	輔	✳	吉	☆☆
刑 Square	90°	3	刑	□	凶	☆☆☆☆
三合 Trine	120°	4	拱	△	吉	☆☆☆
沖 Opposition	180°	6	照	☍	凶	☆☆☆☆☆

很多時股災的發生，都是由於凶星過於聚集一方而與個別勢單力薄的吉星對沖，要直至吉星轉換角度，或與其他吉星「吉合」才有改善可能，假如這些只屬短期行星，如太陽、水星和金星則急速反彈，如是長期行星如木星、三王星則示意經濟復甦，景氣擴張，股市上揚，稍後還有更多關於行星週期的解說。

再以木星和土星為例，如行星「吉合」當然是以理性上升為主，如木土「凶合」便是以理性下跌為題，以上只是基本認知，升跌力量須視乎好淡角力，以那一方的力量佔優，這方面又要從回「星等」部分，或審視原星盤關於世代週期的本來趨勢。當大家了解完這個吉凶升跌關係之後，在稍後環節，筆者便會以中性、吉性和凶性來陳述牛熊市，讀者只須多看星圖，便能感受這些強度層次感，再在實際市場觀察中而得出波幅估算。

了解完這些吉凶相位之後，在實際操作上便更應該背道而行，當見到行星「凶相」的時候應該買入，遇見吉利相位或靚價時便應該主動賣出，這個相反操作技巧與別人貪婪我恐懼，別人恐懼我貪婪的看法共通，贏家永遠是反群眾操作。補充一說，個人的另一著作《紫微斗數中

編》，有一章名為「四化炒股法」亦都是以個人財星化祿（吉）宜沽出，化忌（凶）買入作為操作準則。

£$€¥ **命里精算**　其實股票市場風險不高，只不過是人心太貪，好多時見人輸少少就走，輸多多反而不走。相反，贏少少就走，贏多多反而不走，後果就是人更貪，再加碼，最終輸突。事實上，在股市賺錢不難，保本才是最難，一個真正屬害的高手，就是懂得收手及離場。

$

金融占星

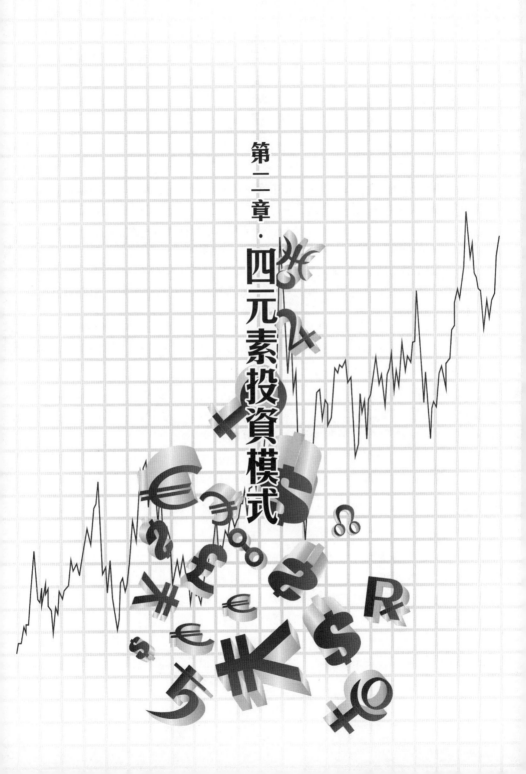

第二章 · 四元素投資模式

四元素投資模式

　　論財運批算，首以占星學的推算最為詳盡，一般而言，八字以日元強旺為進財論，財性可分為正財和偏財，正財代表穩定收入，如受薪、受僱者，偏財為非固定收入，可以是兼職或投資得來的額外財富。斗數則以財帛宮所駐守的星曜而定，一般以「機月同梁」等文曜代表正財，以「殺破狼」等武星為偏財論，但占星除了正、偏財外，還有一個商財、承繼、物業及感情財產的宮位，然其判斷方法十分簡單，相關話題稍後再述。

　　除此之外，個人的進財模式及生財潛能也可從四大元素方面入手，本質上，占星學是所有術數之中，以心理分析的專長著稱，元素可以簡單歸納出四大投資心理類型，例如你是否有投機心理？對於風險會否感到不安？做判斷時是冷靜、沉著還是魯莽？如果發現錯誤，能否恨心止蝕？對數字還是對文字的反應會比較敏感等等？

　　所上所述，都是「四元素」在推算投資運時首要採用的宏觀分析技法。

四大元素

　　投資的最大對手就是自己，可以說成功的投資者，認識自己是最基本條件，事關每個人的個性、想法和需要與別人不同，充分了解自己的優缺點，發掘自己有利位置，從中選擇適合你本身需要的投資方式才是贏錢根本。

　　以下讓我們從最簡單的元素講起，關於如何統計自己的元素，入門

者可參考《基礎編》。

火象元素（FIRE）
是勇敢、主動、進取和行動力的人格表現。

白羊座、獅子座和人馬座，三者都是行動型星座，元素的人活力充沛，性格積極樂觀，富有勇氣和冒險精神，他們的創造力及創富力強，以率性直接的投資方式為表示。

火象是所有元素中最易賺大錢的一群，事關這些人大膽進取，勇猛過人，承擔風險的能力一流。他們喜歡嘗試，不怕苦也不怕失敗，所以在投資路上，火元素往往都是以主動進攻為主。如果選擇正確，大市走勢良好，這些人不惜加大注碼，直到完全佔壓倒性優勢為止。加上火象永遠先行於人，以爭勝第一為目標，假如是順風順水或是大牛市的話，便是立第一頭功，可以想像，及早在低位吸納，成績必然驕人，絕對可以贏到街知巷聞。

火象的創造力強，如果不在股市拼搏，也有創造一番事業的才能，為自己帶來可觀財富，這是個屬於創業家及冒險家的人格。相反，命盤上火元素不強，甚至沒有火象，沒有競爭力及致富動機，他們只會眼白白讓機會流失，認為這些機會不屬於我，因此對於這些人來說，發達的可能性基本沒有，或者是進財速度非常緩慢。

不過，火象在投資路上絕非一帆風順，而且是問題頗多，例如不成熟，不穩健，高估自己，低估大市，只攻不守更是其致命傷。一方面火象的人自信十足，永遠相信自己最好，眼光最準，身手最靈活，是市場上的少數贏家。可是，過份自信在投資市場上絕非好事，很多人都因為剛愎自用，深信預測準繩，從而作出孤注一擲的投機決定。說白了，火象代表競爭力，熱愛挑戰，某程度都是投機者的主要特徵，這些人無時無刻都在尋找對手，在市場上尋找對象和機會，加上其人心態普遍樂觀，風險意識薄弱，便容易作出輕率魯莽的決定。這些人只要嘗到少許

甜頭，便會加大力量再度投入，只要心中認定升勢，就會不斷的高追加碼，只要一次成功，便以為自己是股神，全完沒有考慮輸錢的可能，甚至不惜以借貸及動用大槓桿作為賭注。事關以元素本質來說，對手比自己強大或銀碼巨大才夠刺激，「貪」可謂是火象的最佳形容詞。

但問題是，上得山多終往虎，他們不斷投入，往往導致自己承受過多風險，如果形勢一旦逆轉，只要輸一次便會輸掉之前所得，更差的弄到一敗塗地，最終負債纍纍，正所謂：「輸錢皆因贏錢起。」還有一點，買上不買落似乎是他們的普遍原則，很少見火象者做空，這都歸究於心態樂觀，貪得無厭，烈火上揚之性所致。

無可否認，「貪」是人的本性，是資本社會的最基本教條，對於火象的過分自信，自以為有沽頂摸底的本領，並深信有幸運之神加持，所以往往去得很盡。事實上，世界上最叻的投資者都不敢說自己可以一買就升，一沽就跌，追逐至最後頂底絕對是火象的致命傷。

另一個常見情況，就是火象的行動力過強，命中人傾向頻繁交易，希望以努力來賺取更多回報，二來很多時他們都有過敏反應，只要市場上的輕微震倉，手急眼快地便會狠狠沽出，結果第二天的急速反彈，又迫令他們及時追貨，更差的是，如果是高位的轉向震動，更有可能高價買入，結果只要市況逆轉，這些人便被左一巴，右一巴打到面目全非，更大可能在不利情況下被迫作出低沽的決定，最終反而成為大輸家。

還有一個缺點，火象的人視名大於利，然其心態，炒股不一定是為了生計，更多是為了揚名立萬，回顧火象都是追求名譽而非財利為主的星座，因為面子，從而不肯承認錯誤和失敗，強行止蝕更是破壞其面子尊嚴的一種行為，從而令人有強烈的挫敗感。

故此，當他們投資虧損時，甚會一錯再錯，增加注碼，以為憑一己之力可以左右大市，這個不認輸，不願意面對現實，難下低威的心態，便是導致其損失所有的主要原因。正因為此，火象元素的人一生總有多

次輸清光的機會，但命運奇妙之處，充滿體育精神的火象就是說明他們可以屢敗屢戰，愈戰愈強，跌得愈深，反彈力就愈強，投資銀碼將會一次又一次的變得更大。

再說，能輸大錢的人，好運之時必然可以贏大錢，反之亦然！

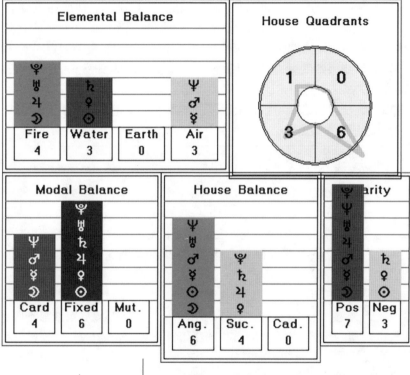

Bill Gates

- 這是前微軟主席比爾蓋茨的元素表，他的火象元素特別強烈，分別月亮、木星、天王和冥王都落於火象星座之上，其人在股市的投資成績如何，大可參考其公司股價圖。不過，筆者想說火象的人必須創作，如是創立一間新公司、新產品，因為最優秀的企業家往往都是一位冒險者。

投資和賭博有個大忌，就是在上升階段不斷加碼，高位增倉即意味風險倍增，除非市況一直向上，而你又能估中頂部並成功逃脫，在此有一條很簡單的數學公式可以証明。如果有本金 100 萬，在頭一年勁賺八成，但在第二年輸掉一半，結果 100 萬本金最終變成 90 萬。此情況如重複十次，本金就只剩下 59 萬，如是三十次的話則只有 20 萬，可見時間愈長，兩者差距愈明顯。故在長遠角度而言，追求穩定絕對是壓倒於一切，事關假如以複式回報計算，每年 10% 的微利即意味 30 年後變為 1740 萬。可見穩定比波動更易帶來巨大回報，畢竟投資是一門終身事業，一兩次的成功並非永恆，之所以下一個元素（土象）能夠成就富豪就是這個原因。

土象元素（EARTH）
是成熟、穩重、堅毅和耐性的人格表示。

金牛座、處女座和摩羯座，三者都是保守型星座，元素的特點是穩定，有恆久毅力，緩慢而踏實，星座的人能循序漸進、穩打穩紮地來達到致富目標。

顧名思義，土象代表傳統保守，講究安全感，寧願放定期都不會參與投機賭博的一群人。這些人的風險意識特別強烈，對於一切波動，或有機會做成損失的投資都非常抗拒，這些人不適合短線炒買，只宜作長線投資，這是個實業家及投資物業的類型。

土象與火象個性截然不同，基於土象天生追求安全，排斥所有不確定性，要求百分百安全才肯入市，但由於過份慎重考慮，往往一拖再拖，每次都錯失大好良機。很多時候，這些人只會在臨近尾聲，當個個都認為是牛市的時候才會進場，其人心裡潛伏著見錢開眼，見人賺錢而自己眼紅的心態。不難想像，土象是物質形態，元素對於錢財非常著

緊，他們死慳死抵，很會嫉妒有錢人，過份的話甚至一毛不拔。

　　可事實上，世界上根本沒有百分之一百的安全，股票市場絕對如是，什麼投資項目，如股票、外匯、黃金、房產都有一定的風險波動性，甚至是美債，美國人說不定跟你反面，給你一個罪名然後把你的資產沒收。況且，風險與回報是掛鈎的，世間上沒有無風險而高回報的項目，買得大贏得大是投資鐵律。再者，投資市場訊息萬變，不明及不可預測的因素眾多，就算你千算萬算，有齊基本分析，有大量可觀經濟數據支持，但天災人禍、地緣政治、國家政變、公司造假也是防不勝防。所以土象在入市之時，必定是市場上大多股票經已升至某個高度，才確信是牛市開始。還有一個情況，就是土象的人一直猶豫不決，見某心頭愛股升了 10%，不入，升了 20% 也不入，30% 更不敢入，最終反而在最高位因承受不著升市壓力而跳入火圈，「接火棒」是土象常犯的錯誤。

　　有趣的是，土象是不止蝕元素，事關元素很長情，心態在於長期擁有多於短期利潤，他們對於陳年舊物充滿情懷，往往認為新不如舊，所以他們一係不買，一買便決心長相廝守，久久不願沽售，這些人不但喜歡與股票談戀愛，更會視之為親生子，以為自己是大股東兼創辦人，如果買入的是長勝將軍，當然皆大歡喜。但如果在高位套牢，也要與之一同白頭到老，永結同心，並期望望子成龍，總有一天兒子會飛黃騰達，以報股東長年養育之恩。正因為此，在土象的人家中總不難發現一兩張過期「牆紙」，如是幾十年前買入的匯豐銀行（0005.HK），或是已除牌多年的名震一時紅人股，無論牆紙的價值如何，這都視為他們人生中的寶貴回憶，絕對不會輕易掉去。

　　土象的人先天較為悲觀，沒有不勞而獲，也沒有急速致富的想法，其優勢便是能夠不動如山，可以放長線釣大魚。更有利的是，他們總能以不變應萬變，不勉強出擊，不採取行動，從中便能減少失誤，加上喜歡實物，傾向把股票提出，連銀行的存倉及手續費都慳番，可見沒有成本及支出，不心思思頻繁炒賣便是土象的絕對優勢。如果多一點火象和

風象的支持，這些人還可以在別人失誤時才下手，等股災時才大手入市，這方面比每次爭先恐後，搶著入市的人更為佔優。

最後，從龜兔賽跑的故事告訴我們，投資就有如長跑，只要能堅持到終點就是最終勝利者，成果也因長期而變得更為碩大。

Warren Buffett

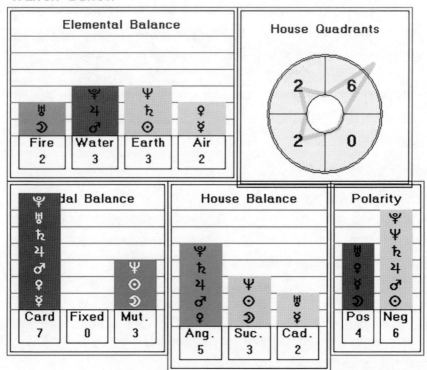

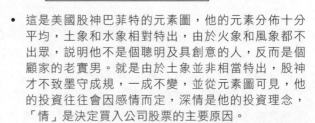

- 這是美國股神巴菲特的元素圖，他的元素分佈十分平均，土象和水象相對特出，由於火象和風象都不出眾，說明他不是個聰明及具創意的人，反而是個顧家的老實男。就是由於土象並非相當特出，股神才不致墨守成規，一成不變，並從元素圖可見，他的投資往往會因感情而定，深情是他的投資理念，「情」是決定買入公司股票的主要原因。

在生物界，愈是體形龐大的動物，耐性就愈強，因為牠們就算不動都會消耗巨大能量，減少多餘活動是牠們的本能天性。以北極熊為例，牠們在冬季的狩獵方法很簡單，就是在海獅的出水洞口等待，直到獵物浮出水面吸氣的時候才瞬速出手。同樣道理，投資的最高境界是「不投」，事關我們實在沒有必要天天都去做交易，很多時候只需要耐心等待。況且，事實市場 90% 以上的股民長期以來都是虧損的，因此不賺比虧損更強。筆者發現，以香港股市為例，自 2008 之後平均 2 年有一次小跌市，3~4 年有一次大跌市，指數大約有 20~30% 左右的跌幅，每次股災的出現，就是大家出手的時候。因此羅傑斯說：「最成功的投資者，實際上，大部分時間都是無所事事。」 "Most successful investors, in fact, do nothing most of the time."

風象元素（AIR）
為理性、聰明、實際及悟性的人格表示。

雙子座、天秤座和水瓶座，三者都是思考型星座，這些人的頭腦靈活，分析力強，富創意獨見，然而理性、冷靜和抽離便是他們在投資市場上的絕大優勢。

風象可以說是成功投資的一個最重要元素，事關風象主管智慧、求知欲和分析力，加上風象是所有元素中最客觀冷靜，最沒有情緒波動，不易受環境影響，可以獨立抽離地看待時局變化，冷眼旁觀不被大市氣氛所左右。此外，商業及數據分析可謂是他們強項，這些人目光長遠，有先見之明，能有條不紊分析市場走勢變化，能客觀地制定步驟規劃，因此風元素可以說是投資顧問及基金經理的最佳材料。

很多時候，投資者普遍有著羊群心理，常見是股市的超買超賣，畏高畏低，筆者寫書的時候正值 2018 年的一個股災，此時風聲鶴唳，市

場一遍愁雲慘霧，大部分股票都搖搖欲墜，跌得體無完膚，很多分析員都是叫人跌穿止蝕沽貨，但試問真正有幾多人能夠嚴格執行？相反，在經濟大蕭條，股票大減價之時，又有幾多人夠膽入市持貨。須知道，股價愈低就愈安全，愈高就愈危險，此時此刻，只有冷靜的人才可以不受市場氣氛所影響，以平常心去執行之前定下的程序。

以上所述，風象的「無感」時刻能保持冷靜，在極端市況下便大有作為，回想香港 67 暴動，周街都是土製菠蘿的時候，現今大多富豪就是在此時大量囤積土地，如果天下太平就沒有這樣的機會，你只能夠買入 HK$20,000 一尺的籠屋劏房式的豪宅，由此可見，如果能夠從危難中找到機會，發一發死人財，他給你的回報絕對是超凡的。

筆者分享一個個人經驗，就是不要看太多即市分析或加入太多的投資討論群組，事關大多即市分析都是情緒化、煽動性、不中肯的。事關在大升市或大跌市之時，很難建議人走相反方向，你或可試試，在升市時叫人沽貨，在跌市中叫人買貨都是吃力不討好的事，眾多分析員大都是跟紅頂白，趨炎附勢，見升叫買升，見跌叫買跌，絕少人能夠從這些有如「牛頭角順嫂」的分析上作出英明決定。故此，只有冷眼旁觀，對市況抽離，眾人皆醉我獨醒，始能獨善其身，才容易找到出入市的可靠訊號。

說到這裡，便帶出了風象的另一優勢就是不與人合流，他們可以力排眾議，不苟傳媒的主流報導，而得出一個與眾不同的看法。同樣地，基於心態抽離，人有自命清高的想法，所以風元素不喜分享，對人莫不關心，你很難從他們身上獲得獨家資訊。

有趣的是，在風象元素中有一個 IQ 極高的雙子座，但據心理分析，往往 IQ 愈高的人就愈輕不起嚴重打擊，這些人一旦被情緒干擾，失控情況比一般人更為厲害。加上雙子的人適應力極強，容易左搖右擺，三心兩意，你叫他做計劃評估可以，可一旦實戰起來，真金白銀的來個血肉對抗，只要市況不跟劇本，星座的過份隨機應變反而導致更加

金融占星

混亂。說實在，投資界沒有天才，賺錢與聰明沒有絕對關係，《阿甘正傳》的故事告訴我們，可能 IQ 75 的人比 IQ 175 的人成就更高。總而言之，風象只宜計劃或擔任一些顧問性工作，遠勝過他們自己實戰操作，事實風象是一些軍師及智囊人物，對於落場操盤都是交由火象攻堅較為有利。

個人認為，賺錢不用過於高興，事關在命理而言，錢一日未落袋，未消費，未「化虛為實」都不要以為賺咗，這些利潤一旦再落油鍋，依然是可以炒濃的，此時的損失便是加倍。再說，為什麼風象能夠這樣抽離，輸錢不會垂頭喪氣，卻原自風象代表永無休止，生生不息的變化，對於他們來說，波浪就代表機會，最重要是把握時機，這些都是屬於智慧型的投機者。

不過，風象和火象同是大風大浪的元素，從元素的形態為「音頻」和「波浪」可見，無時無刻都在轉向，其變化極端，不可預測，這些人賺錢時十分驚人，輸錢時亦同樣如是。最後，風象的缺點是多想而不做，如果星盤缺乏火象的行動力，就算分析如何準繩無誤，也不會投入市場。再者，這些人性情極端，可以一股不買，只是為了興趣分析，或是全數投入成為職業炒家。

過份的極端性只可以產出投資界的傳奇故事，卻不一定可以長久保留，中國人之道，凡事中庸就最為理想，賺錢之餘也要好好享受，或留給身邊對你好的人。在此給予大家一個溫馨提示，星盤上的「金星宮位」正是把賺來的錢投放的理想地方，這個宮位對所有人來說都絕對吉性，沒有風險，隨時間和資源的投入更會愈趨理想。例如金星在三宮，即表示你應把賺來的錢投放在學習上；四宮代表家庭，當每次賺錢過後便購置一些新家具，或給予父母及定期儲蓄起來；五宮則為享受玩樂；六宮是身體健康上的保健護理，如賺錢後去做個 SPA；七宮為夫妻宮即是說給老婆；八宮為購買保險基金，或發展合作生意；九宮是去旅行或深造學習；十宮則放在事業及個人名譽上的發展；而十一宮為團體建設；最後的十二宮便是拿去做公益慈善。

請緊記，成功的大毒梟永遠不會自己食埋白粉一份，請保持一顆冷靜抽離的心去面對，不論是市場或是人生的起跌動盪！

Micheal Bloomberg

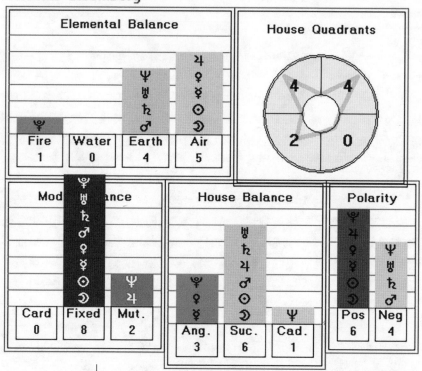

- 這是前紐約市長彭博的元素圖，命中人的風象和土象明顯，表示他是個極度理性和聰明，而且非常勤力的人。風象者一生追求獨立，元素代表資訊和創新，而土象為實現和執行，之所以他會選擇創辦經濟資訊科技公司，都是拜元素組合之影響。另外，這個人我行我素，不受約束，凡事中立，所以彭博公司不上市，他本人亦以無黨籍身分競選紐約市長。其三次競選經費都是從私人口袋裡掏出，並僅象徵性地每年領取1美元作為市長年薪，故此他可以不受利益集團及政黨影響，完全依照自己的意志來施政。

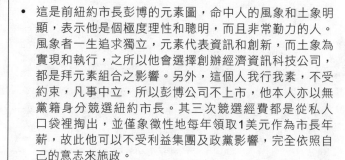

$ 金融占星

- 有些人每天都花費很長時間關注新聞報導，甚至全職炒股的人每天都在電視機旁，留意財經新聞頻道，有些甚至刻意的留在股票行大廳，以為可以多「收風」，藉此尋找更多的交易機會。但事實上，當一些重大事情已經上了新聞報導，市場及股價上肯定已作出了反應，況且，大戶的資源不只是金錢，還有專業的分析團隊，早已知釋相關事情，所以這些過期資訊不看也罷。個人從前很喜歡炒外匯，事關外匯的資訊特別多，而且透明度高，專業炒家在數據發報之前已有部署，早已有兩手準備，可見專業投機者及普通投資者的最大分別在於是否早已「心裡有數」還是「不知不覺」而選擇被動跟風。更有趣的是，個人發現「新聞」不及「舊聞」有用，記得十多年前中國加入世貿，在條文宣佈加大銀行開放的那一年，中資銀行股被炒到飛天。另一個例子，每當摩根士丹利指數 MSCI 公報要加大增持某地區股份時，在相關月份都會引來股市巨大震盪，原因很簡單，不做低大市又何以低價入貨？由此可見，股票大戶都是熟悉玩弄「陽謀」的專家，反而即市的突發新聞只是一些低級「陰謀」，其目的是製作一小段時間的震動，正因為此，假如面對突如奇來的莫名變化，便更應該作出反向操作。上圖乃2016年英國脫歐時的數小時震動，筆者當日上午十一時才知悉脫歐，但當中午吃飯過後便大幅回升，可見當大家都知道相同事情的時候，絕對不是合適良機。

第二章・四元素投資模式

說一些小道消息，或許是名人效應關係，很多人都相信「專家」能預測每天的升跌及波動，這明顯是天真到極的想法，投資市場短期波動很大程度受市場情緒，以及一些短期事件所影響，但這些短期事件的判斷，確實難有客觀標準，但往往說話技巧甚佳的「專家」總能說到好像「神諭」的一樣準確。個人認為，不用預測的投資法才是最上乘武功，這方面如是投資組合的有效分配，把雞蛋放在不同安全系數的藍子裡，比時刻估算升跌更為實際。說實在，每天都在預測的「專家」都是以自身名譽作為賭注，若果大家針對地統計他們的記錄，便會發現很多都在「出術」，例如是上午中，下午不中，「專家」仍會視為個人功勞，這些情況在波動市況的日子就最為常見。筆者有個經驗，只要你是個頗有自信的人，肯作出一點點分析，就算是升市說升，跌市說跌，總會引來一些忠實粉絲，但事實上，這些人不是被你的準確預測所吸引，只是原自於他們的無知和無聊。換一個運程書話題作個比喻，原來大多數讀者都喜歡購買一些說自己生肖吉利的運情書，亦對於對自己美言的風水師傅較有好感，這都是人性和心理上的反映，只是對方選擇對號入座而已，所以大家如果肯做個長期統計，便會知道「專家」的預測根本沒有這麼「神」。

水象元素（WATER）
為感性、溫良、人情、博愛的人格表示。

巨蟹座、天蠍座和雙魚座，三者都是感性型星座，這些人仁慈溫厚，重視精神感受，其感知靈性力強，心思和觸角敏銳，富有藝術天份，以上所述，似乎與投資沒有什麼關係。

的而且確，水象是所有元素中最不應該投資的一群人，它們在投資領域的問題最多，雖然個人沒有客觀統計數據，但只要了解水象特性，便會知道它們是最容易輸錢的一群。每個元素都有他們投資意欲，火象

為名，土象為利，風象為理想，而水象就為了情。換言之，這些人的投資取向是以滿足別人的角度出發，而不是為了本身個人利益著想，這個元素是個犧牲者和慈善家的人格類型，投出去的錢收不回是星座者的慣性常態。

先說，水象是個感性元素，他沒有分析力，沒有邏輯，沒有數理概念，只有隨機及不確定性，對於賺與蝕的意識也當相模糊。更甚者，元素的處事模識是憑「直覺」和「第六感」，所以他們容易因為一些非理性預感，可能是晚上發的夢，又或是靈光一閃從而作出相關的投資決定。更嚴重的是，水象的人容易一往情深，一廂情願，絕對深信這些完全沒有客觀原因的考慮，更深信自己的決策是專業而無懈可擊，情況就有如痴線的人永遠都不知道自己是痴線的，這方面與水象的情況完全相同。

很多時候，當你問水象的人為什麼會購入這些東西，可能他全不能說不出來，又或純屬因個人喜好，如是喜歡去日本的便買入東瀛遊（6882.HK），喜歡吃豬扒飯的便入股大家樂（0341.HK），或是本身怕冷便入股波斯登（3998.HK）等等。而且，水象的人一旦買入，其信念往往比決定入市前的決心更強，在尚未押注之前還有一點理性，起碼會猶豫好一陣，聽多幾個專家意見，可當他們買入之後，人便開始變得感性，對其前境充滿無限幻想。

無可否認，水象是眾元素當中，天生的直覺靈力最強，但它強調的是對「生物」，而非商業市場。當然不能排除某些人，如像《大時代》的丁蟹憑一句「人見人死，未見你死」而領略出股市大跌的玄機，因預感的驅使沽期指而大賺一筆。

在此又要老調重提，從命理角度，這些憑感覺而作出的決定，並能夠得到理想結果的現象，絕對跟「好運」有關！不要忘記，人有三衰六旺，只憑「第六感」而沒有理性客觀的分析就跟「賭」完全沒有區別。但不要灰心，水象的準確性會隨著年紀，經驗值增加而獲得提升，但大

前題是要經歷無數次的親身測驗，了解個人什麼時候的直覺靈通，什麼時候不靠譜，才能作出合理判斷。

但話須如此，衰在自己的預感不靈也總比誤信別人為佳，最起碼乎合個人意願，自己的決定由自己負責。問題又出現了，水象的人天生沒有主見立場，分析力欠奉，喜歡依賴別人，鍾意一窩蜂的去做一些事情，以為人多勢眾就可坐享其利，在投資方面亦同樣如是。不難發現，這些人只會盲目跟風，喜歡小道消息，十分在意電視、財演及朋友推介，而且感情關係愈好，故事愈動聽感人，他們就愈是信以為真。還有一點，就是自欺欺人的心態，水象的人炒股喜歡「埋堆」，其心理不礙乎是為了贏錢有人可以一同高興，輸錢有人可以共同分憂，由於有人可以「墊屍底」（陪輸），心理上便會感覺舒服些。

說到這裡，卻不能不提「羊群心理」這個水象元素的專屬，水象的主星是代表「集體潛意識」的海王星，行星能喚醒及影響群眾心目中的潛在直覺，令廣大群眾深信一些不實的事情，很多匪夷所思的現象都是由此星帶動。譬如以「鬱金香狂熱」的故事為例，美麗是無價的，浪漫是一值千金的，據說在 17 世紀當時的荷蘭，一棵鬱金香可以交換八隻豬、四隻公牛、兩噸奶油、一千磅乳酪、一個銀製杯子、一包衣服、一張附有床墊的床再加一條船，這些瘋狂得難以置信的事情，只有在水元素的世界才可能發生，正因為此，海王星代表泡沫、熱潮和非理性繁榮。

重回現實生活，當大市正值升勢，個個朋友都說在股市賺錢的時候，原來沒有打算入市的水象人也希望可以與朋同行，湊湊熱鬧，或為了和大家都有共同話題而刻意地跟風進行買賣，並視之為必須參與的一種群眾活動。就是這樣，水象的人便會在不知不覺間加強了市場的共鳴，互相影響，繼而形成一種極度興奮，以及不得不做的情緒反應，當人的感情蓋過了理性，便會造成一些假象和共識，以為升市會升過不停。同樣地，如是股市大瀉，基於水象不會獨自思考，理想盡量以最少時間獲得最多消息，就會不斷地去打聽詢問，不斷地為大市製造煩憂和

嘈音，加上水元素的情緒感動力強，十分容易感染別人，從而導致市場的情緒更為悲觀，隨著大市的愈跌愈深，大家便會以同一方向逃生，這個情況就有如受到驚嚇、干擾及判斷錯誤的殺人鯨集體沖上岸的情況一樣，這就是升災及跌災之由來。

　　說個經驗，多年前的一次股災前夕，筆者已預感大事不妙，並已沽貨早走早著，但又因為心大心細，想了解多些後市去向，便參加了一個週末的股市坐談會。這次會議令人心情舒快，看似解開了大市短期的迷霧，隨即星期一便大手入市，結果如何，讀者應該估到！另外一次，又是與人在網上熱情討論的時間，由於個人分析力強，文筆風趣，便成為了當時論壇的風頭躉，加上升市時大家心情愉快，讓人失去了平常心，此時個人抱著與大眾共同進退的心願，不知不覺便失去了日常的機警，難以意識到升市的完結，所以現在已很少與人傾談股市，因為「過份投入的話」很容易輸錢。

> 如果人們長期在股市賠錢，其實該怪的不是股票，而是自己。一般而言，股票的價格長期是看漲的，但是 100 個人中有 99 個人卻老是成為慢性輸家。這是因為他們的投資沒有計畫，他們買在高位，然後失去耐心或者心生恐懼，急著把賠錢的股票殺出。他們的投資哲學是"買高賣低"。（彼得林奇）

Jobs Steve

Elemental Balance

병 ħ 4 ⊙ ☽			
♇ ♂			♆ ☿
Fire	**Water**	**Earth**	**Air**
2	5	1	2

House Quadrants

Modal Balance

♆ 병 4 ♂ ☿	♇ ħ	⊙ ☽
Card	**Fixed**	**Mut.**
5	3	2

House Balance

		병 ħ 4
♇ ⊙ ☽	♆ ♂	♀ ☿
Ang.	**Suc.**	**Cad.**
3	2	5

Polarity

	병 ħ 4 ♀ ⊙ ☽
♇ ♆	
Pos	**Neg**
4	6

- 這是前蘋果電腦主席喬布斯的元素圖，盤中的水元素特別強烈，當中有太陽、月亮、木星、土星和天王星都佈在水象星座。水象的人有夢想，幻想力豐富，個人感染力極強，他們可以天馬行空，不計可行性及成本效益，全心全意如像入魔般投入在某些事情上。

$ 金融占星

70

週一	○	○	○	○	○	○	○	○
週二	○	○	○	○	○	○	▓	▓
週三	○	○	○	○	○	○	▓	○
週四	○	○	○	○	○	○	○	
週五	○	○	○	○	○	○	○	

○ 上升　○ 下跌　○ 沒有升跌 / 停牌　▓ 休市 / 未能交易

- 水象的思維屬於非線性和隨機性，所以他們對於這些零和一的圖，見解可能比陰陽燭更易獲得靈感啟發。

£$€¥ 杰輪星命

當投資已有一定經驗就不要經常參加投資講座，不要過多深度介入股票討論，事關當一群人走在一起尋求共識的時候，就會變成羊群心理。加上現時股市的資訊群組過多，十分容易把大量的人連繫在一起，繼而形成一大班羊群，當個個都視某趨勢為主流的時候，個人的分析力便會削弱，又或者只考慮利好，不考慮利淡。況且，正當大家都在魚缸搏殺的時候，假如你提出相反論點，不久便會引來罵戰，最終好友一方，淡友一方，不能正常地互作交流。正因為此，我們更應該不斷提醒自己，不要與人太過接近，尤其是日日上網的投資者，在升市時特別容易與同路人產生親切感，從而製造出水象元素的共鳴。與多數人一起時作出相反論點是一件不容易的事，逆向思維一定要與眾為敵，但如果不想仇口太多，倒不如靜觀其變，眾人皆醉我獨醒才是投資的最高境界。

第二章・四元素投資模式

$

金融占星

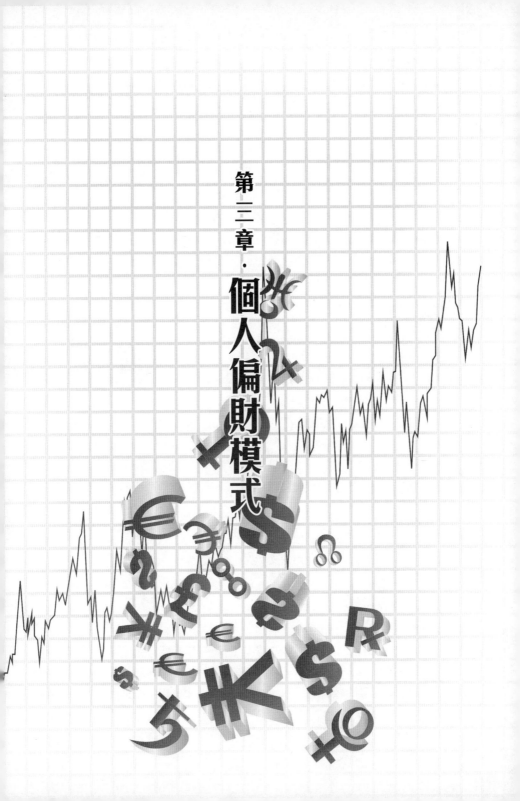

第二章・個人偏財模式

個人偏財模式

在未開始本文內容之前，宜先為「投資」和「投機」作出定義，投資是指購入資產是為了收息用途，不論股價是升是跌，只會按息率為主要的投資考慮。投機與投資行為不同，投機不論長線短線，好倉淡倉，都是以賺取差價為主要目標。

財富宮位

占星學上，有三個宮位都與財富有關，分別是第二宮「財帛宮」，第五宮「子女宮」和第八宮「疾厄宮」。三個宮位的主要分別在於「財帛宮」代表個人能力的生財模式，不論是賣時間、賣體力和賣學識都是以二宮為主，此宮象徵個人的「正財」。而五宮「子女宮」為田宅宮之「財帛宮」，即是以資本增值的生財模式，簡單而言便是投資，象徵個人的「偏財」，當中帶有相當多投機賭博的成份，此宮亦都是本章的主要內容。八宮「疾厄宮」為夫妻宮之「財帛宮」，代表因感情關係或與他人合作而帶來的財富，此宮亦可稱為「商財宮」，是個合資做生意的宮位。

占星對於判斷財運格局的方法很簡單，只須從星圖上行星的分佈入手，假如有行星落入與之相關宮位，就是你的財富類型。如「例一」（P.76）顯示木星在二宮，沒有行星在五宮和八宮，便是屬於正財格。「例二」（P.77）見二宮沒有行星，五宮有月亮和海王星，這是屬於偏財格，事實上，這人兄很喜歡賭馬，是馬會的貴賓。「例三」（P.78）的二宮、五宮皆沒有行星，但八宮有太陽和海王星，這是個做生意的格局。「例四」（P.79）的二宮與八宮皆有行星，代表正財與商財共有，但由於此盤風趨於感性善良，命中人有較大機會是從別人身上繼承財

產，或因婚姻關係而帶來財富。「例五」（P.80）的二宮、五宮和八宮皆有行星，即是說此人正財、偏財和商財皆有，無可否認，此人是相當富裕的。

假如閣下發現自己的二宮、五宮及八宮都沒有行星，即是說你不食人間煙火，是比較清高脫俗，不務財利的少數一群。又如果你發現先天命盤的五宮沒有行星，而你卻愛賭如命的話，可能就是被運行星的驅使，即是「行財運」（吉）或「破財運」（凶）。同樣地，假如有長期行星進入八宮，此時你會開始做生意，或因與別人合作而多了一門財路。從「例六」（P.81）可見，本命的五宮及八宮皆沒有行星，但過運海王星的進入示意經營合夥生意，又因海王星廟旺和三合太陽和福點，所賺的都是大錢。

但是，有些人可能永遠不適合買股票，升市擔心位高勢危，跌市又怕低處未算低，最好的解決方法惟有是去做定期存款，或買樓收租，這個宮位就是第四宮「田宅宮」。

£$
€¥ 焦糖星命

投資路上很多人都不知道自己的方向，這些人大多人云亦云，常根據朋友圈及當時潮流而定，只要見別人賺錢就會眼紅，隨之便會一同作跟風炒買。回想當年自己亦同樣如是，少年時什麼都通炒一番，結果是鍊成十八般武藝，但所付出的代價就是五勞七傷，周身傷痕纍纍，最終交了巨額學費才把身子養好。從命理而言，每個人都有自己的投資優勢，譬如有人善於短炒，即日鮮最能投其所好，有人喜歡長線價值投資，有人喜歡運用期權策略，各不相同。更不要以為，一項成功的投資就以為自己「瓣瓣掂」，以股神巴菲特為例，據說他炒了兩年外匯都是損手收場，最終發誓以後不賭。至於如何釐定你個人的投資用神，好簡單，在人生歷史上什麼項目能夠讓你賺最多的錢，就是閣下的財富投緣點，所謂做生不如做熟，多心絕對是投資大忌。

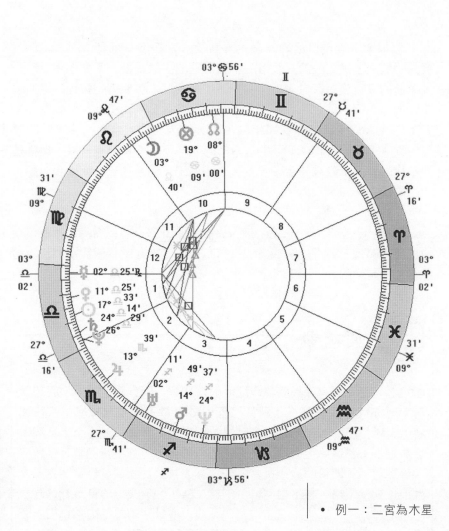

• 例一：二宮為木星

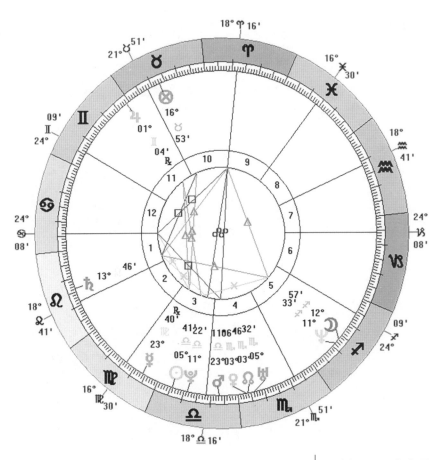

• 例二：五宮有月
亮和海王星

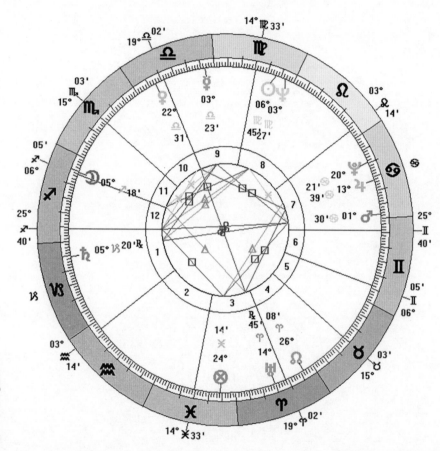

• 例三：八宮有太陽
  和海王星

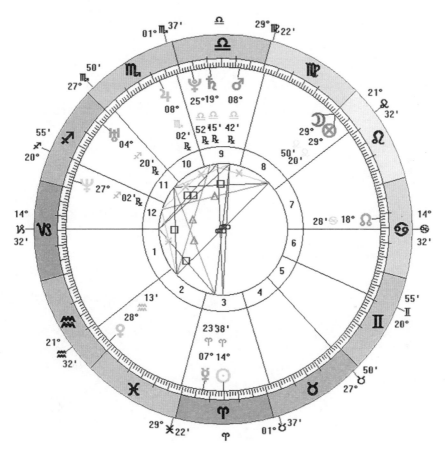

• 例四：二宮為金
  星，八宮有月亮

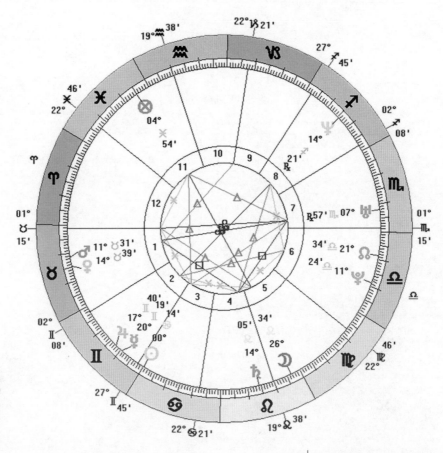

$ 金融占星

• 例五：二宮有木星
  水星，五宮為月
  亮，八宮有海王星

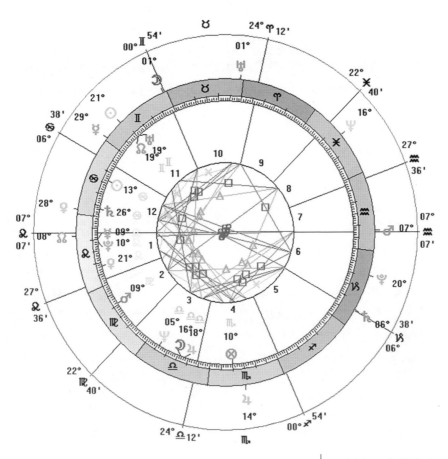

• 例六：內圈為本命盤，外圈為過運盤

十大行星

宏觀整體性的元素分析經已說完,以下是進階部分,專論行星在第五宮「偏財宮」的投資取向,這是完全屬於閣下的偏財運反映。若然讀者還想知道自己的第二宮「正財」及第八宮「商財」情況,如果宮位有行星的話,可參考《行星編》,內有十二星宮的詳盡論述。如果宮位無星的話,可參考《星座編》,內有十二星座的人生五大範疇(**性格、事業、財富、家庭和健康**)解釋。另外,如果你的五宮沒有行星,代表此時沒有投資意欲,但話唔埋他日有其他大運行星的進入,便會多一門收入來源,相關話題可參考《運限編》。

太陽

屬性:吉性
元素:火象
守護星座:獅子座
投資模式:機會主義者

【**特點**】:太陽在占星學上代表理想、追求和焦點,立於偏財宮示意熱愛投機、賭博和競逐,此位置相當物欲、奢華、銅臭,物質感覺強烈,絕對可以用「貪字」來形容,這些人的一生大多數時間都在為了追逐財富而努力,個人成就及榮耀都是從博奕而得來,這是個機會主義者的人格。

行星在此的特色:(一)投資自信,(二)自主創造財富,(三)易在博奕界打出名堂。

【**優勢**】:太陽星性舒適愉悅,創造力強,行星吉性代表命中人頗有投機運,能夠以錢搵錢,進財順利不辛苦。此外,太陽講求自主,天生自信過人,示意能夠憑藉個人敏銳目光,懂得把握進財良機,自炒不求人是其優勢。更有利的是,太陽在此對於「未知」的感覺相當良好,極富冒險精神,命中人能夠承受任何追求財利時所遭遇到的風險和打擊,為自己負責是成功投資者的應有心態。

【缺點】：太陽屬於火象，因此所有與火象元素的投資缺點，如借貸、槓桿、貪得無厭、賭徒心態都是這些人需要留意的。尤其是在面子方面，太陽的人虛榮心重，喜歡炫耀金錢和擁有物，更會以自持及投資成績來彰顯自身地位的不凡。他們搵錢雖多，但花費更多，星性貪務虛榮，好奢華浪費，「只攻不守」更是其人的致命傷。基於不守財關係，這些人好景時財大氣粗，不可一世，但股市有高低，人有低潮失意時，此時便容易惹來時非壞名，還有賺錢時不刻意儲蓄下來，無錢時就只好借貸度日。

> 請緊記，投資目的不是為了尋求刺激，不是為了消磨時間，不是為了炫耀富貴，其目的只有一個「賺錢」，而且賺錢時更應該低調，這關乎個人修養之餘，亦都是令個人名譽立於不敗之地的策略。

£$ €¥ 杰楂星命

有人說：「不賭便是贏」，我認為「不賭肯定輸」，在香港這個發達容易搵食難，基本上已沒有什麼可以發展的地區，當炒樓、炒股、炒 iphone、炒名錶、炒紀念鈔、炒演唱會門票、炒口罩已成為通識習慣的時代，假如不找些供求不均的珍品濫炒一番，又何以負擔這樣高昂的生活成本。仲有，不敢冒險往往是窮人的通病，所謂：「富貴險中求！」財富往往與風險是成正比的！

月亮

屬性：吉性
元素：水象
守護星座：巨蟹座
投資模式：慳家小富婆

【特點】：月亮在占星學上代表緊張、憂慮和在意的地方，行星落於偏財宮反映對錢財非常著緊，投資態度相當謹慎，這些人面對投資時

特別小心翼翼，不願冒險，寧可不賺也不要有所損失。本質上，月亮不是很會心，加上行星需要安全和熟悉感，對安穩生活有著高度訴求，所以她們傾向選擇無風險定存或保守基金作為投資對象，絕不考慮風險投資，只要是頗有波幅的項目都會讓人神經緊張，反而，細小而穩定的利息就能令之心滿意足。

【優勢】：月亮在此的優勢在於審慎的入市態度，這些人對於投資非常小心，有未雨綢繆，好天斬埋落雨柴的心態。事實上，上上落落對於月亮來說可謂非常抗拒，她們追求安定、零風險，寧可把錢放在銀行或購買保險也不會作冒險嘗試。有利的是，月亮在此的人很有逢低吸納的能耐，畢竟作為女性的象徵行星，她們有種天性，就是等待「大減價」才瘋狂購物，因而往往都能夠以跳樓價（股災價）買得心頭好。但如果這些人的土象元素不夠強，只要大市少少反彈便會圖利，事關月亮主小財及緩利，風險往往跟回報是為正比的。

【缺點】：雖然說月亮有小心謹慎的理財態度，但由於水元素關係，命中人也時會因情緒不穩或感情關係而胡亂投資，如是誤信好友投資了一些不具價值的東西，甚至是蝕本項目。從「月相」（即初一、十五）的變化可見，帶出了月亮的另一個本質是週期性不穩，說實在，月亮進財緩慢，但破財速度卻是爽快，事關月亮只會憑感覺行事，在投資方面也會百密一疏，也有可能因為一時情緒衝動而招致損失，不理性思維容易令人作出高買低沽的錯誤判斷。甚至可以說，月亮常有贏粒糖，輸間廠，為了芝麻掉西瓜的投資慘況。

巴菲特說過，投資宜先大後小，先長後短，做熟不做生，選易不選難。正確的投資方法是把大量資金投放到你那些瞭解，對其經營深信的事業上，你很難能夠同時發現兩三家可以信賴的企業。至於如何找到，就要耐心等待，因為一生中真正重大決策的機會不多，當你決定了一個的時候，機會就少了一個。

股價上的任何升跌頗多受心理影響，而非經濟影響，心理能產生合群趨勢，從群眾心理煩惱與愉快之所變，亦可以改變股市曲線。事實上，人類之行為與內分泌有關，即直接與心理有關，而股價亦與股市心理大有關連。換言之，股價只是市場上的心理報價，這個報價與企業的價值不一定有絕對關係。

水星

屬性：中性
元素：風象
守護星座：雙子座、處女座
投資模式：精明投資者

【特點】：水星的中性屬性，說明它的投資哲學相當彈性，沒有原則也沒有標準，不管黑貓還是白貓，總之捉到老鼠就是好貓。水星為了賺錢無所不用奇技，它以強勁的智商，優越的商業天份去進行經過他們精心計算過後，認為低風險的投資項目，也傾向以密集的周轉方式生財，這是個精明投資者及財經分析員的型格。

行星在此有數個特色：（一）智力生財，（二）週期短，（三）流動性強，（四）上下波動，（五）靈活周轉。

【優勢】：水星在偏財宮有多項優勢，第一點當然是頭腦聰明、分析力強、反應快、理財能力高、對數字和金錢上的理性，能根據策略而行和嚴守止蝕。另外，這些人特別具有市場觸角，能隨機應變，善用資訊和資源，絕不放過市場上任何機會。第二點是懂得運用財技借力打力，會利用借貸及槓桿去放大回報，甚至是利用市場的波動變化，以最少的錢去賺取最多的財富。第三點是不斷的流動和短炒，務求以量取勝，認為山大斬埋有柴燒。再說，水星投資者基本上沒有「牛市」或

「熊市」概念，他們只知掌握時機，且戰且走，保持高度流動性，以短週期來作出變陣、換馬或反手，當遇有與預期不乎的情況便狠心止蝕，絕不戀戰。然而高頻的即日鮮炒賣方法，如外匯、期權、期指、牛熊證等帶有一定槓桿作用的投機品，以少量的價格波動作為利潤都是其心頭所好。補充一點，所有風象元素都有借用別人銀紙為自己進財的心思和本領，因此極之需要急速的現金流，手急眼快頻頻操作，在財資上左右盤算，對於他們來說：「十個茶煲只有幾個蓋！」都是時有之事。

【缺點】：雖然說水星在偏財宮的人賺錢容易，但行星與太陽一樣沒有儲蓄性，會因過度的流動性導致人常坐立不安，如果找不到適合的投資，就會胡亂花費在其他不太明智的項目上，務求令到手上沒有多餘資金，才會讓他們乖乖的冷靜下來。加上水星周不時逆行，代表財務變化急劇多端，因投資涉及風險，市場變化萬千也是導致他們時有破財或「三更貧五更富」的情況出現，更差者還要左借右度，經常要為財政周轉而使出渾身解數。

再講，水星本質浮躁多變，有投機取巧、急功近利和表面不深入的潛意識，其專長只在於計算機會及值博率，不主深入及基本分析，更時會道聽途說，事關行星有的是「小勞而獲」的心態，不主大財。還有，所謂：「聰明反被聰明誤，股市專收叻仔。」水星認為自己有能預測市場所有節奏波動，所以他們也時有做出錯誤決定，只不過是水星轉彎轉得快，知錯能改，能夠及時修正而已。

> 美國著名投資經理彼得林奇曾說：「投資成功的關鍵是耐力勝過頭腦。不論你使用什麼方法選股或挑選股票投資基金，最終的成功與否取決於一種能力，即不理睬環境壓力而堅持到底投資成功的能力；決定選股人命運的不是頭腦而是耐力。敏感的投資者，不管他多麼的聰明，往往經受不住命運不經意的打擊，從而被趕出市場。」

金星
屬性：吉性
元素：水象
守護星座：金牛座、天秤座
投資模式：長線投資者

【特點】：金星屬於吉星，本質有滿足、儲蓄和舒適性，因此行星入於偏財宮代表豐盛的投資回報，相關資產能不斷累積，因投資而積富的意味便頗強。這些人精打細算，懂得計算回報，在意市場及經濟方面的消息，又因凡事貨比三家，對於錢財銀碼格外留神，總之就比常人易於發掘出低於市價的東西來。

金星與月亮同是女性行星，行星有某些相通的偏財特色：（一）穩健投資策略，（二）緩慢生財，（三）不能有危機。有利的是，基於金星比月亮吉利，故因情緒而破財之事便不會出現。

【優勢】：金星的優勢可以用平和、實在、豐裕來形容，既然身為吉星，上天當然給予庇祐，命主通常都有不錯的投資運。不過，說天賜橫財倒令人有不勞而獲之感，筆者推廣正信，務必要由基本分析說起，金星星性和諧，不偏激，這些人的投資方針必定是以平衡中庸為道，所以不會估頂沽底，總之有適當餘錢便會購入一些穩當股，強調「小賭怡情」是行星不會被市況波動而作出錯誤決策的主要原因。

金星不主大財，在此強調積少成多，故命中人傾向獲得穩定的利息收入，反多於競求在炒賣差價上利潤，因此命主不太會為價格的上落而感到憂心，輕鬆舒服得財就是這個原因。

【缺點】：既然稱得上吉星，金星在此可謂沒有什麼需要特別留意，但假如行星屬於廟旺，即是說這些人對錢財吝惜，死慳死抵密密收納，把錢財守得緊緊，過分的話便會成為守財奴。

羅傑斯說：「只有愚蠢的人才自以為必須介入每個走勢之中，當行情發動時，就忍不住衝進去，害怕自己失去獲利的機會。靠著交易為生的人，他們會花很多時間去等待，專業交易者可以錯失機會，業餘人士則會試圖追逐每一個機會。專業投機者可以看看電影，聽聽音樂，甚至去一個旅行，直至等待計劃中圖表佈局成形，才進行交易，因為專業投機者很清楚，衝動而做的交易往往是最差的交易。」

£$€¥ 焦糖星命

在市場上，虧損往往都是那些聰明絕頂，分分秒秒都盯盤不放之人，很多時候，成功都只是需要智商低下，以被動勝於主動。在網上有很多吹水股神，只講自己怎麼過五關斬六將，贏多少錢，好像自己能預測一切，是股神巴菲特第二。不難發現，許多投資者都希望通過加快操作節奏，提高買賣次數來達到收益最大化的目的，但結果往往都是事與願違，愈是交易頻繁，不僅沒有使投資收益最大化，更容易因此而因小失大，或在不知不覺中犯了追漲殺跌的毛病，結果持股量只有愈來愈少。從筆者多年的實踐發現，保持平常心，降低期望，耐心持股，減少操作，往往能取得意想不到的收益，「不操作」有時反而是最好的操作。

火星

屬性：凶性
元素：火象
守護星座：白羊座
投資模式：亡命賭徒

【特點】：火星可以說是火象元素的象徵性代表，行星以快錢、搏奕、冒險和投機著稱。火星在偏財宮，急功近利的意象相當鮮明，這些人有強烈的投機意欲，有賺大錢的志向，願意以冒險心態去取得成功。他們喜歡拚搏，進財方式均以戰勝別人為大前題，所以行星對於期指、期權，或是二元期權（Binary Options）即是有對手及一買定輸贏的賭

命工具特別感到興趣。要強調一點，火星不是財星，對於錢財不太敏感，其賺錢動機全是為了成就，命中人會將金錢視為權力象征，希望透過賺錢來證明自己，以財氣來展示個人實力和威望。

行星在此有數個特色：（一）勇敢直接、不怕損失，（二）努力炒上、密集操作，（三）即時回報、急功近利，（四）「零和」Zero-Sum博奕，（五）高風險、不惜代價。

【優勢】：火星在偏財宮的優勢是很有財富創造力，此是白手興家、公屋股神的類型，行星有暴發機會，並因投資簡單直接、積極高效而帶來巨大利潤。性格方面，這些人勇敢自信，目標明確，冒險性強，選股買賣絕不假手於人。有趣的是，這些人的成功卻來自不斷失敗卻不忘熱情，能夠在從錯誤中學習，在逆境中自強，在不確定的狀態殺出一條血路，如果是好運的話，命中人不需經過周詳策劃便能成功，可以見步行步，摸往石頭過河，基本上沒有什麼是不可能的。

【缺點】：火星在偏財宮的缺點可能比優點還要多，而且招招都是致命的，首要說的是急功近利的心態。火星星性短視、貪多務廣，喜歡以大膽冒險的方式求財，務求以短暫密集的方法達到目的，對於穩定而微利看不上眼，缺乏風險意識絕對是其失敗的主要原因。二是性格衝動，一般保守投資者傾向分段式下注，但火星卻喜歡一步到位，只要認定某趨勢的到來，就不顧一切的追漲殺跌，一下子就把全盤資金傾注在某一領域上。三是財來財去的際遇，火星雖然有暴富機會，但隨之而來就是暴敗可能，基於行星完全沒有守財能力，對於已得利潤不太在乎，在他們的心目中只是享受贏錢的快感，沒有把它刻意儲下來的意願，結果每每只是愈買愈大，可想假如是一次的不幸，就會把之前所得都一一失去。如果是輸錢的話，為了贏回所失，結果就是不斷的增加注碼，後果可想而知，火星無法守住財資絕對是其硬傷，「先得後失」之應尤其明顯。的而且確，火象在此的傳奇故事最多，有些人可以先輸幾千萬，過一排又賺返幾億，吉凶起落相當驚人。正所謂：「食得咸魚抵得渴」，沒有這樣的賭性，就沒有賺這樣多錢的可能。

> 索羅斯說過，判斷對錯並不重要，重要的在於正確時間獲取大多利潤，錯誤時虧損最少。而且投資方式愈是簡單，愈是乾淨，愈大方向，就愈要做多，聽太多不同的意見，只會擾亂你的思維，留意小變化不會讓人賺大錢。

馬雲的一生經歷無數次失敗，經歷無數痛苦和錯誤，據說如是 2 次高考失敗，10 次的哈佛大學的申請失敗，與其他 23 位同學一同應徵 KFC，除了他之外，所有人都被僱用。另他又以 15 萬元創建了一個醜陋的網站中國黃頁，他也被告之網上交易是不切實際，可時至今日，他是中國最富有的少數人。可見成功不能讓人學懂什麼，只有失敗才能讓人學懂怎樣成功。

4 木星

屬性：大吉
元素：火象
守護星座：人馬座
投資模式：眼光的資本家

【特點】：木星是占星學上的最大吉星，行星有幸運、樂觀、積極和擴張性，此星本身已有做生意潛質，懂得以最少本錢做最大生意，行星的眼光獨到，對市場變化甚為敏感，其時尚觸角更賦予他們洞悉時勢的能力，因此行星落在偏財宮便有強烈投資致富的意味。有利的是，木星心態不強求，它只在乎「天道」，講求凡事順其「自然」，因此木星代表進財易得，賺錢容易，有 Easy Money 之稱。

木星的時效性為中期，即代表人到中年便會富裕起來，另行星在此有數個特色：（一）多元化，（二）資本生財，（三）借貸擴張，

（四）應變能力，（五）目光長遠。

【優勢】：木星在偏財宮的吉性，在於比所有火象元素有更豐富的經驗和靈活性，這些人擅於趨勢投資，懂得把暫無升值潛力的股票沽出，換馬去其它潮流人氣上升股，把握時機是木星的專長。本質上，木星很是自由奔放，不固執，擅長轉彎抹角，命中人當遇上勢色不對便會立即逃跑，情況如用於股市便是懂得抽身離場。除此之外，木星的進財門路廣，非常了解分散投資的重要性，決不會把所有雞蛋放在同一藍子裡，就算有些項目虧損都不會一子錯，全盤皆輸。更重要的是，木星對將來未知的新產品、新市場很感興趣，行星樂於發掘未來爆升潛力股，雖然不一定次次中，但只要選中其中一兩隻，敢食頭啖湯，收益當然難以估計。

說到目光長遠，筆者想提一提中芯國際（0981.HK）這隻股票，科技行業的投資大，入門門鑑要求高，加上產品研發需時，又難與歐美企業競爭，所以很多本地投資者往往對高科技股份都十分抗拒。但隨著「水瓶座九運」的到來（稍後有元運話題），在國家政策的引導下，本身已有長足的市場空間，國內科研實力的加強，加上外圍環境的壓迫所致，可能在不久將來，芯片及高科技將會在中國百花齊放，有長足的進步發展，木星就是這些頗為高瞻遠矚的投資類型，懂得在產業將近進入高速發展期大力投入，才成就其中段擴張的巨大優勢。

【缺點】：木星雖然大吉，但也時有破財炒燶股的可能，當中最大可能性就是過份樂觀，尤其要小心行星的逆行期！本質上，木星是一個只懂擴張不懂收斂，只有超長線理想祝願，卻缺乏實際眼前顧慮的星體，這些人容易因想頭過大，貪勝不知輸，勇於投入從而變得得意忘形，最終利潤由盈轉虧，以樂極生悲收場。

> 每個人都有自己的強項，一般人的失敗並不是無料，而是把個人長處放在錯誤的地方，重點是放在自己最適合的位置，才能發揮最大表現。

♄ 土星

属性：大凶
元素：土象
守護星座：摩羯座
投資模式：務實型超長線投資者

【特點】：土星在占星學被定性為大凶，無非與它的保守、固定、被動、不流通性質有關，但它在物質宮垣屬於財務穩健，非大上大落的類型。這些人十分實際，對錢財著緊，風險意識特別強烈，心態與月亮一樣，寧可作定期儲蓄及購買保本產品，也決不冒風險進行投資。土星對比月亮的優勢就是沒有週期性變化，行星代表永恆不變，所以它落在偏財宮位，便是超長線甚至是終身制的審慎投資行為。

【優勢】：土星在偏財宮的優勢可以以股神巴菲特的例子來說明，行星是個超長線的實力投資者。這些人非常有耐性，能夠以合理性、系統性、紀律性操作，買入優質股長期持有，然後慢慢地等待收成。本質上，土星有積沙成塔，堆金積玉之性，悶聲發大財是星象本意。在此要強調的是習慣性，土星沒有月亮的敏感，不會嘗試探頂摸底，只會持之以恆，根據規律和慣性去增持股份，「平均投資法」是他們的獨贏心得，所以人常道：「股神入貨愈入愈低，出貨則愈出愈高。」即是說不會刻意把握股市一瞬間的不衡，不自以為是，不求僥倖而獲，以為自己可以在最高最低點進行交易。

【缺點】：土星在五宮主要有兩大缺點，一是真的反映沒有投資及賭運，這些人一旦參與投機賭博，便會輸得傷亡慘重。但更大可能性，就是經常成為「大閘蟹」，事關土星傾向被動和懶惰，喜歡以不變應萬變，只要股價不如預期，短炒便會變成長揸，甚至死守，最後因而被困，他們認為一日未沽，一日都未算輸，還可以跟人說是價值投資。基於被困有穩定性，因此「坐艇」比「止蝕」更能減低其不適痛楚。當然，如手持的是優質股如匯豐銀行（0005.HK）被美國制裁十年都仍有返身機會，但如果是其他垃圾股，命中人只好把股票當作留念，或作為

$ 金融占星

相薄上其中一件「珍貴」回憶。

> 作家格拉德威爾在《異類》一書中指出：「人們眼中的天才
> 之所以卓越非凡，並非天資超人一等，而是付出了持續不
> 斷的努力。」在調查的基礎上，他總結出了「一萬小時定
> 律」，他的研究顯示，在任何領域取得成功的關鍵跟天分無
> 關，只是練習問題，只要肯花苦功努力練習一萬小時，你也
> 可以成為大師。

恭喜星命

證券界有一個不能說的秘密，就是常睇股價的、短炒的都是虧損一群。而賺錢的一群，反而是很少睇股價、長線投資的。據統計，短炒者賺錢的比率，遠比長線投資者為低，靠投資真正賺錢的人都是不常看股價，不短炒的一群。本質上，投資是一場長期戰，總會遇到逆轉市況，但長期而言，仍是以上升為大多數，況且，選擇的機會越多，失誤的次數也就越多。須知道，企業經營投入大量資金，進行長線投資，獲取巨利都建立在長線、有效管理的基礎上，而不是被短線炒賣活動所主導。這個統計跟現實市場環境一樣，贏錢越悶越容易繼續贏，越唔悶得的人越容易輸，所以成日都話「有錢執」的人，賺的亦不多，與少食多餐的人不肥道理相同。

♅ 天王星

屬性：吉凶極端

元素：風象

守護星座：水瓶座

投資模式：投機狼人

【特點】：天王星在偏財宮是一顆橫財星，橫財是指僥倖獲得或突如其來的財富，但與其說突如其來也不一定正確，事關行星的分析力驚人，想法新穎獨特，見解往往與主流不同，因而看到其他人看不到的機

會。本質上，天王星不貪心，行星以冷感及抽離著稱，能夠客觀角度看待事物，銀碼在他們心中只是數字，所以其買賣決定可以很灑脫，如象程序落盤的機械人一樣，不對金錢帶有情緒是天王星能夠處理大額交易的優勢。

天王星在此有幾大特性：（一）投資悟感，（二）出乎預期，（三）極端反覆，（四）錢財抽離，（五）智慧型生財模式。

【優勢】：天王星在偏財宮的人心水很清，能看清大勢，能憑藉悟感來取得投資方向。更利害的是，這些人在投資路上有著非一般人的特殊際遇，交易數額絕對是出乎眾多人的意料之外，橫財性質非常強烈，這方面或可從行星的極端主意、一枝獨秀、平地一聲雷等意象體現出來。加上在圖表學上，天王星的波浪形態是以拋物線形式進行，可見其財性之大絕非一般人能夠想像。

【缺點】：天王星之所以橫發，來自其難以預測的極端變動，高風險更是主要原因。與土星的穩定相反，天王星喜歡大波動，熱炒大Beta 系數的股票，事關在投機狼人的心目中，有波動才有希望。正因為此，當人遇上天王星的好運可以一夜致富，行星的最佳例子是金融大鱷索羅斯。可是，天王星沒有累積性，財政極度不穩，財來得快時去得亦快，這些人如不是橫發，就是橫破，金錢來又如風，去又如風，是大起大落的類型。所以很多時候，命中人先要經歷多些，了解個人的天王星特性，慢慢掌握後才能好好發揮。換句話說，這些人大都要經歷大風大浪，甚至一貧如洗才有致富發達的可能。

$

> 真正的成功，取決於單次的幅度，不取決於頻率，重要不是判斷贏的次數，而是在對的時候敢不敢大手下注。然而股市上的財富，只來自極少次的極大高潮。另筆者自己加插一句，投資並不孤單的人，通常搵不到大錢。

金融占星

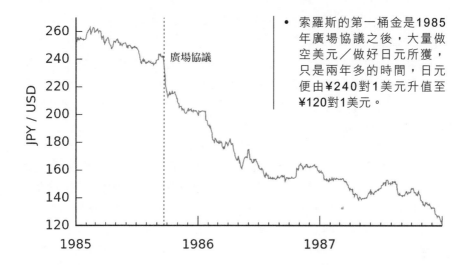

- 索羅斯的第一桶金是1985年廣場協議之後，大量做空美元／做好日元所獲，只是兩年多的時間，日元便由¥240對1美元升值至¥120對1美元。

 香港這個股市絕對不適宜長線投資，一來由於港人急進，二來重點產業均嚴重缺乏，三來與美元掛鉤，對外完全開放，身處四戰之地，只要外圍有什麼風吹草動，香港首當其衝最先成為亞洲級別的提款機。並因美國金融家的貪得無討厭，周不時便會人為地制造大少不一的股災，來收割世界各地的羊毛，因此如果要履行巴菲特的長期投資理念，只有在受到資本極權保護的國家才行。

 海王星
屬性：先吉後凶
元素：水象
守護星座：雙魚座
投資模式：散戶

【特點】：海王星是上文水象元素的主要代表，行星本身缺乏理財觀念，用錢沒節制亦不具成本效益，他們對錢財灑脫，不知道財富是

何物，甚至可以說「不在乎價值」是其價值觀。然而投資學上的羊群心理，正就是以海王作為原型。事實上，命中人的投資取向不一定是為了「賺錢」，更多數是為了「聯誼」，可以跟其他人有共同話題，只要是朋友買了，不論股票是否優質，命中人多少也會跟風入些。再說，行星本質的怯弱不定，沒有爆炸力也沒有大波幅，算不上是什麼大財，也屬於不穩定行星。

【優勢】：海王星在偏財宮的優勢就是能夠不勞而獲，這些人投資不用分析，不用看新聞，不用研究公司財務報表，只須巴結一些看似很有料的高人，天天聯誼茶眾，拿些少提示（Tips），上午買入，下午沽出，就能穩穩妥妥賺餐茶錢。雖然海王星沒有一次性的巨大收益，但勝在密食當三番，可見行星的人脈關係，一直都是她們發財的實力，如果格局上乘的話，有機會結識到內幕人士，知道某些股票要搭棚炒上，從中便可乘一程順風車。

【缺點】：海王星在投資方面的缺點，絕對與之不善理財，不明白資產價值和缺乏正確的金錢觀有關。本質上，海王星是藝術家的類型，象徵過分理想化的人格，這些人想法脫離現實，常誤判形勢，財務上往往混亂不堪。更嚴重的是，她們常人云亦云，自發非理性亢奮，只要有人建議就不問價位照入可也，有買貴無買平都是時有的事。另一方面，海王星有逃避現實的傾向，當股價下跌就會刻意逃避，壯士斷臂對於她們來說比死更覺難受，正因為此，「贏粒糖輸間廠」普遍是海王投資生崖的最佳寫照。

金融占星

不要指望你的對象是十全十美的，也不要指望什麼都不懂，炒股票就能贏錢，更不要指望直接拿別人的經驗，隨便搞搞就能成功。

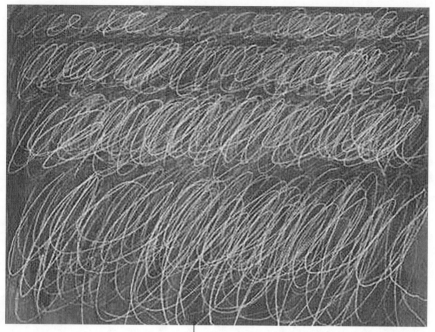

• 海王星是藝術家型格，她們最擅長就是投資一些不切實際的東西，有買貴無買平是她們的本領。圖乃托姆布雷的作品，名為《無題》，此畫於2014年在佳士得拍得6,960萬美元。

中場加映：宜在此分享一個中航油（G92.SGX）的故事，話說中航油於 2002 年跟高盛學炒石油期權，初次小賺了百多萬美元。眾所周知，購買期權需要支付期權金，高盛教他以組合方式，便能以同樣投入得到雙倍利潤。由於當時國際油價長期徘徊在 $25-$30 區間，中航油買的是 Short Call，即是只要油價橫行、跌或不升便有期權金收（利息）。誰不知油價在此後一直上揚，最高峰期去到 2008 年的 $147，中航油捉錯用神當然是虧損收場，但最初只是虧損幾百萬美元，不算嚴重。隨後高盛師傅再傳心法，叫他把相關期權調期，續去更遠期，並且把槓桿再度放大，結果第一次重組後，虧損由原來的幾百萬擴大到二千萬，第二次重組擴大到五千萬，第三次重組擴大到兩億，每一

次重組，虧損都會放大一倍，直到最後的第四次重組，合共虧損了五億美元。

這個故事與海王星貼題的是，經新加坡證鑑會調查中航油事故之時，發現高盛在事件中扮演了雙重角色，表面上它是中航油的顧問及師傅，但在背後卻是其主要交易對手，因此中航油的所有虧損，大部分都成為了高盛口袋裡的利潤。故事告訴大家：（一）不要在老師的證券行開設戶口進行炒賣，陷害你的人永遠只會是你最熟悉的人。（二）看錯市當然是虧損的主要原因，但不斷增加槓桿，才是真正永不翻身的主因。（三）很多時愈是高深的工具，就愈是適得其反，只會為自己帶來混亂。

投資市場上有個定律就是一小撮眼光獨到，而且耐力過人的人能賺去大多數人的資本，所以當群眾形成一致投資決定之時，錯的機會率便會大大提高，相反，當所有人都是看錯的時候，這個趨勢便是正確。筆者在討論區發現一個效應，就是當十之有九都在看好之時，就是離頂不遠，同樣地，當討論區水靜河飛，外圍不斷出現壞消息，無人敢於和你相爭，便是入市的最佳良機，而重點是買了平貨卻要不聞不問。不過，喜歡八卦是非的人，心性尚未到家肯定做不來，所以為避免與人隨波逐流，最好少談股票。

冥王星

屬性：先凶後吉
元素：火象
守護星座：天蠍座
投資模式：幕後炒家

【特點】：冥王星是占星學上的最大財主，哈帝斯是眾神之中最

富有的神，因此冥王與「大茶飯」有關，此星關係到利用及控制別人的財富，加上隱閉性及超濃縮特性，其「橫財性」之大絕非一般行星能所比擬。比較之下，天王星只管找出機會和趨勢，把握良機乘一次順風車，單純以投機為主，而冥王則傾向發掘原始潛力股，並以不斷的收購、寄居而後接管，直到把該公司徹底完全操縱，在貨源歸邊的情況下與自家人士合力炒上，由於街貨量少，便能產生巨大爆炸力，常見由原來幾毫股價炒上幾十元，換句話說，冥王就是這些細價股的幕後炒家。

行星在此有幾大特性：（一）暗中得財、神秘黑錢，（二）長期蘊釀、爆發力強，（三）財權、錢財被深深操控，（四）禾稈冚珍珠，有錢無人知，（五）以少勝多，借力打力，能利用別人之財為自己圖利。

【優勢】：雖然說幕後炒家賺錢很厲害，但也不是不無成本和努力的，首先他們必須具備敏銳觸角，懂得發掘出具有巨大潛力的股份，買入一些被低估的公司，然後更變其經營策略，把它重新營運，繼而煥發出其潛在價值來。

本質上，冥王星的冒險心不強，而且怕死，他們雖然借貸，卻不代表為人好投機賭博，這些人仍然小心奕奕，只會投入一些經精心計算過後認為是穩賺不輸的項目。加上行星的超長期步署，收集期是以數年計，可見行星的橫財不是速發，反代表晚發，要幾經辛苦經營才能獲得豐厚成果。

【缺點】：冥王星在偏財宮的缺點往往與不名譽事情有關，事關此星為了賺錢可以不擇手段，不講門道，沒有道德標準可言，行星多少與不可見光（**有可能犯法事情**）聯繫一線，這些人甘願冒險在刀口上搵食，甚不介意跟奸商、壞人和黑社會合作。更重要的是，冥王在此的人在未獲得巨利之前，往往都是資不抵債，必定經歷畢生難忘的慘痛教訓，行星強調風險損失全由個人獨力承擔。

人物實例

【微訊女】：在本章最後，筆者想分享一些人命例子，事實占星推算步驟共有三十個之多，但由於編幅有限，在此不會跟足程序分析，只是扼要地介紹星盤特徵和重點。

下圖是一位自稱有內幕消息，可以帶挈你炒賣細價股發達的所謂「微訊女」，既然她這樣好心誠意給我推介，我就給她一次免費的占星體驗。

首先，從陰陽、三分、元素分析，這個盤偏向陽性，太陽星座為雙子，月亮星座為獅子，火星、水星廟旺都在說明她的脾性外揚，是較為聰明活潑的類型。再看，其火星在七宮，初次給人的感覺十分熱情，而且火星和月亮的結合，示意人心急，有脾氣，月亮將進入七宮也是緊張別人的表示。這個星象在本命而言代表早結早離，她承認 17 歲時已有一要好男友一直同居，但廿多歲就分手了。與此同時，土星立命代表人早熟，早年出身環境不理想，她也承認小學時父母離婚，一年也不會見一次老竇，加上太陽在田宅主頻頻遷居，命主曾在上海等地生活過，現居深圳，以上問題證實她是盤中人。

這個星盤是一個事業型人格，事關命宮的土星，十宮的冥王，六宮的月亮都合力地說明她對名譽地位非常渴求，然其冥王在天蠍入垣，有

強烈的成就執著心。與此同時，命主星土星也被冥王及太陽相刑，差少少就變成「T型相」，可見其自給壓力不可謂不大，亦反映其權力欲及成就心重。另一方面，這個微訊女十分醒目，甚至可以用「古惑女」來形容，一來其水星廟旺，口齒伶俐，隨機應變，另外「風象大三角」加上福德宮的「天海合」都是聰明絕頂的表示。

疑點是，她口口聲聲說跟大戶炒股賺錢很多，我看她的「五宮」空空如也，沒有相位之餘，連相關守護星也落在田宅宮上，可能賺錢的只是其圈中友（請緊記這個圈，稍後還有重要提示），我看她本人完全

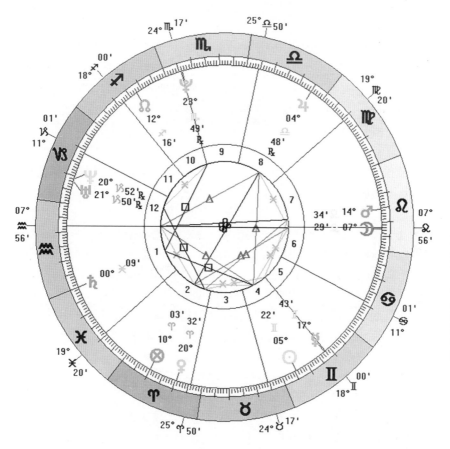

沒有投資意欲。再看看其財帛宮的金星，「八宮」的木星，命格本身已是有財可用，但這些財均由感情而來，從金星三合木星、六合火星和月亮的關係可見，收入來源可以從母親及其他男性而得來，此外，請細看「金木」的守護星均由人際宮位飛出，據說她自己開了一間時裝店，如果是真的話，客戶與她關係甚好，星盤可以預見其經營獨資生意是合適的。

另一個可疑之處，本年她的所有物質宮垣都空空如也，沒什麼亮點，她卻說本年炒股獲利甚豐，此點確實令人費解。但是，她的大運海王星快將進入「二宮」，即是說其米飯班主快將到來，可憑著這眾多的感情關係或以欺騙方式而獲得長期收益。再說，假如在星盤上時光倒流十五年，盤中的冥王在「十一宮」，前書《行星編》解釋是加入了秘密組織，在此或可解為神秘的利益圈子，海王在命宮即是不斷適應環境，不斷作出改變，我在網上認識她一個星期，她已經要開三個分身（Facebook 及微訊戶口），可見海王之快將進入，說明她很有潛質在這個行業搵食。

最後，可能因為她，我的面書便經常有莫名其妙的靚女來詢問股票，而不是占星！

【善變總統】：這是個陽性極重，風象元素頗強，卻罕有地完全沒有土元素的星盤，行星主要落在「起始星座」之上，即是說總統的腦筋靈活，轉數快，具創意和分析力，其人喜歡新鮮，鍾意創作，具強大的創造力。沒有土象即是說這人全然沒有耐性，非常不穩定，而且不負責任，所以他經常出爾反爾，一時一樣，反覆無常，屢見今日的我打倒昨日的我。這個星象在際遇方面也明顯不穩，眾所周知，總統這人一生傳奇，破了三次產，結過三次婚，有五個子女。

一個土元素都沒有的星盤，基本上沒有可能完成一件事情，虎頭蛇尾及半途而廢都是其主要特色。事實証明，總統為人喜歡倉促的下決定，但只要是形勢稍有變化，又會有新的主義馬上出來。再講，這些盤

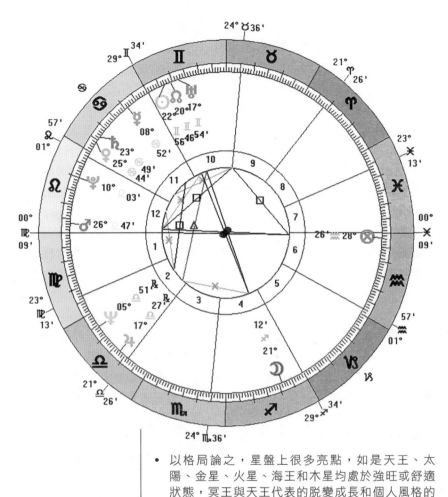

- 以格局論之，星盤上很多亮點，如是天王、太陽、金星、火星、海王和木星均處於強旺或舒適狀態，冥王與天王代表的脫變成長和個人風格的確立，在未夠20歲前的運限已經完成。

局只可發表見解分析，完全沒有實踐能力，奈何沒有土象的分析也欠缺實用性，之所以總統政策完全離地，意向經常出人意表就是這個原因。

　　總統的善變，在星盤上也有眾多共鳴點，如是雙子座的太陽代表人有小聰明，喜歡非八卦，愛交朋結友，容易與人稱兄道弟；人馬座的月亮星座示意熱愛自由，不受拘束，百無禁忌，可以隨心率性而為。基

於人馬的守護木星在財帛宮，他除了心繫家庭之外，還有在財富方面。所以新任美國政府班子全是總統的家人和好友，任期的首要任務是以賺錢為目標，這都與其內心想法有關。還須關注的是，總統的出生日正值「月蝕」，月蝕代表心情常變，與女性不和，事實上他真的沒有太多女性支持者，稍後亦會解說他為什麼頻頻破產，但卻這麼富有，一方面與「四宮」與「十宮」處於蝕帶有關，代表基業不穩，名譽爭議極端。除此之外，「上升空宮」表示人的適應力強，沒原則立場，可以隨時變卦，再看他的命主星亦是水星，星盤裡裡外外都在顯示著一個善變不定的人格。

星盤同時告訴我們他喜歡佔人便宜，要人蝕底，從財帛宮入手，海王本身已帶有軟性欺騙之意，此星處於旺垣，表示他天生就有從人際關係獲益的能力。加上木星的貪得無厭，盲目樂觀，兩星一起善於製造幻覺，給人美好祝願，有強大欺世盜名之能。鑑於雙魚的「複式宮位」在七宮與八宮，表示他有把合作者錢財吞併的心思和能力，可見跟他愈是友好就愈危險，怪不得德國總理默克爾說他是「比敵人更差勁的朋友」。再者，太陽雙子本身就有人格分裂的表現，他台前對人示好，卻在暗地裡插刀，相反，對於希望巴結的人會先行打擊，以營做自己不好惹的形象，藉以爭取最大主導權，從他與其他國家領導人的關係便可見一斑。

再說心思，從命中人的內心角度細看，顯示他相當獨裁霸道，事關福德宮這個代表潛意識的宮位內藏火星和冥王，另其天底，即心靈最深部份亦都是天蠍，可想他的潛意識裡不多不少具有一定的侵略性和控制欲。不要忘記，雙子本身就有見高拜，見底踩，為利是圖的中間性，對於權威及利益者甚為尊敬，對於弱者及風頭已過的人卻甚為鄙視，此態度絕不會為了修飾而禮讓三分，「初善終惡」和「食相差」都是總統需要反省的地方。

星盤的另一特點是天王星，天王星在這個窄碗型格局為「領頭行星」，在雙子為旺垣，所以其人總是我行我素，標奇立異，不守舊規，

$
金融占星

不聽政令，就算國家事務都是獨斷獨行，不怕批評，總是把前朝的所有政務推翻，自己另立一套，就是基於這個天王星的反叛性，去舊迎新，喜歡自己話事。

　　星盤的「十一宮」有個星群，星群由水星、金星和土星組成，在巨蟹說明他本身是個愛國主義者，所以很喜歡推行保護主義，例如是貿易保護，白人優越論，禁止外人移民本國與及興建邊境圍牆等等。星群在社群宮位，一來反映愛拉幫結派，另一方面卻很要面子。不說不知，占星學定性「十一宮」為社群關係，與此同時亦都是大眾名人的宮位，凡有強星進駐者代表人在社會上易有一定的知名度，很多名星都有這樣的星象。

　　盤中的「上升點」合「軒轅十四」，示意天生已有貴氣，有強烈的自我優越感，另「十宮」的太陽和天王都有特出個人主義的意味。

Conjunctions to Fixed Stars　(V. Robson)　(Orb = 02°00')　(Occultation Orb = 01°30')

Fixed Star	♂	Occulted	Lon.	Lat.	Constellation	Nature	Hs	Ru
Capulus	Mc		23°♉27'	+40°22'	Perseus	♂ ☿	9th	♀
Algol (Caput Algol)	Mc		25°♉25'	+22°25'	Perseus	♄♂ ♅	10th	♀
Rigel	♅		16°♊04'	-31°08'	Orion	♂♃	10th	☿
Bellatrix	♌		20°♊12'	-16°49'	Orion	♂ ☿	10th	☿
Capella (Alhajoth) (Alannaz)	☉♌		21°♊06'	+22°52'	Auriga	☿ ♂	10th	☿
Phakt (Phact)	☉♌		21°♊25'	-57°23'	Columba	☿ ♀	10th	☿
Mintaka	☉♌		21°♊39'	-22°54'	Orion	♃ ♄	10th	☿
Nath (El Nath)	☉♌		21°♊49'	+05°23'	Taurus	♂	10th	☿
Ensis	☉♌		22°♊14'	-28°41'	Orion	♂♃	10th	☿
Alnilam	☉♌		22°♊43'	-24°31'	Orion	♃ ♄	10th	☿
Al Hecka	☉		24°♊02'	-02°12'	Taurus	♂	10th	☿
Alhena	☿		08°♋21'	-06°45'	Gemini	♀ ♃	11th	☽
Pollux (Hercules)	♄		22°♋28'	+06°41'	Gemini	♂	11th	☽
Procyon (Elgomas)	♀ ♄		25°♋02'	-16°01'	Canis Minor	♂ ☿	11th	☽
Alfard (Alphard)	♂		26°♌32'	-22°23'	Hydra	♄ ♀ ♆	12th	☉
Adhafera	♂		26°♌49'	+11°52'	Leo	♄ ☿	12th	☉
Al Jabbah	♂		27°♌09'	+04°52'	Leo	♄ ☿	12th	☉
Regulus (Kalb)	As	As	29°♌05'	+00°28'	Leo	♃ ♂	12th	☉
Seginus (Haris)	♃		16°♎54'	+49°33'	Bootes	☿ ♄	2nd	♀
Ras Alhague	☽		21°♐42'	+35°51'	Ophiuchus	♄ ♀	4th	♃

　• 占星學的恆星用法只會考慮絕對相合，上升點（Asc）合軒轅十四（Regulus）真是萬中無一。

　　最後要說，這個星盤的壓力點在「十宮」，一來是個「日月蝕」的位置，二來「天頂」由火星和福點組成「T型相」，可見總統亦非沒有煩惱。但有利的是，火星和福點能為他事業提供進取心和幸運感，可見不是所有硬相都絕對凶性。亦基於此，「十一宮」的「土金合」說明這人可以為了事業權力而與人結婚，但當男人擁有了權力和地位之後，喜好只會是美麗的金髮女郎，之所以他這麼喜歡辦選美活動和真人SHOW，或許就是這個原因。

說實在，命主做戲的潛質比做總統更為合適，他任內第一年，美朝天天對罵，還威脅攻打北韓，最後在美韓峰會與金正恩成為了好朋友。東北大戲做完過後，次年便把矛頭直指中國，差點兒與好友習總絕交，但最終都在 G20 峰會冰釋前嫌，大家好好合作，有商有量。可是，如果總統真的想和演員出身的列根相比，演技就差得太遠。

　　現回顧前文，海王和木星在財帛宮，不知道自己擁有多少財產，木星三合天王，六合月亮代表收入多元，容易有一夜富貴的特殊際遇。但盤中的海王星全是凶相，例如刑水星，六合冥王，暗示同時承擔著巨大債務，星象反映收入的虛擬和不實。所以有人視他為富豪，亦有人認為他已資不抵債，媒體披露其財產實際沒有如他所說的那麼大，假如認真計數的話，總統可能已經破產。但以命論命，沒有土象的星盤不管儲蓄，風象只懂不停流轉，可想富商統總做生意一定左借右度，而且借得很盡，十個茶壺只得七個蓋應該不足為奇。

　　最後，肯定有人想知道他在稍後能否連任，根據 2020 年十月的過運圖顯示，其天王在九宮與本命冥王星刑，表示乃發揮著展示個人獨特主觀意願的理想。海王正在七宮雙魚與本命金星合，表示他的支持度仍在，仍深得合作者及眾多黨友的支持。但最具啟示作用是五宮的過運星群，星群包括木星、土星和冥王，「木土合」代表新計劃和新工作，「土冥合」是長期拆磨的開始，表示有危才有機，星群與十宮三合暗示在黑暗中見到光明，要直到 2025 三王星在天頂，事業更上一層樓，此是一生權力及威望的最高光時刻。

有人 22 歲畢業，5 年後才找到穩定工作，有人 25 歲創業成為了CEO，但 50 歲就去世，也有人 50 歲才做 CEO，然後活到 90 歲。美國前總統奧巴馬 55 歲就做完 8 年總統，但特朗普 70 歲才開始做總統。世間上總是有些人走前，有些人行後，但不用理會，因為每個人的時間表都不同，命運會教你如何安排。

【愛心大鱷】：筆者曾在紫微斗數解說過股神巴菲特的例子，如今想談一談與之同樣享有巨大聲望的金融大鱷索羅斯，可是索羅斯出生在二戰時代，其身世不明，在網上只能找到他的出生年月日（沒有分鐘）。占星學上，只知日而不知時也可以起出星圖，行星位置不會因為一時三刻而有巨大改變，只不過是不具備起出後天宮位的資料而已，如單論性格還是可以。

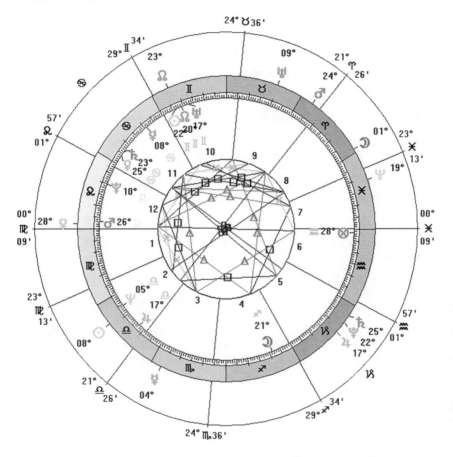

月亮的行速最快，兩天半過運一宮，此時的月亮如位處星座邊界，便需要同時參考兩個星座的特性，但以索羅斯的官方記錄，月亮位置正處雙魚中間，便可排除這個不確定性。從元素及星圖分佈可

見，他比善變總統更平均，水土元素各三星，火風元素各二星，行星傾向在啟始星座，以陰性為主，在此先下個主調，他是個感情豐富而努力勤奮的人。

從一般程序開始，太陽在獅子的人天性大方，有風度，表現強勢，有王者之風，「要面」是其第一點。但這個大鱷很是「鱷魚頭，老襯底」，事關其月亮星座為雙魚！可能由於其人生在戰爭時代，童年時目睹納稅對猶太的暴行，令心靈大受創傷，一生都不能淡忘，從火星與月亮相刑便可見一斑。各位如有看過大鱷專訪，他的話說比較感性，而且溫柔，最經典是說在華爾街工作的目的：「要賺足夠多的錢來支持他成為作家和哲學家」，這方面從月亮對沖水星，與及水星、海王相合大有關係。

從水星在處女可見，他的分析力過人，有能從迷霧中找出蛛絲馬跡，這方面與「水海合」，水星在處女廟旺而得來。事實上，他在狙擊別國貨幣時最愛尋找「不平衡」，找出市場上的問題所在，他雖然發動經濟侵略，但這些行為不足以說明他具有強烈的侵略性及暴力傾向，從「T 型相」的壓力點在火星，加上金星在天秤守護，明顯其人傾向和平多於暴力。再者，這個星盤有兩「T 型相」，一個針對火星，另一針對金星，即是說他永遠在和平與侵略之間面臨著壓力和取捨。

與此共鳴的是，木星與土星對沖，兩者廟旺，木星心態在於國家（巨蟹），在於宗教、血緣和家庭保護，而土星摩羯同樣是為了親情和家人，所以他要表現冷漠無情，展示出一副強人形象。與此同時，「木冥合」代表絕處逢生，有危才有機，所以他更傾向安靜地等待潛伏，待機而出，一觸即發。加上冥王在巨蟹，安全感特別不足，為了保持自身安全的需要，不介意採用陰謀而極端手段，故此他亦是多國政變的幕後推動者。

最後的天王三合海王，有加強處理巨大資訊時的分析作用，亦代表能夠一鳴驚人，在海王的平衡空間表現一枝獨秀，鶴立雞群。再說，白

羊座的天王與冥王星相刑，暗示其蓄勢待發的本能潛力，由此可見，盤風跟巴菲特純智慧加耐力是兩個截然不同的風格。

最後一個要訣，占星盤上很少會因為一個星象而註定終身，永遠都是由多個不同的重複暗示所組成，所以看星圖宜立體，找出愈多共同點和關係網，推算出來的事情便愈精確。

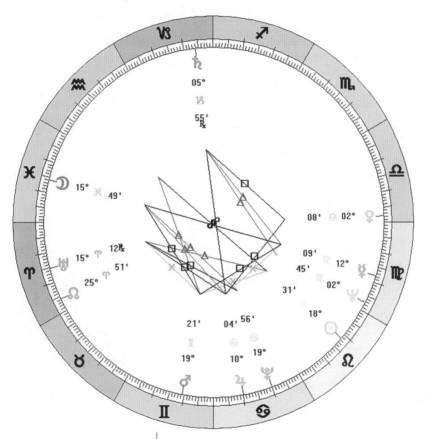

- 從星圖可見，當中的廟旺行星有月亮、木星、太陽、水星、金星和土星。

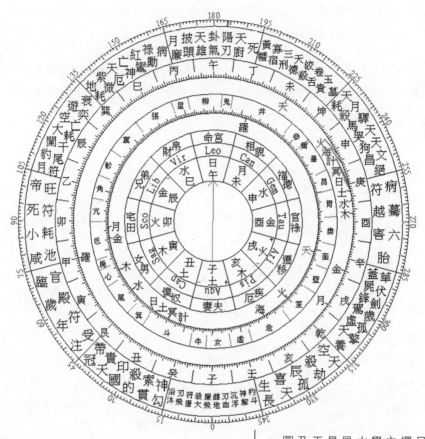

- 圖乃天星風水學之擇日盤，原理跟出生圖及上市公司圖性質相約。

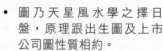

金融占星

110

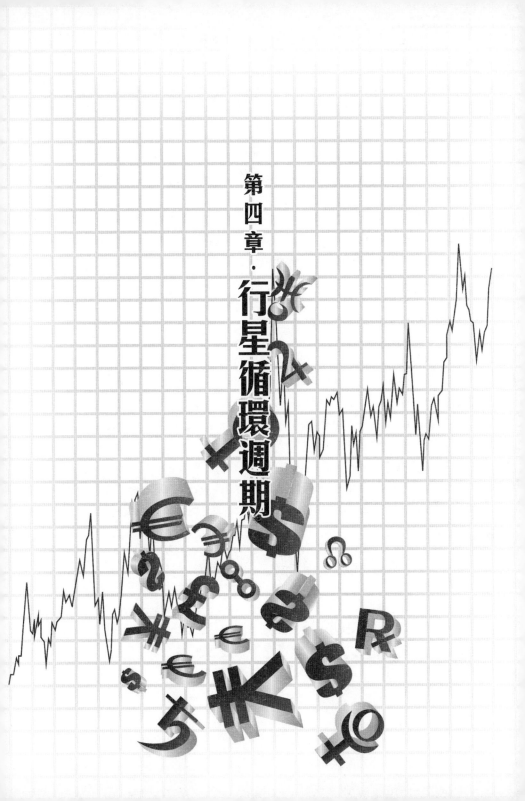

第四章‧行星循環週期

行星循環週期

　　尚未正式進入本文內容之前，宜先簡單了解價格圖上的「移動平均」（Moving Average，MA），所謂「移動平均」是技術分析中一種分析時間序列數據的工具，這套理論首先將價格和日子數字化，然後從這些每日價格的變動中計算出平均價，藉此過濾時刻波動而出現的雜訊，令走勢變得清晰和明朗，這些平均值便成為了幫助預測未來股價的短期、中期和長期趨勢的參考指標。

　　然而占星學的「行星循環週期」可視為大自然的移動平均數，事實上，平均線的應用不獨於股市，總之所有可以被量化的數據都可以運用平均數來取得當中的關係和趨勢，當統計週期愈短，反映愈是敏感，統計週期愈長，所得出的趨勢就愈加明確。

　　占星學採用的十顆行星各有不同公轉週期，當中可以分為以「內行星」為代表的短週期，月交點及「外行星」代表（不包括三王星）的中期，三王星則為世代級別的長期行星。

　　「內行星」是指太陽和地球之間的行星，包括太陽、月亮、水星和金星，這些都被定義為短週期循環，主要影響短期波動變化，波動密集而波幅少。

　　「外行星」是指太陽與地球以外的行星，包括火星、木星、月交點和土星。天王星、海王星和冥王星則劃分為世代行星，「長期行星」主要反映長期趨勢，波動線性而波幅明顯。

$ 金融占星

行星	軌道	期間	周天循環	過宮時間	相位影響期	移動平均
太陽	內行星	短期	365日	1個月	3日	50天
月亮	內行星	短期	29.5日	2.5日	數小時	5天
水星	內行星	短期	88日	1星期	2日	20天
金星	內行星	短期	225日	3星期	3日	30天
火星	外行星	中短期	2年	2個月	1星期	100天
木星	外行星	中期	11.86年	1年	3星期	250天
月交點	-	中期	18.6年	1.5年	4星期	400天
土星	外行星	中期	29.5年	2.5年	7星期	600天
天王星	世代行星	長期	84年	7年	5個月	-
海王星	世代行星	長期	165年	14年	1年	-
冥王星	世代行星	長期	248年	14-32年	幾年	-

　　占星的週期定義是以「長期行星」象徵世界時局，此乃天運及大勢所趨，無人能夠改變的大環境、大氣候和大格局。「中期行星」代表國運及地區環境的轉變，有政策主導及產業發展的意味，「短期行星」則是一些人為干預，或市場上的小道消息影響，這都是一些十分輕微和短暫性影響，不會在趨勢上帶來結構性改變。

　　所以如若要判斷時局，必定以「世代行星」為主，甚至可以說愈長期行星就愈重要，愈有必要作出優先考慮，但冥王這星由於週期過長，時有跨越多個政策期及經濟區段，所以其重要性反而不及土星、天王和海王。除此之外，「行星過宮」也是另外一個頗具影響力的時間窗，由最短的月亮過宮為期兩日半，太陽為期一個月，到海王星的十四年都是用於推算時局經濟首要知道的週期，當中又以木星、月交點、土星、天王星和海王星組成的「五大天運系統」過宮時間最具影響性，相關部份稍後再述。

第四章・行星循環週期

以下部分，先讓大家了解行星的週期循環標準，每一顆行星都有三類循環模式，分別是：（一）整行星循環，（二）行星過宮，（三）行星交會，以下列出各個循環要點：

【整行星循環】：眾所周知，地球圍繞太陽公轉一週為期一年，月亮公轉一週為期一個月，這個以黃道為循環軸心就是「整行星循環」的基本概念。基於所有「內行星」的整循環都少於一年，如是月亮的28日，水星為 88 日，金星為 225 日，這些都可視為短期循環的計算工具。「中期行星」由火星的 2 年期開始，木星的 12 年去到土星的30 年都可作為中期的參考指標，實際情況是，木星與土星的應用更多是以「過宮」及「會合」為大多數，而非採取整行星循環制。另外，天王星的循環週期為 84 年，海王星為 165 年，冥王星為 248 年，這些巨大週期均不會用來推算經濟，多是反映世界時局的變更，例如天王跟政制及社會改革有關，海王象徵人類理想及習性改變，冥王則為整個世界重大格局的脫變期。

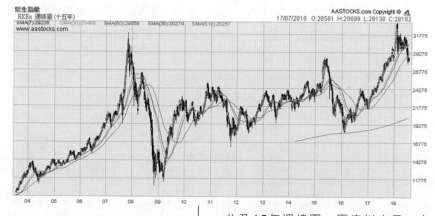

- 此乃15年週線圖，圖表以水星、太陽、火星、木星和月交點的過宮週期作為移動平均線，當中以月交點最具長期指標性作用。

【行星過宮】：黃道上有十二個星座，每個星座都有它們本身的熱

潮、波動及趨勢,「行星過宮」即是行星在整循環週期分為十二階段,其間進入不同星座時期的特質反映。在占星學上,行星的「相合」與星座的「入境」都示意著事情的開始,因此「行星過宮」便有趨勢及週期性轉變的意味。不過,「行星過宮」的重點在於中長期行星,例如木星進入天蠍座象徵經濟危機,入境人馬座象徵開放和同共發展。相反,基於「內行星」的規律實在過於慣性,尤其是太陽每年都將於相約時間過宮,例如 3 月 21~22 定必是太陽入境白羊座的時間,故其重要性及象徵意義不大。須知道,星象愈是罕有,所得出的意象就愈是鮮明,發生之事才特別令人留下深刻印象。

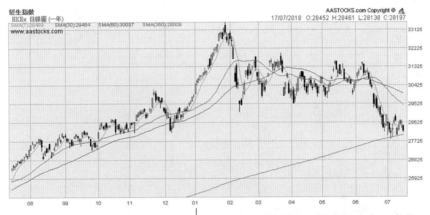

- 此乃1年日線圖,圖表以月亮、水星、太陽、火星和木星的過宮週期作為移動平均線,當中以木星最具中期指標性作用。

【行星交會】:在基礎章節曾經介紹,占星學視兩顆不同行星的「交會」為一個週期的新開始,它與整行星循環週期不同的是,整循環週期是以黃道(周天)為軸心,行星是以白羊座零度(春分)作為週期的起始點,因此整循環週期只適合用於代表一年制的「內行星」。對於「長期行星」而言,更多是以任何行星的會合星座及時間作為週期的起始點,最簡單例子就是太陽和月亮的 29.5 天會合作為一個農曆月,另一個金融占星極為重視的「相合」就是木星與土星的 20

年交會，兩星的結合代表「一運」，其會合星座會被視為未來 20 年的
主要發展模式。

　　行星由合相到完結，當中必定經歷不同的「相位」，如刑、沖、
六合、三合等等，不同相位代表不同階段和演變，因此相位對於推斷過
程發展可謂十分重要。請緊記，運行速度愈快的行星（內行星），相位
影響力只有幾日或一兩星期，只能制造輕微波動，反之，「外行星」與
「三王星」的相位才是真章，影響期最長可達數年，很有可能改變短期
趨勢，甚至令中期市況作出根本性逆轉。

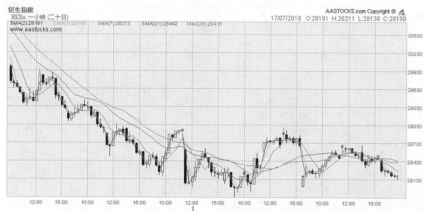

- 此乃20日小時圖，圖表以水亮、太
  陽、火星、木星和土星的相位參數作
  為移動平均線，當中以水星最具短期
  指標性作用。

焦點星命

曾淵滄博士曾提出一個關於移動平均線的統
計報告，發現以 2 天和 19 天平線的交匯時間
作為出入市訊號，所得出的成績表現最為理想。這方面有如占星學上
的月亮（2.5天）和金星（21天）的短線會合週期，所以如是金融占
星的資深學者，或可自行創制一套以行星週期為藍本的行星移動平均
線（Planet Moving Average，PMA），看看夠否在其中找出相關更為
可靠的出入市訊號。

行星匯聚

在浪波週期理論中，浪波可分為大、中、小三個波浪層次，當中的大浪包含中浪，中浪包含小浪，然而細浪也有它們自己的震動循環。如嚴格細分，一個大浪波需時多年，圖表以週線及月線圖表示，中浪波動為期數個月至一兩年，圖表以日線及週線圖表示，小浪波則只有數星期至一兩個月內，圖表以小時及日線圖表示。

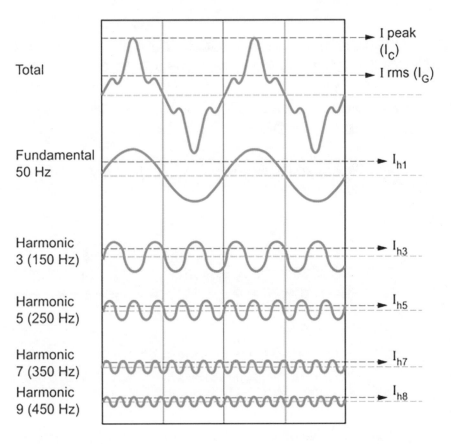

當中有一個重點，就是這些大、中、小波浪愈密集，交匯愈多的地區，相對來說就愈重要。這個道理可以用移動平均線來作說明，基於平均線等同平均價，即是說這條線代表著某時間買入的賺蝕分水嶺，假如

價格在線之上，表示在某時間之前入市的人仍然有利可圖，反之在線之下代表虧蝕。

如此一來，平均線的密集區即是投資者的活躍區段，所以在某程度而言，此區間便成為了眾多投資者的心理防線。這條防線只要一穿，便會增加群眾心理壓力，當大家放棄守備，爭相逃亡便會引發恐慌，繼而加速股價下跌。

略懂一點技術分析的人都不會單看一條平均線，很多時都是以組合方式來制定買賣策略，這方面在占星角度即是說愈多行星匯聚的時間點，就代表非常重要的時刻，甚有可能觸發眾人的「同時性」（Synchronicity）。占星學上所謂的「同時性」，即是說同一災難的人不需要同一時辰八字，他們的命造亦不一定註定死亡。

換句話說，「同時性」就是同一班人可能同時體驗到一個巧合的事件（黑天鵝），他們的命運不一定需要有任何關連，這是無法以命理及因果解釋，在中式術數而言就是國運大於地運，地運大於人運的解釋。

一次兩次的單獨事件，我們會認為「巧合」，但當不同行星的循環都落在同一時間點，如是百年難得一遇的罕有星象，就絕對不是巧合這麼簡單。

試想想，市場上的參與者人數眾多，每個人都有不同的盤算，這些不同想法便構成了市場上錯中複雜的聯動關係，如果此時大家都有同一想法，即意味有大事及大趨勢即將出現。

須知道，從人類歷史至今，甚至是宇宙的誕生，時空及星象都未試過重複，即是說時間沒有所謂的「巧合」，只有「唯一性」，因此愈多行星的會合就愈是「不巧合」！在稍後章節，各位還會發現更多不約而同的巧合。

- 移動平均線的密集交匯位置，向上稱為黃金交叉，向下稱為死亡交叉，這些線位一旦打破，便會加速趨勢的發展。

　　如此一來，我們便可以把行星循環週期視為大自然的移動平均，這些平均值不一定反映股市，可以反映政治、經濟、民生，甚至是天災人禍。下圖（P.102）是全天圖象星，橫向的是時間（月份），縱向的是黃道（周天 360°），中間的曲線是行星軌道，星曆清楚顯示行星在各個時間所處的位置。在閱讀上，當兩條線（軌道）呈現交叉則代表一個行星循環，如 2018 年水星與金星在 3 月、10 月和 11 月分別發生會合，「水金之合」在金融占星代表錢財方面的話題，因此星象告訴我們在此段時間，金融市場上會有短期震動。實際情況是，3 月美國總統宣佈貿易戰開始，11 月和 12 月則是貿易爭端的緩和或暫時結束。

　　如果是三線交叉的話，即代表三顆行星的匯合，占星學名稱為「星群」。星群作為重要事件，落在相關星座反映重要趨勢，例如 1 月初水星、金星與土星、冥王在摩羯合，不利錢財之意便甚為明顯。

　　除此之外，金星、水星和木星在 11 月之後在天蠍座不斷的來來回回，形成另一個「星群」，直到 2019 年 1 月才分開，故此是利好消息不斷出現之意。由此可見，行星匯合往往代表著一些重要時刻，當然如果是「長期行星」的交叉，相關影響力更大，就更有需要密切關注。

第四章・行星循環週期

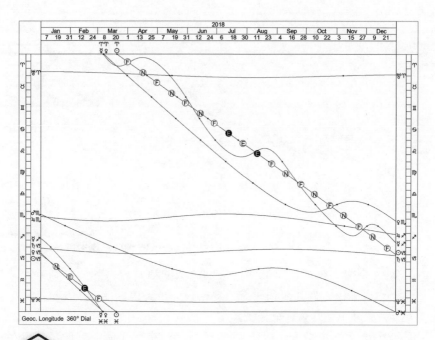

Geoc. Longitude 360° Dial

£$ €¥ **焦糖星命**

不論高手或是入門者，圖表分析都是一門很慣用的技倆，尤其是在期貨、外匯等只爭朝夕，不問春秋，要求瞬速作出反應的市場，個個對之都奉若神明。不過，你又有否想到，人人都用同一套方法，所得出來的結論就很可能一樣，結果人人都採取一模一樣的行動，當你買我又買，你沽我又沽，便往往令市場變得更加極端。如果過度沉迷於圖表分析，以為隨意拿起任何一隻股的走勢圖就可以預測後市的話，那是一種錯誤，是過度迷信，走火入魔。事實上，不是每一天，每一隻股都會出現很明確的走勢圖形，更多時候是模稜兩可，不易捉摸。說實在，平均線或價格圖是大戶畫出來的，他們可以配合消息發佈，人為地升穿或跌穿這些所謂的支持位，這個情況基本上每天都在發生，真的不明白為什麼這麼多信徒會信以為真。個人認為，平均線用法是以個人買入價決定，非跟著大市隨波逐流，況且，自己決定賺蝕多少，總好過被市場牽著鼻子，被動地出出入入。

$$

金融占星

循環週期進階

初步了解過行星循環的基本概念之後，此部分將會為大家介紹一些重要的循環系數或神奇數字，但在開始之前，宜先解說兩個週期循環分類，一個名為「固定循環」，簡單來說是上文的「整行星循環」，另一個是「動態循環」，即是上文的「行星會合」，尤其是「動態循環」所產生出來的數字及時間點特別神奇，特別有利應用於市場趨勢上的預測。

【固定循環】：即是週期的起始和完結位置都是固定的，此位置一般是以春季升起第一個星座作為起點開端。不過，中國人對於春天的開始時間與西方不同，說個比喻，外國人的準時觀念為剛剛好，中國人的準時觀念為時限之前，故西方以「春分」作為一年之起點，中國人則採用「立春」。

古中國人利用太陽在黃道上運行位置所觀察到的氣候變化，從而建立廿四節氣。每一個節氣都有一個獨特名稱，分別是：立春、雨水、驚蟄、春分、清明、穀雨、立夏、小滿、芒種、夏至、小暑、大暑、立秋、處暑、白露、秋分、寒露、霜降、立冬、小雪、大雪、冬至、小寒和大寒。顧名思義，這些節氣的定立，原本是為了幫助農人，為他們提供四季變化的簡單概念。

「十二星座」與「廿四節氣」的建立與運用情況大抵相通，然其不同之處就是宮位的分界點，中國人認為廿四節氣當中，「節」為能量的開端，故此，古人把「立春」定為新一年開始，「四立」即立春、立夏、立秋、立冬便設定為四個季節的起點。不難發現，所有關於國運流年的推命盤，中式命理全都是以「四立」時間作為出發點，常見例子便是每年運程書的「立春八字」。

占星學卻重「氣」而不重「節」，占星家以「二分二至」（春分、夏至、秋分、冬至）作為一年的重要時刻，事關「氣」為星座的能量盛極點，最能夠反映季節特徵，因此用於國運及流年推算的「四季圖」就

是以「二分二至」時刻起出的星圖作為命盤。

　　然而《江恩理論》所述的「轉勢日」就是指廿四節氣的「中氣」，他們認為季節能量一旦到了極端便會轉勢，這方面就有如中國人所謂「物極必反」及「盛極而衰」的道理，此時太陽轉換宮位，代表另一個新主題，另一個新氣象的開始。不過，由於節氣太過普遍，每年時間基本相同，相差不多於兩日，除非短炒，否則不可只以「中氣」作為轉勢標誌。另筆者見有些占星家，甚至以慣性的「太陽星座」作為產業板塊的輪選對象，例如一月水瓶座炒科技股，二月雙魚座炒醫藥股，三月白羊座炒機械股，四月金牛炒銀行股，五月雙子炒零售股，這都是不乎合實際情況的推介。因正為此，「固定循環」完全沒有「動態循環」的週期來得普及和具標誌性意義。

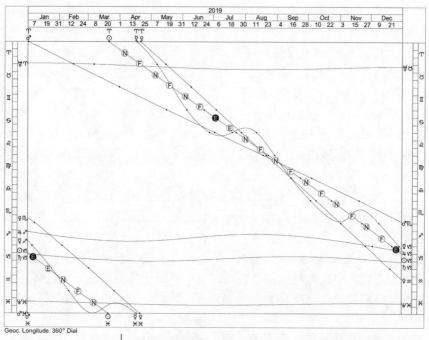

金融占星

- 固定循環的主要用法是配合其它行星週期作為短線的出入位，從圖中可見，7~9月的四星匯聚並跟木星刑相，此是 2019 年的一個重要關鍵日子。

話須如此，採用「太陽月」絕對比「行政月」更容易估算未來趨勢和發展，事關此乃自然週期，乎合宇宙法則。相反，行政月會受到人為因素所影響，如是結算附近日子，經常出現牛熊大戰，大戶為了轉倉而不惜強力干預，大市每每在此時都會出現意想不到的異常情況。總而言之，基於每個人的專長不一，喜好炒賣的商品各異，如果要開始計劃你個人的統計週期，選用「太陽曆」和「太陰曆」都是合適的，而非「行政曆」！

　　研究過去歷史和過去市場動向，我們就可以預測出未來股市動向。了解什麼時候曾經大派，什麼時候出現極大恐慌和大跌，就能找出相關的時間週期，用以觀察主要趨勢改變，便可預料未來將要發生的事。請緊記，過去在股票市場曾發生過的事，將來都會再出現。—— 江恩

　　【動態循環】：占星學以兩顆不同行星行經同一位置稱為「相合」，「相合」是循環週期的開始，直到下次行星再次交會，週期才算完結。基於這些行星「相合」的起始和完結位置不同，因此並非每次週期的時間及位置都一模一樣，當中尤其是以「長期行星」的情況最為常見。另一個因素，行星軌道都是呈橢圓形狀，因此行星每次在星座停留時間亦不同，例如冥王落在各星座的時間由 14 年至 30 年不等，加上行星時有逆行發生，從而導致這些「相合週期」的時間非固定，這就是「動態循環」週期之由來。

　　實際情況下，在沒有主體的推算中，如是推算天運（大眾）而非人運（個體），「行星會合」比固定循環更為簡單實用，事關這些「相合」全由星座角度出發，只須了解相關星座的趨勢便可。當中以木星和土星的二十年一會（一運）最具世代性象徵意義，此是作為宏觀大局及景氣預測的基本關鍵，是關係社會及經濟發展的最大週期，中國人及玄空風水學稱之為「元運」。

基於所有「內行星」如水星、金星都伴隨著太陽運行，行星過宮最多一個月，影響期非常短暫，因此用於世運及時局推算上，占星家只會考慮「外行星」如木星、土星、天王、海王和冥王。不過，過於長期和宏觀的預測，如是 492 年的「海冥合相」對於占算股市來說顯然不切實際，因此所有超過 30 年以上的週期都被視為與人類文明進程有關，而非單純聚焦在經濟上。所謂：「夫天運三十年一小變，百年一中變，五百年一大變。」即示意星象愈是百年難得一遇，如是多星連珠的組合，世界性格局的變化就愈是驚人，稍後筆者還會舉出一些歷史例証。

行星合相週期表	
日月合	29.5日
木土合	20年
土冥合	33年
土海合	36年
土天合	45年
天冥合	115年
天海合	172年
海冥合	492年

　　然而「動態循環週期」的好處就是可以把週期分為多個階段，此時「相位」的應用便大派用場，要解釋這些階段和相位，最理想的例子就是「月相」，即是所謂的「農曆月」。須知道，「新曆」和「舊曆」的不同在於月份行星，「新曆月」是以太陽過宮的「固定循環」方式計算，「農曆月」則以太陽和月亮相合作為初一的「動態循環」方式計算。此時太陽與月亮由合相開始，在不同時段產生不同的角度便是「月相」，當中有四個時間點可謂特別重要，此是新月、上弦、滿月和下弦，所有「行星合相」都必須經歷這四個階段才算得上完成一個整循環。

　　「新月」New Moon 即「朔」，是日月相合（0°），陰曆為「初一」。此時日月呈陰陽合璧之勢，琴瑟和鳴，表內如一，因此「新月」象徵新開始、新機會，是事物起動之時。

　　「上弦」Waxing Moon 即日月處於刑相（90°），陰曆為「初七」。「刑」為不如意、不協調、有困難和阻障的意思，此時屬於探索性階段，當中可能遇到的問題相當多，需要找出辦法解決，但由於月亮漸盈，此階段仍然是積極和樂觀的。

「滿月」Full Moon 即「望」，是日月對沖（180°），陰曆為「十五」。此時日月兩星呈現衝突，示意矛盾白熱化，或是好淡對決，加上月亮的具體真身浮出了水面，意味真相大白，事件及趨勢已公開，因而視之為本循環的高峰。

「下弦」Waning Moon 即日月處於刑相（270°），陰曆為「廿三」。與「上弦」性質同，但礙於月亮漸失光輝，力量消減，失去信心和活力，可比喻為黎明前的黑暗，在市場上為蕭條期，如是跌市反彈都只會是死貓彈。

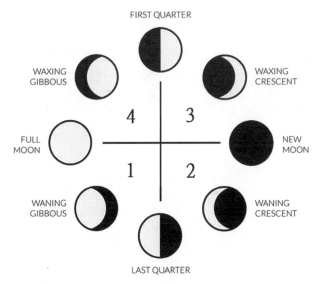

假如用線把上述的四個時間點連起，所得出的「四份」就是合相週期所指的四個重要區段，在「月相」名為「象限月」。同樣地，此十字線與《基礎編》介紹過的季節（啟始星座）劃分方式完全一模一樣，當所有行星進入象限初段都容易引發一些事故及危機，可以肯定地說，在什麼情況下「象限點」都是重要而關鍵時刻。

最後要說，月亮在行星週期屬於最短期，其應期最快，最敏感，所以很多占星家都傾向以月亮虧盈作為短線投機的出入位考慮。據一些國

外資料統計，指出如是在「第四象限月」即農曆廿三之後入市，在「第二象限月」即農曆十五之前出貨，獲利的機會尤高。個人觀察，股市的波動的而且確在陰曆月份比陽曆月份所表現出來的趨勢明顯，尤其是在「第一象限月」的升市機會較多，「第二象限月」的市況較為波動，「第三象限月」的跌市率頗高，而「第四象限月」出現全月最低位的比例上也是顯著的。

　　加上在占星學理上，月亮與個人情緒有關，在初一至十五月亮增光的時候，人的心情特別樂觀開朗，感覺年輕有活力，「月圓」令人有情緒高漲的感覺，容易令人衝動，敢於作出嘗試和極端決定。正因為此，占星家普遍認為「滿月」有高潮的意思，股市的非理性亢奮亦容易在滿月前後一兩天出現。反之，「十五」至月底為月亮減光之時，作為收縮期，此時人的心態悲觀，較為消極被動，沒有競爭意欲。「下弦」代表協調和取捨，人會放棄過往執著，此時可比喻為結算日，所有輸贏都必須來個總結。

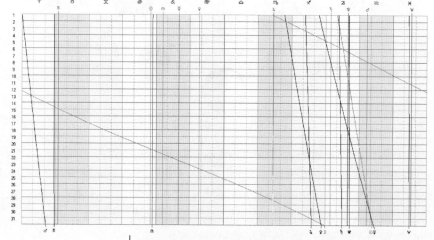

- 月亮的主要用作是短期推算，所以更應該以月份圖表分析，另行星的形位，即月相也是相當重要，此區段以分隔三個星座為上刑，六個星座為對沖，九個星座為為下刑，理解跟圓形星圖一模一樣。

據外國一個研究統計，發現女士炒股比男士
叻，研究發現假如女性用私己錢投資，回報
往往比男性優越，女性平均年收益達到 21.4%，相反同期的炒股男卻
多數是輸錢收場。研究顯示，女士傾向長線投資，沒有頻繁換股，投
資組合股份較少，尤其是她們善於運用逆境，只等股市大跌才瘋狂入
貨，表面上，她們可能沒有探底的能力，短期有蝕錢可能，但長期而
言都會因為手上多平貨而賺大錢。

神奇數字

此部分仍然屬於月亮話題，上文以月亮這星介紹了「動態循環週
期」，但原來月亮也有「固定循環週期」。嚴格來說，月亮在黃道上的
回歸週期為 28 日，故此中國的「廿八宿」就是以月亮 28 天的循環來設
定，而上文所謂的「農曆月」，要求是太陽與月亮相合，所以農曆月的
計算也要包含地球公轉，地球每月移動一宮（30°），即是說月球需要
移動 390°（360° ＋ 30°），需時 29.5 日才完成一個日月會合。

【３７數】：正因為有此 28 日的月亮固定循環，假如以「四象
限」來作設定，每個「象限月」為期 7 天，四個 7 天剛好就是一個
完整的月亮週期，因而《江恩理論》特別重視這個數字，認為不論是
7 天、7 星期、7 個月或 7 年，甚至是所有 7 的倍數都是市場重要日
子，都有可能成為市場上的轉振點。本質上，7 是一個自然數，為什
麼一個星期採用七進而不是十進制，相信和古人了解太陽系只有七大
行星的關係最為直接。在稍後部份，這個 7 數還會不斷地出現。

除此之外，《江恩理論》亦非常強調 3 這個數，認為如果股市下
跌 3 天，在第 4 天仍然下跌的話，那麼，這個趨勢將會持續到第 7 天
才有逆轉可能，但若然第 7 天仍未止跌回升，下個轉折日將有可能是第
14 天，反之亦然，升市的情況同樣相同。

占星學所採用的神奇數字或神奇日子都與「月相」有關，從月亮合相開始，3 日後為峨眉月（Crescent Moon），陰曆為「初四」，占星學認為此時事情已有眉目，計劃已經實行，種子正在發芽生長，並會承續著之前一直的發展勢頭。由此可見，江恩所謂的神奇數字大都從天文而來，特別是某些常數和幾何。

　　【黃金比例】：「黃金比例」又名「螺旋法則」，西方稱之為「斐波契數列」（Fibonacci number），其數列為 0, 1, 1, 2, 3, 5, 8, 13, 21, 34, 55, 89, 144, 233, 377, 610 ⋯⋯，即是以 1.618 作為倍數。

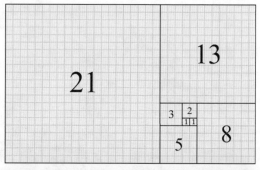

　　「黃金比例」不僅是一個數學常數，還與天文、物理、化學、生物和「時空」的拓撲結構有關，「黃金比例」在宇宙最具說服力的例子是，無處不在的對數螺線，例如漩渦狀星系、鸚鵡螺貝殼、颱風以及太陽系中行星、衛星、小行星和行星環的分佈都是根據這個比例組成。但是，目前科學還未能解釋什麼原因會構成這個比率，只知道宇宙一直都是遵循這個規律。

金融占星

巧合地，這個 1.618 的數值與下文「木土元運」過宮年期相約，此部分稍後再述。

　　既然這個比率是個宇宙密碼，即是說大自然所有東西只要能夠突破前數，就能夠以此「比例」擴張成長，因此在股價圖上，「黃金比例」便用於計算格位的升跌「幅度」，或是升跌趨勢的「時間」長短。

● 黃金比例用作量度時間

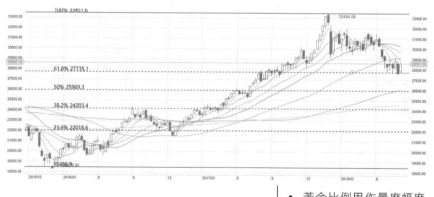

● 黃金比例用作量度幅度

溫馨提示：月亮空亡

　　前文已介紹過眾多有關運用自然界力量來預測金融經濟的技法，筆者在此再介紹一個看似非常迷信的避免輸錢法，如果你有用「通勝」或以「農曆」去決定一些重要事情習慣（擇日）的話，那麼更精準的「月亮空亡」（Void of Course）就更不能錯過，不論你信不信邪，在「月

空」期間作出投資或重大決定都是愚蠢行為。

2019 年 1 月的月空時間
02.01.2019　06:26 ～ 02.01.2019　16:58
05.01.2019　01:41 ～ 05.01.2019　02:55
07.01.2019　14:20 ～ 07.01.2019　14:46
10.01.2019　00:53 ～ 10.01.2019　03:44
11.01.2019　22:25 ～ 12.01.2019　16:18
14.01.2019　23:56 ～ 15.01.2019　02:31
17.01.2019　02:34 ～ 17.01.2019　09:00
19.01.2019　09:32 ～ 19.01.2019　11:44
21.01.2019　09:50 ～ 21.01.2019　11:54
23.01.2019　09:19 ～ 23.01.2019　11:22
24.01.2019　21:50 ～ 25.01.2019　12:02
27.01.2019　13:21 ～ 27.01.2019　15:31
29.01.2019　06:39 ～ 29.01.2019　22:33

　　所謂的「月空」，即是星盤上月亮在過境之前沒有與其他行星產生相位，完全處於孤立狀態的情況。眾所周知，月亮多變、怕悶及情緒化，此時就有如女性無時無刻都想有人陪伴，當獨自一人的時候便心感孤單寂寞，甚至因胡思亂想而做出一些傻事來。

　　因此在占卜及擇日而言，「月空」之時不宜採用，一來星象會令人心生迷茫，容易心神恍惚，神經錯亂。二來無論成效如何，當時人都不會滿足，事過之後容易心生悔意，可想此情況如用於投資即意味時機未到卻勉強為之，此時作出錯誤決定的機會率可謂相當之大。但有利的是，基於「月空」代表沒有波動和擴展，星象的一成不變，假如閣下想買入一些不動股作收息之用，選擇此時方可言吉。

金融占星

| 12 | 6p | 6a | 12 | 6p | 6a | 12 | 6p | 6a | 12 |

Vd　　　　　　　　　　　Moon in Aquarius　　　　　　☽ Void of Course

Moon in Aquarius　　　　　　Moon in Aquarius

- 月空是月亮過宮前的一小段空檔期，有如等待行動前的無所事事，這是個完全沒有情緒及波動改變的時刻。

£$€¥ 杰籍星命

在股市波動循環中，不論大小週期都可以分為五個階段，第一為「牛市一期」，此時股市屬於被動買賣，只需小部分資金便可推升大市，所以這階段的成交不大，上升的只是權重大股，如騰訊（0700.HK）這類領先股，由於投資者的心態仍然淡薄，只有小部分人看好，大多數的人已經沽清。第二為「牛市二期」，此時市場上好淡各半，投資者大都舉棋不定，當大市升至一定水位便促使獲利回吐，故此時大市的波動較為頻繁，但仍然是一浪高於一浪，以鋸齒式的波浪形勢小步慢跑，階段以落後的藍籌股作為上升主力，如內銀和本地地產龍頭股。第三為「牛市三期」，經過了牛二的慢長升市，升勢已經確認，所有人都睇好，加上在早期入市的人已有可觀進賬，資金便不斷加碼投入，繼而形成泡沫，此階段輪到炒作三四線股，最後就是雞犬皆升，愈是垃圾升得愈屬害，升市神話不斷出現，指數更會以拋物線的方式上推，最終的頂位形態多數是呈十字星或避雷針狀，此時以券商的升幅最為凌厲，事關緊接成交急升，券商收入可謂水漲船高。相反，有上必有落，熊市主要有兩種模式，簡單而言，一是快，一是慢。熊市一期是以急插急彈為主，此時的急跌雖然人心惶惶，但市場上仍然有太多勇者理想在波動中圖利，大市甚至能夠反彈三分之二，然後再續尋底。「熊市二期」則是緩緩下跌，以慢長的跌勢來消磨鬥志，很多時候，抗日持久下跌過後再來一次終極大插，當感覺有如世界末日才能換來曙光初現，「牛市一期」方可再度開始，此周而復始，萬象更新，股市就是這樣不斷循環接續。

第四章・行星循環週期

$

金融占星

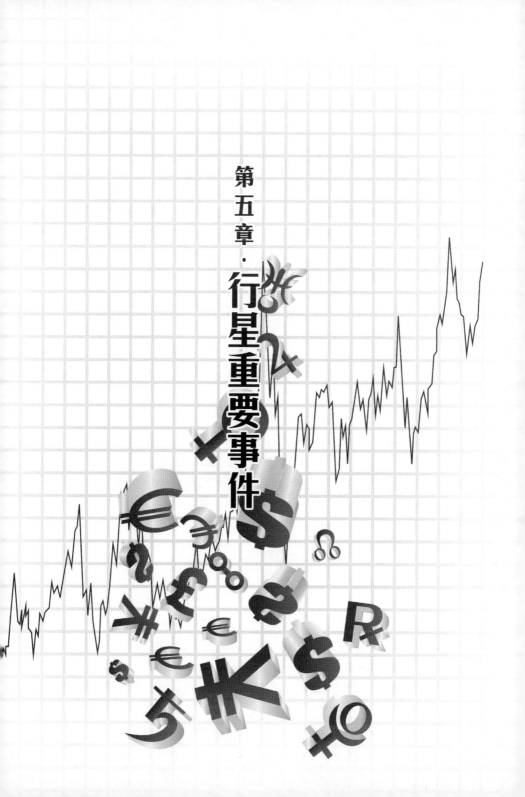

第五章·行星重要事件

行星重要事件

有些時候，我們會在報章上的財經新聞發現一些天文及玄學資訊，看似某些星象能夠反映現實經濟，能預測股市的升跌起落。本章會挑選一些星象，例如太陽粒子、日月蝕和行星逆行，解釋它們對世人的影響，與及嘗試從這些天文現象找出與市場的相關訊息。

太陽粒子

太陽粒子用於經濟預測已有慢長歷史，尤其是用於估算農作物收成，科學家發現每當太陽粒子高峰期，動植物的生長活力大增，從樹齡引証每隔十一年就有一輪明顯較大，日光能影響農作物產量已是公認的事實。

從人類角度而言，如果能夠吸收多一點陽光，除了可以令到心情開朗，免疫力系統增強，個人動力和生產力提升也是可以預見的，情況就有如夏季出生的人性格普遍積極，冬季出生的人性格較為冷漠的理解一樣。再者，當電燈尚未普及或電力成本高昂之際，人們都是根據太陽活動安排作息生活，高緯度地區採用「夏令時間」正是其中的一個體現。基於所有地面活動均受太陽支配，所以在金融占星而言，太陽是經濟週期的第一大重點，所有關係人類建造生產及商業活動都是以這個十一年的週期作為藍本。

太陽粒子已進入官方有正式記錄的第廿四週期，粒子高峰期表示經濟發展蓬勃，粒子低值反映經濟蕭條，從右圖可見，高峰年份為1990、2004、2016，低值年份為1997、2008、2018，特別是2008是有統計記錄以來粒子數量最低，當時恆生指數大概是10000點，可

見太陽粒子是個領先指標，其活動增強，地面上的生產及交易便會相應提高。如此一來，假如太陽粒子真的對經濟有確實影響，近期則以2018~2020 為粒子週期的最低點，估計此時經濟增長動力相當疲弱，要直到 2022 粒子活力開始加強，全球經濟才會迎來新動力。

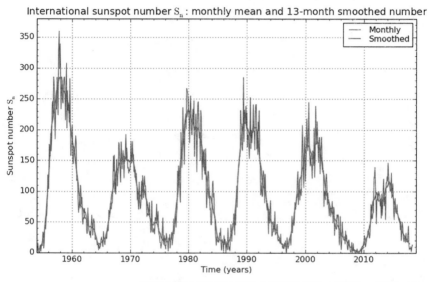

International sunspot number S_n : monthly mean and 13-month smoothed number

SILSO graphics (http://sidc.be/silso) Royal Observatory of Belgium 2018 June 1

- 2008金融海嘯與2018貿易戰都是
  處於太陽粒子低潮的大概時間。

除了週期性的太陽粒子影響，亦有非週期性，間歇爆發的太陽風暴，太陽風為帶電高能量粒子，黑子磁場可達 3000 高斯，強度為地球的二十萬倍。太陽風暴能干擾地球的無線電，引致電子故障、通訊失靈、大停電、低緯度地區出現極光等現象，某些國家更會因為太陽風暴而導致經濟損失。

據筆者觀察，每當報章報導有太陽風暴將要暴發之際，十之八九股市便有一次小沖頂跡象，記得個人開始作具體記錄的時間為 2015 年 3月 17 日，隨後香港股市在 4 個月間便上升了三千點。最近一次發生在

2017年 1 月 18 日，之後大市便連升了 12 個月，正因為此，這個天象對於股市預測可謂非常重要。

太陽粒子對氣候影響十分顯著，據說在 17 世紀，粒子週期似乎完全停止了數十年，在這段期間只觀測到少數幾個太陽黑子，那個時代稱為「蒙德極小期」或「小冰期」，此時歐洲經歷了很寒冷的數十年，經濟發展乏善可陳。不難設像，只要太陽的活躍性增加或減少了0.01%，地球上的平均溫度便有可能改變。

無獨有偶，近年正藉太陽粒子的低值，本港於 2016 年 1 月 17 日到 24 日之間曾經下雪，據說是自 1975 年之後，打破了香港 40 年都沒有下雪的記錄。2018 年 1 月也是極度寒冷，據美國媒體報導，全美多地都測量到破紀錄的低溫，內布拉斯加州奧馬哈市出現零下 29 度低溫，創下 130 年來新低，南達科他州降至零下 36 度，打破 1919 年創下的紀錄，東北部分地區氣溫甚至比火星還要低。

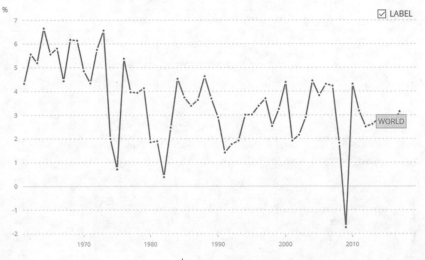

金融占星

- 從世界經濟銀行網上提供的數據可見，世界經濟增長率和太陽粒子圖對比，以 **1976** 和 **2008** 的吻合度最高。

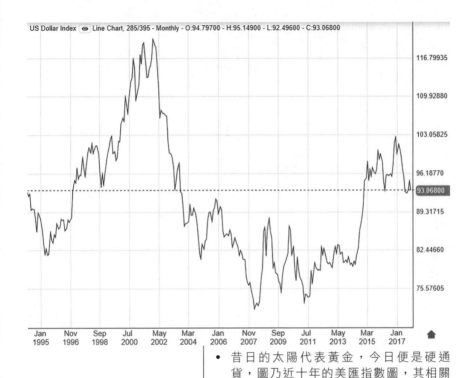

- 昔日的太陽代表黃金，今日便是硬通貨，圖乃近十年的美匯指數圖，其相關波動與太陽粒子的高低位頗為吻合。

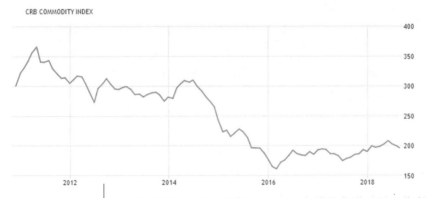

CRB COMMODITY INDEX

- 美匯指數跟商品指數（CRB）走勢是背道而馳，指數主要有原油、取暖油、天然氣、黃金、銅、鋁、銀、大豆、玉米、牛肉、糖、棉花和咖啡等商品組成。

第五章・行星重要事件

• 黃金不保值，亦不能避險，而是用來避難！筆者聞父母所言，以前有個疏唐親戚係柬埔寨，兩個係赤柬時期人間蒸發，有一個估計全家死晒，只有一個靠一隻金戒指成功逃到越南。事實上，黃金的避險角色已被黑金（石油）取締，當國際大環境有什麼風吹草動之時，明顯上升的只是石油，黃金已被猶太資本家成功閹割。

£$ €¥ 熊赫星命

中國古代的占星家都是天文及氣象學家，他們認為氣候反常會影響民生經濟，例如水災或旱災會減少農作物收成，繼而影響市場物價，因此氣候預測在當時來說也算得上是一門財經科目。可時至今時，說天氣炎熱會影響股市，可能說出來大家都會當你係白痴，不過，這絕對不是空穴來風，妖言惑眾之說。據個人多年觀察，凡五行火土過重（五行欠水）之年天氣都非常炎熱乾旱，夏季無雨，此時不利銀行金融，大利油價能源，例如 2018 的股災月份便對應嚴重的酷熱天氣，天文台在上半年曾發出缺雨警告，據說是有史記錄以來的第二低，此時甚至有人膽心水塘乾涸，港人無水可用，這個觀點信不信由你。但肯定的是，如是炒賣農產品，了解天氣可謂有絕對優勢，據聞江恩就是估算到河水氾濫成災，預早從低位購入棉花，待之失收後價格標升從而出售圖利。宜在此一提，颱風前感覺天氣悶熱是正常現象，因高壓脊把內陸的熱氣流帶到沿岸所致。

$ 金融占星

日月蝕

日月蝕在占天學而言是一門十分重要的科目，尤其是古代帝王對其特別隆重其事，古人甚至視之為上天給予當權者的一種指示。日蝕和月

138

蝕是一對組合，日蝕必定發生在農曆初一，月蝕必然在農曆十五出現。在星圖上，如果太陽在本宮位置日蝕，月亮就在對宮月蝕，兩星必然相對，可見兩者關係非比尋常，絕對有需要合併討論。

日月蝕的成因在《基礎編》已有論述，星象分為個人及地區性影響，先說地區，占星學以太陽為元首，象徵最高權力人士及機關，影響以國家領導人為主，所以當日蝕發生在某個國家之時，首當其衝的便是當地政治體制，當中以總統下台、新舊政黨更替上場的情況最為常見，然而古代則視之與君王之死有關，此時甚至會引發一些派系衝突、內部矛盾、政治鬥爭，總會在高層上帶來一番混亂。

從微觀角度代入，公司的大老闆、部門主管、群體領袖、父親或是其他名望人士都是日蝕的受害者，甚至可以說，只要閣下在某事情上擔當主導角色，日蝕對你都有影響。月亮代表平民百姓、農業生產及經濟活動，月蝕即是在民生上的普遍影響，又因月蝕過後通常會引發大地震及其他災難，傷害遍及廣大群眾，特別是月蝕後一兩週易引發恐慌情緒，所以民間普遍解讀「蝕」為絕對凶性，視之為不祥之兆。

太陽是地球的母星，是生命的來源，當日蝕之時，林中的野獸會停止活動，整個森林會變得異常安靜，動物會感覺威脅不安，如臨大敵的模樣，可見日蝕會令自然界所有活動都暫時停頓。有利的是，日蝕代表新機會、新開始、新潮流，是一個從無到有的新起點。由於日蝕正經歷從虧轉盈的過程，在此便有嶄新開始的意味，象徵事物及觀念的成形，星象會帶來根本性的徹底改變。

在國政方面，日蝕影響政策、大環境、往後發展，波及人數眾多而長期。月蝕則影響情緒、金錢、局部群眾反應，即時眼前損失，加上農曆十五過後「月相」消減，人群情緒由高漲變為低落，故宏觀及結構性發展看日蝕，微觀及市場上的短暫震盪看月蝕。

分析日月蝕有三大考慮：（一）在什麼元素及星座進行，（二），

日月蝕星圖表示的吉凶，（三）蝕帶的影響區域，以下是《天運占星學》列出有關日月蝕的影響範疇：

【元素】：火象星座：日蝕發生的所在地區，以火災、火山爆發、高溫旱災為主。月蝕則影響人民情緒不安，眾群不滿現實，反政府意識高漲，民間發生暴亂和衝突。

土象星座：土象與農作物及土地問題杷關，日蝕發生的所在地區，恐收成銳減，出現饑荒，此是地震的普遍星象。月蝕通常與經濟衰退有關，特別是農作失收，物資供應短缺，民生被受困擾。

風象星座：風象與天氣的災禍有關，日蝕發生的所在地區天氣反常，氣候極端，天災連連。月蝕則代表地區交通及貿易停滯，意外事故頗生，另颱風及暴雨都是其主要影響。

水象星座：水象與水患有關，所以日蝕發生的所在地區要提防洪水、海嘯、暴風雪，另此是海難的星象。月蝕則示意群眾健康欠佳，如是疫疾流行，低下階層勞累過度，國民死亡率增加等。

【星座】：白羊座：日蝕在此主社會多矛盾爭執，易有恐怖襲擊之事。月蝕代表風雨不調，氣候乾燥，疫症流行。

金牛座：日蝕在此主收成銳減，土地資源不足。月蝕表示國家生產力低下，人民儲蓄減少。

雙子座：日蝕在此主社會風氣不良，風化案增加。月蝕主罪案問題日益嚴重，搶劫及偷竊率上升。

巨蟹座：日蝕在此主天氣反常，以潮濕雨雪天氣為主。月蝕代表欺詐成風，兒童問題，也不利海事及航運。

獅子座：日蝕在此主天氣乾燥，穀物歉收，政府失去公信力。月蝕代表人民欠缺誠信，社會道德敗壞。

　　處女座：日蝕在此主穀物歉收，水稻糧食不足。月蝕反映衛生問題嚴重，傳染病蔓延，國民健康欠佳。

　　天秤座：日蝕在此主天氣反常，天降冰雹。月蝕表示社會不和，國民自私自利，沒有守望相助精神。

　　天蠍座：日蝕在此主物價膨脹，生活迫人。月蝕反映人心不安，虛驚一場，星象示意有特大雷雨、大洪水。

　　人馬座：日蝕在此主社會無法無天，道德敗壞。月蝕為犯罪案增加，偷呃拐騙風行。

　　摩羯座：日蝕在此主土地荒蕪，政策失效，治權不穩。月蝕為經濟蕭條，商業不振。

　　水瓶座：日蝕在此主地震、天災、氣候反常，意外頗生。月蝕主社會不和諧，人心不足，互相傾軋。

　　雙魚座：日蝕在此主水患嚴重，如洪水、海嘯及海難發生。月蝕主宗教問題，邪門當道，歪理連編。

　　【日月蝕星圖】：承上所說，日月蝕所在的元素及星座大多反映：（一）自然災害，（二）人心所思，此為宏觀大局的解釋。具體所在地的吉凶預測則以日月蝕星圖為判斷標準，但個人認為，判決國運及地區形勢比算命來得簡單，只需以理性客觀的角度作出分析，吉星就是吉，凶星就是凶，不用加入過多情感考慮，本文就以 2018 年這個頗為多事的時局開始說起。

圖一：2018 年 1 月 31 日的月全蝕圖，立極位置為香港，此時太陽已落於「西沉點」的水平線下，月亮在「東升點」緩緩而出，鑑於此部份只論經濟，我們應把著眼點放在「正財宮」（二宮），和代表投資炒賣的「偏財宮」（五宮）。「二宮」為處女座，守護星落於「六宮」與太陽合，金星反映當時勞工就業情況頗為理想，此時香港失業率跌至 2.9%，是近廿年首次低於 3%，並預期未來整體經濟環境穩中向好。可是，代表股市的「偏財宮」卻佈有凶星土星和冥王星，與代表國際事務「九宮」的天王星相刑，「土冥」之合極凶，加上土星在摩羯「入廟」，對星組合強調了極端波動和反覆向下，至於 2018 年香港上半年的股市表現如何，各位應該心裡有數。

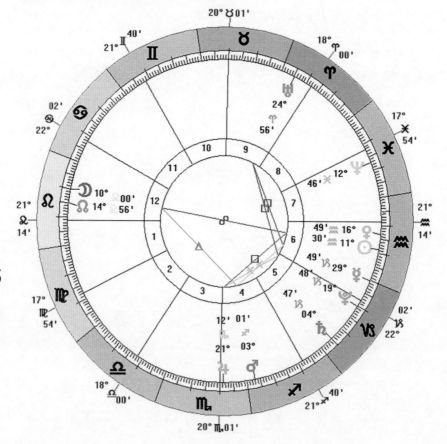

圖二： 2018 年 7 月 27 日的月全蝕圖，鑑於此時木星已逆行完畢，熊市情況理應有所改善。星圖上的「正財宮」為雙子座，座內沒有行星，守護星水星正處於「田宅宮」（四宮）逆行，此時政府覓地起樓之事，與及樓價及息口走勢都成為了社會的爭論焦點。星圖的「偏財宮」坐入了金星三合仍在逆行的冥王，「冥金」之合在人命上代表深情苦戀，愛恨交纏，欲斷難斷，此時中美貿易戰已進入交鋒，雖然之前相方已取得共識，但由於美方多次反口覆舌，導致談判陷入僵局。另外，盤中金星位於處女「失利」，就算股市如有反彈，力量都不強，何況金星與海王對沖，表示大眾對此均沒有美好祝願。

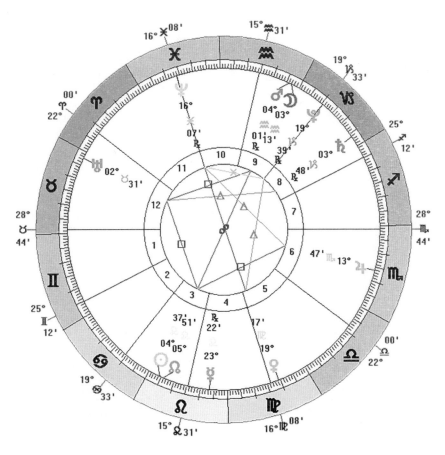

圖三：2019 年 1 月 21 日，此是美國月全蝕，星圖以紐約時間立極，這個星盤比之前兩個更為嚴峻，代表正財的「二宮」滿佈凶星（土星、冥王），太陽，水星與之同宮對沖月亮，反映美國人非常擔心經濟方面的問題。圖中可見，不論月亮代表的心情，水星代表的傳媒，太陽代表的政策，重心都放在經濟的不安上。而月蝕的所在位置，正是國外投資的外匯宮位（八宮），更火上加油的是，「偏財宮」佈入的是另外兩顆凶星（火星、天王），火星主急速，天王星主突發，行星與「正財宮」和代表外貿的「船務宮」形成「T 型相」，可見美國人對此均感到壓力重重，實體經濟可能出現嚴重問題。

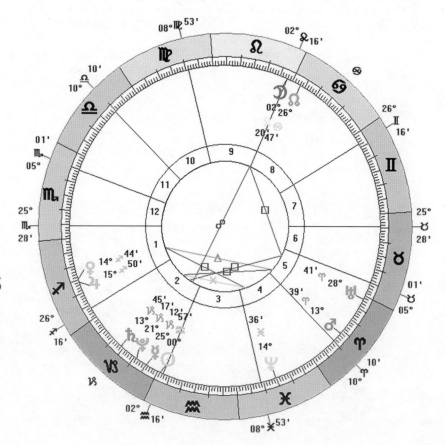

圖四：2019 年 1 月 21 日美國月全蝕的亞洲時間盤，立極點為香港，盤中的太陽在「會議宮」，是為本港的早上十一時左右，本圖雖然整體格局與上同，但影響相對輕微，事關「正財宮」金牛座守護星去了「船務宮」與木星合，反映貨物出口比預期理想。但金星與火星三合，仍示意要靠由自己努力爭取。此外，亦不能忽視「偏財宮」正在月蝕，可見此時投資者必然損失慘重，所有資金全被沒收。

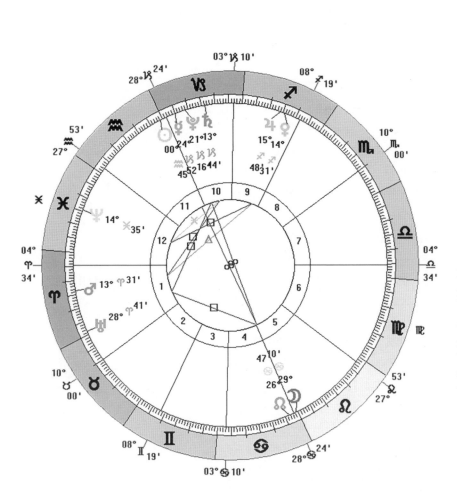

總結，以上四個月蝕圖的巧合度連筆者都感到驚訝，事關代表嚴重事故的月全蝕，在 2018-2019（12 個月內）連續發生三次，對上一次月全蝕時間為 2016 年 3 月，此時恆指正值 20000 點的相對低位，隨後股市在沒有月蝕情況下便一直上揚，直到再次出現月全蝕才作出大幅度調整。

【日月蝕時間】：

日/月蝕（2019~2025）

2019年1月6日	日蝕	摩羯
2019年1月21日	月蝕	獅子
2019年7月2日	日蝕	巨蟹
2019年7月16日	月蝕	摩羯
2019年12月26日	日蝕	摩羯
2020年1月10日	月蝕	巨蟹
2020年6月21日	日蝕	摩羯
2020年7月5日	月蝕	雙子
2020年11月30日	日蝕	人馬
2021年5月26日	月蝕	人馬
2021年6月10日	日蝕	雙子
2021年11月19日	月蝕	金牛
2021年12月4日	日蝕	人馬
2022年4月30日	日蝕	金牛
2022年5月16日	月蝕	天蠍
2022年10月25日	日蝕	天蠍
2022年11月8日	月蝕	金牛
2023年4月20日	日蝕	白羊
2023年5月5日	月蝕	天蠍
2023年10月14日	日蝕	天秤
2023年10月28日	月蝕	金牛
2024年3月25日	月蝕	天秤

金融占星

2024年4月8日	日蝕	白羊
2024年9月18日	月蝕	雙魚
2024年10月2日	日蝕	天秤
2025年3月14日	月蝕	處女
2025年3月29日	日蝕	白羊
2025年9月7日	月蝕	雙魚
2025年9月21日	日蝕	處女

【地域】：了解完如何判斷星圖上的吉凶寓意之後，影響範圍可以從「蝕帶」來作出評估，一般以蝕帶的主要區域影響最為直接，事情最為明顯，反之亦然。另一方面，「全蝕」又比「偏蝕」的力量強，「偏蝕」比「影半蝕」再強，歸根究底，這都是建基於日、月、羅睺、計都等聚焦點的緊密度而定。補充一點，個人只採用「全蝕」。

日蝕帶的區域最容易帶來政治不穩，星象代表政壇變天，尤其象徵國家級的象徵性領袖人物下台，甚至死亡。據個人觀察，這個統計甚為可靠，事關日蝕的原意就是「長江後浪推前浪」，當有新人士上

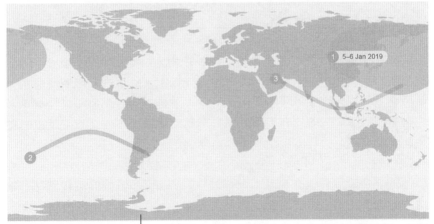

• 圖乃2019年1月5日在東北亞地區的偏蝕帶，估計與中日韓甚至與俄羅斯的新東北亞政策有關。

台，社會自然有新面貌，不及事宜就要淘汰，這是體現大勢時局的新陳代謝而已。

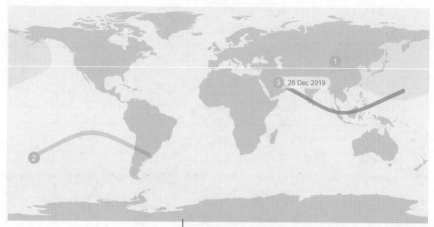

- 圖乃2019年12月26日在南亞的日全蝕，主要途經印尼、馬來西亞、新加坡，日全蝕以國家元首下台的情況最為常見。

現說月蝕，從右圖月蝕帶的複蓋率（陰影部分）可以發現，月蝕比日蝕的影響範圍更廣，偏及者眾。月亮在占星學上代表人民，尤其與物質生活及生產活動息息相關，加上月蝕本意為暫時損失，所以月蝕往往與金融動盪有著密切關係。

據個人觀察，月全蝕過後的半年多時間，相關影響所在國家，其外匯下跌的可能性相之當大，機會率達八成以上，股市則要視情況而定。如是全金融開放國家，股市跟匯市一同下跌是絕對的。但如果是資本未完全開放的市場，礙於有貨幣貶值作為整體性緩衝，內部資產貶值的壓力便相對減輕。

補充一說，外匯交易基本上可以分為「美元」及「非美貨幣」，然兩者的關係及價格是背道而馳的，如是美元上升，非美貨幣便會下跌，這是一個定律。正因為此，投資者便可從中得到啟示，如果月蝕在亞洲地區出現，即代表亞洲國家發生金融危機，相關國家貨幣匯率對比美元

$ 金融占星

下跌是合理的，相反，假如月全蝕在美洲出現，即是說美元疲弱，這是個很簡單的出入訊號，各位可自行留意。要強調，貨幣升跌更多關乎國家的整體實力，如綜合國力強盛，貨幣升值；國力疲弱，貨幣貶值，月蝕只是短暫集體民眾情緒的非理性反應。

炒外匯與炒股票的不同之處，外匯只宜炒波幅，除非你確定這個國家將會滅亡，經濟完全崩潰，其法定貨幣變得一文不值，才可作出「大長沽」的考慮。

除了是國家制定的貨幣政策，如 1985 年決定日元升值的「廣場協議」，2013 年底人民幣決定長期升值之外，所有外匯只宜短炒。當中以風象元素最適宜短炒波幅，尤其是水星在「偏財宮」的人就更有利憑藉個人反應在外匯市場上圖利。

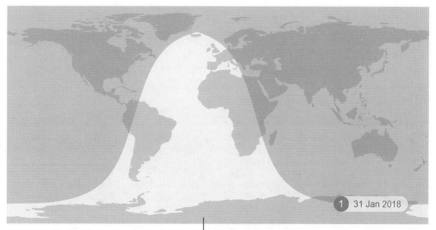

- 圖為2018年1月31日亞洲全月蝕，淺色部分為日光時間，深色部分為黑夜，由於太陽由東方升起，西方落下，即是說盤中的移動方向是由右向左，因此美洲地區正在日出，而亞洲部分才是今次的主蝕帶，可見這次月蝕與中國的關係有多密切。

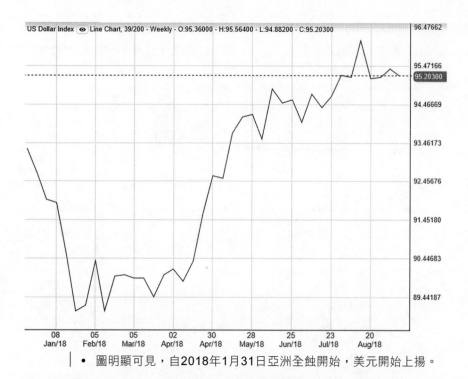

US Dollar Index ⊙ Line Chart, 39/200 - Weekly - O:95.36000 - H:95.56400 - L:94.88200 - C:95.20300

96.47662
95.47166
95.20300
94.46669
93.46173
92.45676
91.45180
90.44683
89.44187

08 Jan/18　05 Feb/18　05 Mar/18　02 Apr/18　30 Apr/18　28 May/18　25 Jun/18　23 Jul/18　20 Aug/18

- 圖明顯可見，自2018年1月31日亞洲全蝕開始，美元開始上揚。

1 27 Jul 2018

$

金融占星

- 圖乃2018年7月27日的月全蝕，相關影響範圍遍及亞洲，但今次的重點卻落在中東，中東才是今次全蝕帶的心臟地區。

150

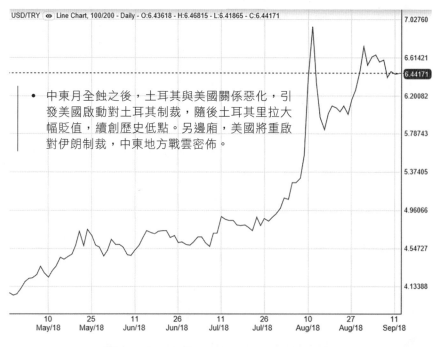

USD/TRY ⊙ Line Chart, 100/200 - Daily - O:6.43618 - H:6.46815 - L:6.41865 - C:6.44171

- 中東月全蝕之後，土耳其與美國關係惡化，引發美國啟動對土耳其制裁，隨後土耳其里拉大幅貶值，續創歷史低點。另邊廂，美國將重啟對伊朗制裁，中東地方戰雲密佈。

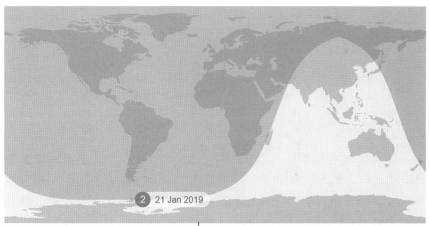

2 21 Jan 2019

- 2018兩次月全蝕都在中亞發生，而2019~2021年最後唯一一次月全蝕卻在美洲，寓意著剃人頭者人亦剃其頭，稍後便輪到美國出現經濟問題。

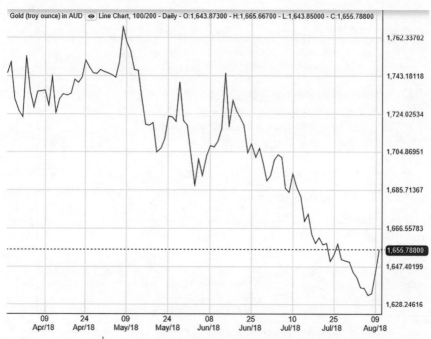

Gold (troy ounce) in AUD ◉ Line Chart, 100/200 - Daily - O:1,643.87300 - H:1,665.66700 - L:1,643.85000 - C:1,655.78800

- 美元與黃金走勢通常是負關係，當美元走強，黃金就疲
  軟，反之亦然。過去幾個月來，由於美元走強，死死壓
  住金價反彈的契機。如果看美元指數圖，將會發現美元
  指數在 95 附近遇到強大阻力，如果美元下跌，黃金才
  有衝高機會。如此再推，假如中東局勢不穩，油價便會
  上漲，所以看金油價升跌，非單看太陽及海王星，還要
  考慮日月蝕與及地緣政治。事實上，星盤上沒有一顆行
  星可以絕對代表某單一市場及產品，投資者宜全盤通
  閱，掌握了然才可作出投資決定。

　　【突發事故】：《易經》曰：「月盈則食」，說明月蝕必定發生
在月圓之時，所以古今中外都十分注重月亮在術數上的象徵。月蝕普
遍凶多吉少，代表失敗、挫折和阻撓，而且月全蝕會令月亮變成褐紅
色，形成俗稱的「血月」，這種神秘和邪惡的色彩便令月蝕增添不少
不祥之意。

　　須知道，日蝕所主之事都是慣性改變，代表去舊迎新，如政權統治

的不給力，君主年老或體弱多病，某程度上，這些人或政黨下台都是可以預計在內，因此日蝕不主偶然，大多有先見之明的人都有一定的預測能力。相反，月蝕卻主出其不意的突發事故，由於事出突然，便容易令群眾陷入情緒恐慌，因此月蝕常與突發性的天災人禍扯上關係，當中的最佳例子就是地震。

　　下圖乃 2015 年 9 月 28 日的「歐美月全蝕」，這是三十年難得一遇的「超近月」，屆時月亮會比平常大 14%、光度增加 30%，因而名為「超級月亮」。這個奇觀自 1900 年以來只出現過五次，上次發生在 1982 年，下次則要到 2033 年。此時地球大氣層散射紅光比藍光少，導致這個月亮看起來更為血紅光亮，因此又名為「超級血月」。

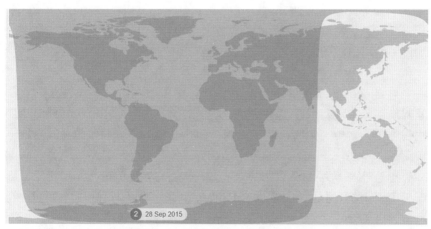

2 28 Sep 2015

　　這些所謂「超級星象」，愈是罕有，問題就愈嚴重，幸而這次能看到「超級月蝕」的地區只有美洲、歐洲、非洲和中亞，中國及香港皆不在可見範圍之內。由於「血月」的威力過於驚人，月蝕過後不久世界各地便陸續發生了一連串的天災人禍，例如是：

　　（一）阿富汗 7.5 級強烈地震：2015 年 10 月 26，阿富汗東北部發生黎克特制 7.5 級強烈地震，鄰國印度和巴基斯坦廣泛地區震動，造

成至少 183 死、逾 1000 人傷。

（二）巴黎恐襲：2015 年 11 月 15 日，法國發生恐怖襲擊，造成至少 128 人死亡、超過 300 人受傷，這次是二戰結束後法國死傷最慘烈的事件。法國全國進入緊急狀態，觸動市場神經，而英、法、德股市自此後一星期分別累積下跌近 11.9% 至 18.9%。

（三）美國民兵暴動：2016 年 1 月 2 日，美國俄勒岡州發生了反政府武裝暴動，大約 150 名全副武裝的當地民兵團攻擊並占領了哈爾尼郡的聯邦政府辦公樓總部，其領袖並在網上發表公告，號召全國上下各地民兵推翻聯邦政府，重回各州實施自治。美國在稍後星期一的交易日，股市急跌，指數由 17400 跌至 1 月 19 日的 15450 點。

（四）印度 6.8 級地震：2016 年 1 月 5 日，印度東北部接壤緬甸地區發生黎克特制 6.8 級地震，最少 13 人死亡、200 人受傷，鄰國孟加拉、尼泊爾與緬甸都有震感。

在此又要老調重提，月蝕的影響只屬短期，當人心情平伏下來，回歸理性，市場察覺巴黎恐襲對環球經濟衝擊遠低於預期，各地股市便應聲上揚，當中英國股市在事後的十個交易日就重返前水平。同樣地，美國 911 恐襲，開市後環球股市便應聲下挫，英、法、德股市當日急瀉 5.7 至 8.5%。美股當日宣佈停市一周，9 月 17 日復市後，道指當日大跌 7.1%，大市連跌 5 日累跌 14.3% 才見底，合共蒸發了 1.4 萬億美元市值，可見一些突如奇來的天災人禍，絕對是令人防不勝防。

最後總結，天象這東西，你說它迷信也好，不科學也好，但當世界將要有重大事情發生之際，星象往往蘊藏著很多重要資訊，懂得占星就有如掌握「上帝視覺」，就可從中找出不同的時空關聯，從而洞悉上天賜予大家的入市良機。

筆者在報章上看過一編周顯的文章，說：
「我在熊市絕對不會估底，因為可以低到你不能置信。然而，我會使用另一種方法評估，就是時間。我做過統計，股市從最高位到最低位，大約需要一年半的時間，不管它是跌三成、五成、七成，都是一年半左右。」以上說法，個人是認同的，經濟週期或自然趨勢只可以用時間來衡量，絕對不能以人為的價位作為標準，巧合地，這個一年半的說法與很多星象的出現率頗為吻合，例如上文所述的連續日月全蝕，稍後還有兩顆非常重要的行星，週期影響亦與這個一年半的時間有關。

水星逆行

水星逆行是金融占星的一個熱門話題，事關 74 股災、87 股災、89 股災都是發生在水星的逆行時間，因此「水逆」便被冠上了股災的代名詞。

（一）74 股災（水逆期為1974年6月17日至7月12日），指數由 470 跌至 330，跌幅共 27.22%。

（二）87 股災（水逆期為1987年10月16日至11月6日），指數由 4000 跌至 2000，損失了一半。

（三）89 股災（水逆期為1989年5月12日至6月5日），指數由 3400 跌至 2100，跌幅共 36.14%。

水星是一顆管理流動性和負責傳遞資訊的行星，它與通訊、交通、商業貿易有密切關係，水星逆行便是以上各點都遇上阻滯，較常見的情況是交通阻塞、通訊失靈、資訊不通、訊息出錯，甚至是電腦故障，據說在水逆期間的空難事故特別多。

此時商業交易不順是肯定的，尤其是簽約及文件事宜好事多磨，如無法如期交貨，或行程一拖再拖，外出多遇阻滯，因此坊間便有水星逆

行易生股災之說。

不過，水星在占星學上屬於中性，行星本身沒有升跌意味，只是代表頻繁波動，而且這是個常見現象。水星逆行平均每年出現 4 次，季季都會機會發生，基於這樣高頻，所以水逆之時遇上股災便不足為奇。

再者，行星的影響力往往與時間掛鈎，水星的逆行期為三個星期左右，逆行的停留時間相當短暫，基本上一兩天就結束，所以就算水星的情況如何糟糕都沒有本事引發股災，只不過是「有咁啱得咁橋」，又或是經傳媒小題大做而已。

在心理學上，有個現象稱為「小數定律」，示意無知的人如遇上一些小數的極端例子，就以為是慣性發生，道理正如古語所謂：「一朝被蛇咬，十年怕草繩。」事實上，水逆之時沒有發生股災的機會率，比發生股災的機會率要大得多。同樣道理，十月股災都是一個例子，據統計，在十月沒有生股災的機會率，依然比發生股災的機會明顯要高。

從正信角度出發，水星代表消息和資訊，逆行表示消息不通，或放流料，以及交易停滯，只有與別星形成相位才有消息好壞及價格高低之分別。加上水星為占星學上第二短週期行星，資訊只足夠作為觸發點及導火線，不足以對股市構成巨大震動或結構性的趨勢逆轉，可見水逆易生股災之說只是杯弓蛇影。

重點在此，水逆之時股市下跌的情況的確常見，此時股市真的有機會出現見頂的尖角形態，絕少是不動的橫行市況，比例為七成以上。並要留意，行星逆行的重點時間是「停留期」，不是「逆行期」，停留期可比喻為轉角市，有見及此，假如閣下打算在水逆之時才逃生卻未免太遲。

據筆者觀察，股市的極短期轉向往往在水逆之前一兩日已經發生，

但可能下跌兩三日又回復原來趨勢，因此水逆只可作短期操作，預早兩天平倉還是可以的。

　　還須注意：（一）水星當時在什麼星座逆行，（二）與什麼行星形成相位。

　　水星如在火象星座逆行表示波幅緩減，或預期上升變為急跌，反之亦然；如在風象星座代表方向混亂，市況大上大落，理性指標全不生效，此時應該以大方向為主，不要被雜訊誤導；如果在土元素星座逆行代表牛皮市，此時市況可能緩慢下跌，成交減少，但不要期望跌幅巨大；如水星在水象星座逆行代表大震動，此時群情高漲，大市易出現非理性波動。行星方面，水星與太陽、金星、木星和海王星有相位都是吉性，代表市場判讀為利好消息，反之，與月亮、火星、土星、天王星和冥王星有相位都是凶性，代表市場判讀為壞消息。

- 上乃恆指圖，水星逆行時間分別為：（一）2017年8月13日至9月5日在處女座（土象），（二）2017年12月3日至12月23日在人馬座（火象），（三）2018年3月23日至4月15日在白羊座（火象），（四）2018年7月26至8月19日在獅子座（火象）。

說到行星逆行，筆者就聯想起一個購買年金及儲蓄保險的疑問，先分享一個在網上看到的理財計劃，某君的財務大計是這樣：

（用 10 年時間）　30 歲前有第一個 100 萬

（用 5 年時間）　現在起計三年內，希望在 35 歲前有第二個 100 萬

（用 3 年時間）　38 歲前 200 萬及開始每年有 6 位數字股息

（用 3 年時間）　40 歲時 300 萬

（用 2 年時間）　42 歲時 400 萬及有 20 萬年息

（用 1.5 年時間）　45 歲前 500 萬

（用 1.5 年時間）　46 歲時 600 萬

（用 1 年時間）　47 歲時 700 萬

（用 1 年時間）　48 歲時 800 萬

（用 1 年時間）　49 歲時 900 萬

（用 1 年時間）　50 歲時 1000 萬（可以財務自由了，和選擇自己喜歡做的事）

以上計劃可能似曾相識，事關很多理財書籍或保險經紀都是以這個模式去推銷客戶，但是這些人都忽略了人生的多變性，俗語話：「人有三衰六旺」說明了並非個個人都可以一直順風順水，沒有「命運逆行」的道理。說實在，筆者少有認識命運沒有上落波動的朋友，有些人常無故失業，或受到家庭親友的拖累，又或是健康出現問題，甚至是意外事故，絕少人可以無災無禍能根據他們一早規劃定的理財大計順利進行，因此不要刻意為自己安排人生，因為每個人的時間表都不同，生命有不同階段，如何精算都不及天意給你的安排準確。

火星逆行

在金融占星領域，大多數人只知「水星逆行」而不知「火星逆行」，事實上，占星學上的十顆行星每一顆都是財星，都有影響股市的能力，只不過大家的運作方式不同，方法各異，然而火星的生財模式就

是威脅和恐嚇，以戰勝對方並奪去他人的所有。

火星一曜在占星學上代表奮進心、競爭力和賭性，行星在金融市場代表買賣相方的博奕力量，簡單講即是「成交」和「購買力」，所以在火星強旺的月分，如是落於火象星座，大市交投氣氛較為熾熱都是肯定的，此時群眾充滿野心，理想在股票市場上一較高下。相反，「火星逆行」之時便是交投不足的日子，這些低成交日子通常都是經濟蕭條或股市大跌過後的低潮時間，此時不單投資者的入市意欲大減，連民間的消費活動也大受影響，貴價品及奢侈品滯銷則隨處可見。更難能可貴的是，火星逆行是所有行星逆行之中最為罕見，平均兩年才發生一次，每次為期兩個月，相比起每年都有逆行的行星，火逆來得更有象徵性，更具價值和值得重視。據筆者觀察，當火星逆行完畢，開始順行之際，市場的成交量便會大增加，股市便會急速上揚，2016 年 6 月 27 日至 8 月 27 日便是個典型例子。

下圖（P.160）是 2018 年 3 月 17 日，火星剛入境摩羯座時候所起出的星圖，名為「火星過宮圖」即是稍後要介紹「四季圖」的其中一種。在占星學上，火星、土星和冥王都屬凶星，都是熊市的代表行星，火星為明搶、主攻，土星和冥王為暗鬥，作為守備方，為了生存而被動反抗，三星將走在一起，明爭暗鬥的意味極濃。

從宏觀佈局上，星盤上的三大勢力星群，一是落於雙魚水象星座，二是落於白羊火象星座，兩者已有水火不容之意，不投契的意像已呼之欲出。更嚴重的是，三大凶星都雲集摩羯，火星入境即示意事情已進入白熱化，大家都在推籌碼（Show Hand），加上守護宮白羊座的勢力非同小可，顯然是早有預謀，以高調強勢的姿態衝著土冥來。然而，貿易戰的起源來自美國總統特朗普於 2018 年 3 月 22 日簽署備忘錄，宣佈從中國進口的商品徵收關稅開始。

你或可說相關星象純屬巧合，但上文經已提及火星逆行頗為罕有，一般過宮需時兩個月，但火星本年在此便足足蹉跎了整整四個多月。在

此階段，中美雙方曾多次談判，曾一度於 2018 年 5 月達成暫停貿易戰協定，並發表聯合聲明（火星於摩羯 23° 正準備離開之際），但美國貿易代表仍於 6 月 16 日對華公布加征關稅清單，雙方於 7 月 6 日正式開戰。

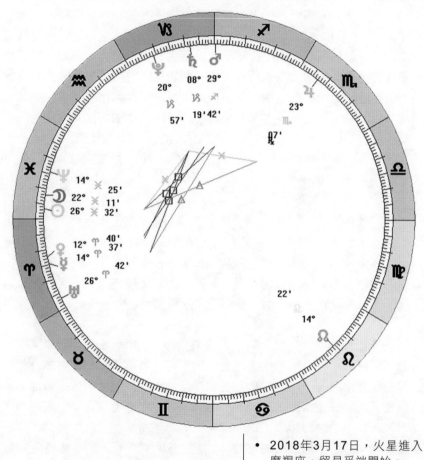

- 2018年3月17日，火星進入
  摩羯座，貿易爭端開始。

再從星象的時間點出發，原來 6 月 26 日火星逆行開始，逆行表意爭取最後籌碼，因逆行後的火冥兩星相差 10°，沒有全接觸代表戰事沒有進一步升級。事實上，此後雖然雙方互有口水較量，但兩國都留有餘

地，美國給予中國商品 90 天的豁免關稅，中國也提出退稅返還，稍後針對中國的 2000 億商品徵征稅也沒有如期於 8 月 30 日實施。筆者在網上發文貿易糾紛將於火星順行之後會暫時緩解，結果火星進入水瓶 0°（9月13日），美國就再次邀請中國繼續談判，最後在 11 月 30 日中美元首在 G20 峰會見面，宣報元旦後互徹關稅，此時星象正是火星合海王。

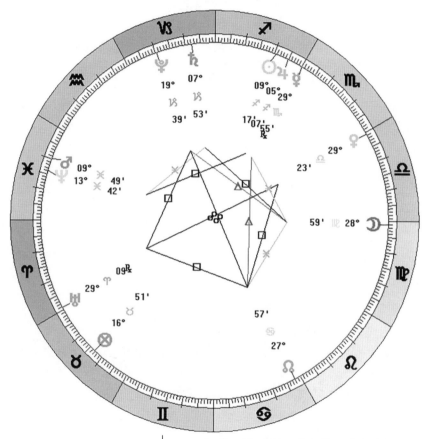

- 2018年9月13日，火星進入水瓶為失利，星性無力，惡意漸消，鬥爭有緩和跡象。及後，11月30日火星合海王，中美領導人握手言歡，鳴金收兵，宣佈暫緩貿易戰。

眾所周知，11 月 6 日是美國中期大選，如果總統繼續堅持打下去的話，拿不出成績面對國民肯定不利選情，況且，美國歷任總統因戰事拖延而敗選的情況屢有可見，而項莊舞劍，意在沛公，美元自貿易戰開打便不斷強勢，加息（只2%）達不成的效果就只好以威脅方式，強迫美元回巢，畢竟從華爾街角度，回收自 2008 濫發的貨幣才是當務之急。說到這裡，這個看似偶然的偶然，其實已是命中註定，稍後讓我們看看美國國運盤，便知道占星在時局世運上的推算是何其厲害！

最後，基於木星和土星的逆行時間太長（每年一次，每次為期 4~5 個月），故此在金融占星上的驗徵不敏感，但一般而言，木星逆行較不利升勢，星象有緩減步伐之意。土星逆行則是政策放寬之象，如央行減息及放寬存準金之類。換句話說，土逆亦非有利大市，但詳細情況還要視乎行星所在的星座和相位而定。在下一章，我們會深入探討「長期行星」，了解如何以五大世代級行星去推算宏觀時局的趨勢和發展。

£$ €¥ 精萃星命

筆者曾於 2018 年火逆時重施故技，在網上發表了反彈宣言，的而且確，火星轉為順行的當天，美國墨西哥達成共識，恆指大升了 600 點，美股亦將近再度破頂，但基於市底真的太弱，好景不常又再次尋底，經驗告訴我們大趨勢（長期行星）永遠比小波浪（短期行星）更必須關注和重視。

補充閱讀：輿論戰

學習金融占星的最有效途徑，不是尋求什麼口訣秘笈，或找蓋世高人指點，而是寫時事日記。當某事情發生，如果對占星學有一定的基礎，通常都能找到相關事情與星象的關連，再加上，所謂：「福無重至，禍不單行。」關事情定必一次一次地重複出現，這些慣性記錄便成為提高預測準繩度的鍛鍊方法。

歷史總是以不同方式重複出現，然而牛市及熊市也有它們的特定模式，如果你在這方面的記錄愈多，就愈能估算到趨勢及發展方向，與及

$ 金融占星

能了解大戶操作大市的既定模式，如此不斷的統計實踐，市場觸覺及商業判決力便隨之而來。不過，本文並非解說占星技巧，而是筆者透過時事日記，發現一些以輿論方式操縱市場的手段，如果大家有細心留意相關舉動，很多時比其他分析或理論還要管用。

正所謂：「商場如戰場！」金融市場與及商品股票需要波動才有吸引力，才有利交投增加，事關對於投資者及炒家來說，波動就等同機會，故此市場需要借口，媒體要製造亮點，要有炒作，才能令市場變得活躍。可是，正如美國總統特朗普常說：「傳媒謊話連編！」每天都是自製的假新聞。同樣地，某些銀行及投資大行也經常亂發報告，常見他們一時建議買入，一時建議沽出，很多時候，這些目標價與市價的差距異常離地，令人難以置信。

個人心諗，為什麼這些分析員如此「好撈」？估價時常低於預測標準，甚至永不到價，這些部門負責人是否應該全部炒得？各位只要針對這些分析做統計，便會發現如果沒有分析師筆署的報告，很多時都是「流料」！又或者，純主觀猜測，這些分析師又是否跟髮型師一樣，分為學徒、實習和高級髮型師，而只有學徒及實習（**不專業**）分析是公開的，高級髮型師（**專家級**）才是給自己客戶。正如前文所述，只有目標價而沒有時間的分析可以不理，可見這些不負責任的大行分析都是市場上的一大陷阱，目的只是製造混亂。

市場上也經常傳出某某事情，從中混淆視聽，令人如幻似真，例如 2018 就「傳」出騰訊遊戲不獲國家審批，說這種凍結短期內不會停止，消息一出，QQ 股價便大跌一番，但事情過後不久，又「傳」出當局並沒有凍結審批遊戲這回事，稍後又傳將恢復遊戲審批，故當日騰訊股價又大升 4%。說實在，這些「傳聞」絕對可謂市場上的赤裸裸陷阱，大戶就是憑藉這些看似小學雞的輿論做假，從而不斷地控制股價升跌。

還有在民調方面，現今的什麼大學或傳媒機構做的統計調查也是全

不可信，英國脫歐公投就是一個好例子，筆者十分懷疑，為什麼全國人民理想脫歐的共同意願在這些統計上得不到反映，是這些統計員的水平有限？或是統計方法太差？還是立心不良的幕後黑手刻意誤導？

再舉一例，記得 2016 年美國大選，據美國主流傳媒的調查報告顯示，民主黨希拉里的支持度長期大幅領先，但結果卻是共和黨特朗普勝出。說實在，筆者對於這個結果並不感到驚訝，事關從過往記錄所見，每八年一次總統的政黨輪換似乎是美國精英層的共識，因此如果要投機的話，信歷史也不應信消息，現在正好回應前文關於過期新聞不看也罷的言論，因為數據及過去會告訴你事實的真相，怪不得現任美國總統的口頭禪為：" Fake News"。

美大選獲勝黨
2016 年共和黨
2008 年民主黨
2000 年共和黨
1992 年民主黨
1984 年共和黨
1976 年民主黨
1968 年共和黨
1960 年民主黨

更嚴重的是，連國際權威性的評級機構也經常參與做假活動，或是說其評審制度不公允，存在雙重標準。例如某評級機構在 2017 年 5 月先把中國評級下調，稍後的 9 月也有另一機構跟隨行動，果然隨後的四個月就發生股災。

從上可見，經濟略奪的首要步驟是評級先行，如是一而再，再而三，不論真假把別國主權評級拉低，待股指已跌到一定低位，其後再加上傳媒大合奏，便有能徹底改變群眾心理。

兵法學上有一名詞為「奇正」，其大意有如「實則虛之，虛則實之。」大戶想沽空貴國市場時的舉動是唱衰，但很多時候，他們想入貨之時也是以相同方式進行。

據聞 2016 年金融大鱷索羅斯就不斷唱衰中國，警告中國將會出現又一次的金融風暴，結果他卻暗中大手買入 AH 股，隨後股市由 2016 升到 2018 年頭。由此可見，操縱市場的先決條件就是操縱傳媒，只有

金
融
占
星

資訊掌握在少數人手中，便能歪曲民意，左右人心，從而引導金錢流向。

港股高开0.9% 腾讯涨0.4% 恒安跌0.8%

- 傳媒慣性採用誇張性報導，試問港股只高開0.9%，又有什麼好可喜可賀？

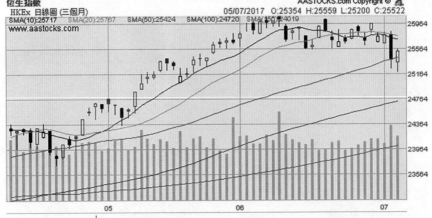

- 圖乃2017年7月4日美國獨立日，這是個人的金融日記之一，據個人經驗，凡香港開市的美國假期，或接近週末都是突襲港股的好時機，大戶可以在美國期貨市場製造假象，以少量資金營造假期後大跌先兆，然斬殺港股數個%之後，待假期後美股復市卻安然無恙，當中散戶恩物「牛熊証」正是這些沒有防守力的斬首目標，故此專家教落，假期前不炒股是有道理的。但有趣的是，中國政府也學會了相關技倆，如在重陽節假期宣佈反制美國措施，或宣佈對美國不利政策，但是夾在中間的香港卻並不好受。

$ 金融占星

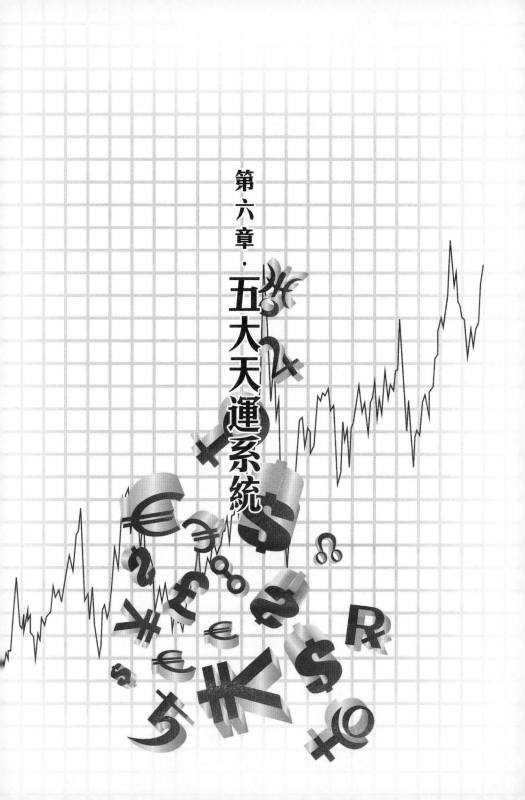

第六章・五大天運系統

五大天運系統

在《天運占星學》中，吳師青詳盡介紹了以木星、土星、天王星和海王星組成的「四大天運系統」，但筆者從外國的占星資料中發現了第五元素，並以美股及港股近 40 年的表現作引証，發現可靠性非常，故此個人把舊有系統升級，繼而提出「五大天運系統」。

第五個天運系統就是「月交點」，此點雖然並非行星，在算命上也少有採用，但由於「月交點」是由太陽的「黃道」和月亮的「白道」組合而成，因此也有一定的象徵意義，更重要的是，此交點如用於中短期趨勢（1.5年）的推算上卻出奇地神準。如再配合「木土循環」更是相得益彰，能夠以平面和立體方式來透視未來大勢，此是不可多得的一大重要發現。

首要說的是，國運及經濟週期雖然以「行星過宮」或「入境星座」為依歸，但並非說吉星進入某宮的所有時間都是上升，同樣亦非凶星進入某宮的所有時間都是下跌。或者說，如是吉星進入吉利的星宮，在週期的時間內有可能出現頂部，凶星進入不利的星宮，在週期的時間內或可得出底部。

例如火象星座的前半時間大都有利升勢，極點尤期接近中段，你或可理解此時為「夏季」或「第二象限月」，分水領的意味鮮明。反之，風象星座的上半部時間大多數都是以下跌為主調，直到星座中末段時間為市場氣氛最低潮，過了中線景氣便會慢慢復甦，情況有如冬去春來。

除此之外，行星的「相位」和「逆行」都是過境進宮的另一個考慮因素，理論上，吉的相位愈多，升勢就愈是凌厲，反之與凶星的配合，如是沖刑相的話，便有機會抵消原有上升動力，行星逆行也有趨勢緩和及調整意味，然而這些相位關係的程度解釋，讀者大可重溫《運限編》。事不宜遲，現在就讓我們從週期最短的世代行星木星開始說起。

木星

在占算世運及經濟方面，木星和土星是一個很重要話題，它倆既是拍檔，亦是敵人，對星分別代表擴張及收縮景氣，反映投資者的樂觀及悲觀心理，在市場上有如「好友」和「淡友」，因此如要衡量大市升跌，判斷此對星的狀態尤其重要。

木星是一大吉星，象徵財富、貿易和發展，代表市場上的進取心，本身帶有賭博及偏財意味，是投資和博奕的推動者，可見此星很乎合証券市場的特質。

木星天性樂觀積極，富擴張和投機性，可說它本身就是一位冒險家及升市主義者，因此如木星狀態良好便十分有利牛市的進程。故此，假如在「國運圖」的物質宮垣，或「四季圖」的「上升點」及「天頂」見到木星，示意經濟向好，景氣擴長，有社會繁榮的意思。

在對星方面，木星與水星及天王星合相代表利好消息，與金星合相代表投資氣氛良好，與火星合相代表交投大增，與海王星合相示意市場泡沫化，與冥王星合相代表潛在的投資機會，木星有利併購和市場開放，與其它行星產生吉利相位則有助股價的迅速提升。

說個例子，2018 年 6 月與 9 月的木星在天蠍座與冥王星「六合」，此時正值「摩根士丹利國際資本指數」（MSCI）增大投資 A 股額度比例的月份，但市場預期入摩初期對 A 股作用不大，加上此時貿易戰正如火如荼，市場氣氛非常不滯，再加上人民幣加快貶值，對於 A 股而言沒有多大的刺激，此都是和木星在天蠍的危機感有關。但額度的

增加，長遠而言對中國股市有很大的促進作用，據說可直接對外吸納多 40000 億美元的外部投資。

占星家發現流年木星進入的星座便大有利相關行業及板塊發展，這方面比太陽過宮的一個月更乎合實際情況，事關各行業均有其市場潮流及產業週期，絕不可能只炒一個月就停下來。

筆者在此說多一個要點，此是八字上的絕技，凡五行「金水」的日子，上升的都是金融股及恆生指數成份股，間接而言港股以升市為大多數，「火土」五行的日子普遍上升的是資源及公用股，當中尤期以石油及資源類為主，此時以熊市的機會率普遍偏高，以上分析關係到中國、美國及香港的出生八字，詳情可參考個人的第一本著作《四柱八字》。

在趨勢方面，木星落入火象元素星座傾向先高後低，以大上大落作為主要趨勢；在土象元素星座則以小步慢跑，亦步亦趨的走向為多數。可是，火象和水象都是要小心的元素，事關水象有「上帝要你滅亡，必先令你瘋狂」的急升意象，此時個個都貪得無厭，市場上不斷出現升市神話，少年股神相繼出現，當中特別是雙魚座最具泡沫，風象星座則最為蕭條，屆時投資者相當理性審慎，散戶完全沒有入市意欲。

以下是木星進入相關星座可能出現的市況參考：

【白羊座】：代表新潮流、新趨勢、快速冒起的新勢力，在經濟上反映投資過熱，一窩蜂的爭相炒作，星象的波動感強，競爭激烈，具有牛市一期的特色。

【金牛座】：強調金錢至上和拜金主義，此時世人只崇拜財富而非對社會有貢獻的人，星象的物欲意味相當濃厚，經濟上反映保守務實的投資取向，有利農業和銀行業，基於金牛星性含而不露，暗示持續而緩慢的擴張及升勢。

【雙子座】：象徵消息和波動市，木星在此沒有主題和趨勢，星性不穩，或任由消息擺佈，但市場流動性普遍充裕，應市策略只宜炒股不炒市，以靈活彈性及輪流炒作為主。

【巨蟹座】：木星在此為旺垣，代表經濟氣氛良好，有可能是週期的高峰，不排除上半段時間大市見頂，下半年借勢調整回落。

【獅子座】：木星以獅子的投機賭博氣氛最為熾熱，是作為景氣的最高峰階段，由於本年的人心態更加樂觀，因而要提防過度投機和樂極生悲，轉角市有可能在木星經過星座的中段時間發生。

【處女座】：此是熊市星座，所有行星途經處女，輕則調整，嚴重則大跌，當中以牛皮緩跌的可能性最高。不過，星座的前半段時間有可能見到谷底，大市經調整後便會走出陰霾，或可視之為大牛市的整固期。

【天秤座】：木星進入天秤是一個較好年份，星象強調加大開放和合作，有利商業洽談及磋商，本年的收購合併增加。假如在前星座時期已作長期整固，則有利延續去年升勢，但天秤的步伐較為緩慢，只代表經濟輕微增長。

【天蠍座】：此是陰謀市及震驚期，基於天蠍的守護星冥王為食人大鱷，本年易因人為操縱而左右大市，木星天蠍代表巨大利潤，可想而知，此年的波動性必定非比尋常，星座的前部份為高速下跌期，後半部為高速反彈期。

【人馬座】：木星落於自己的守護垣代表社會樂觀，經濟發展強勁，本年有利國際合作，對外加大開放。此時投機熱錢大量湧入，經濟成長動力增加。

【摩羯座】：在此之後的三個星座為冬季星座，摩羯性傾壓抑和

監管，因而不利泡沫形成，可能由於熱錢流入，經濟過度膨脹，產能過剩，導致通貨膨脹，政府便要適時施壓降溫，如利用息口政策。星象示意投資者們重回理性，炒賣活動減少，有景氣收縮的跡象。

【水瓶座】：此是熊市星座之二，不論什麼行星的進入都有經濟蕭條之意，本年有可能是週期的最低點。木星與天王星的結合強調產業改革，新科技及新創意的開展，它是黎明前的黑暗，蕭條反而是入市良機。

【雙魚座】：此是景氣復甦的星座，基於雙魚對前景充滿信心，示意經濟開始慢慢走出谷底，成長已見動力，此時大市甚有機會出現築底後上升的情況。

土星

土星在占星學上被喻為凶星的主要原因，無非和行星本身代表悲觀、內斂、深沉、限制和抑壓有關，因此在金融占星上，土星便象徵經濟及行業衰退、萎縮、景氣不振，是股市的下跌期。

再者，土星本身是一位保守主義者，與木星的擴張是個反面，行星講求基本因素，要求價低者得，追求低市盈率（PE），加上行星本身有實體經濟及政策主導的意思，沒有「波動」和「泡沫」是土星的終極理想。

無可否認，土星的而且確與跌市，或去槓桿及去泡沫化的進程有關，加上土星性質慢長而沉悶，在此便有牛皮及熊市的意味。當中尤其需要關注土星入境「啟始」和「風象」星座，此時容易出現世界性經濟蕭條，或出現政治及地緣形勢不穩的情況。

重要強調，土星與木星「會合」被視為未來二十年的景氣變遷，行星之間的相位代表「元運」的不同階段，有示意一至兩年的整體性擴張或萎縮作用。

在對星組合方面，土星與水星的相合代表實際資訊，當中以負面消息居多；與天王合相合代表突發性的極端壞消息；與金星合相示意投資氣氛不如理想，投資者入市意欲不強，散戶傾向以儲蓄為主；與火星合相代表沽空量大增，亦是疫病的重點星象；與海王星合相代表市場去泡沫化，此時人們對市場沒有多餘幻想；與冥王星合相反映市場充滿危機，盈利的機會買少見少。譬如說，2018~2020年土星與冥王星在摩羯相合示意投資困難重重，危機處處，只有土星在2022年越過冥王，加上木星與土冥相合，才有利之後大圍環境的良性發展。

土星過宮為期2.5年，可視之為熊市及蕭條的最長年分，不過，土星運限不一定全時間下跌，行星的中性寓意為發展實業，並是商業信譽、傳統產業及穩健經濟的象徵，此是國家及地區實力的最基本反映，因此如在「國運盤」及「四季圖」上發現土星快將離開，即示意基本因素得以改善，如果見此時股價仍處於長期築底的話，反而可以大手吸納。

以下是土星進入相關星座可能出現的市況參考：

【白羊座】：只宜實業，尤其是工業及建築業，不利銀行及虛擬經濟，此時社會經濟發展平平無奇，疫病及衛生問題相當嚴重，亦有短期軍事對抗的可能。

【金牛座】：只宜儲蓄，有利把資金定存，不宜風險炒作。此時人民傾向死慳死抵，不敢用錢，間接表示經濟萎縮，景氣蕭條，金融體系易生問題。

【雙子座】：社會多有紛爭不和，謠言及不利消息滿天飛，當中尤其以通訊、交通、運輸和傳媒等行業最為重災，星象直接表示投資者非常現實，市場交易量大減，經濟發展停滯不前。

【巨蟹座】：糧食及民生問題成為關注焦點，此時可能物資短缺、

樓價過高、交通不便，人民不能安居樂業，不滿政府的情況頗為嚴重。

【獅子座】：不利貴金屬及奢侈品買賣交易，投機賭博亦不適宜。此外，內幕及不名譽事件背出，政府公信力及機構的商譽大減。

【處女座】：經濟不景在此最是表露無遺，景氣蕭條不單發生在工業及製造業上，並宏觀地指出所有關於勞工福利及就業問題嚴峻，可想這時的經濟非常不滯，失業率高企。

【天秤座】：土星在此較為中性，代表經濟壓力緩減，市民有閒錢消費，另星象有利收購合併，對外貿易增加，國際合作得宜。

【天蠍座】：代表危機處處，但危中有機，星象強調產業更新，汰弱留強，經營不善的企業需要倒閉，要加快技術升級和企業合併，汰舊那些落後過時不盈利的產品。有利的是，此時正是經濟復甦的開始。

【人馬座】：國際貿易問題日益嚴峻，貿易保護主義抬頭，合作者出現心病，國際間矛盾湧現。

【摩羯座】：國家政策的強烈干涉，甚有中期修正行業及經濟發展的意義，此時不論景氣良劣，都有限制擴張及前進的意味。

【水瓶座】：示意經濟及產業經過改革，換來溫和成長，當中尤其以創新及高科技產業的表現最為亮麗。

【雙魚座】：經濟有非常實在的穩步成長，當中沒有空想，沒有泡沫，市場沒有投機炒作的氣氛。

$

金融占星

股市比賭場更為可怕之處就是會給人慢性上癮，事關它不會給你即時答案，要你耐心地等待結果。這個時候，人就會不知不覺去留意資訊，常看股價便是其中的一種心癮。不難發現，當一個人經常留意股價，情緒就很容易被牽動起來，從而變得不理性，影響正確決定，而且股價的波動愈大，就愈容易令人心急而希望盡快作出買賣決定。然而真正賺大錢的人，根本不常看股價，也不會短炒，所以高手往往都是無招勝有招，無為勝有為，以不變應萬變。

木土元運

占星學很多時都會以行星的「會合」作為週期的起點，正如月亮和太陽會合作為「新月」的情況一樣，木星與土星作為古時已知的最外圍行星，認為是宇宙中最後的兩顆，古人便取之「會合」作為世運最巨大的終極週期，占星稱之為「木土週期」Jupiter-Saturn Cycles 或「大會合」Great Conjunction，玄空風水則稱為「三元九運」。

4	9	2
3	5	7
8	1	6

行星的會合必然形成某個新「局」，強調某新趨勢、大環境，象徵新時代的來臨。從木星與土星產生合相開始，總循環需時 19.859 年，也就是將近二十年的大變遷，因此「木土合」在個人占算方面比較少用，反之在國運占卜及風水地學上的研究卻極為重視，它常與國家及地區運勢扯上關係，其現象更多與歷史上的重要事件相連，被認為是改朝換代的關鍵，換言之，「木土合」代表未來二十年世界政經時局的發展，是時代重要變遷的象徵。

「木土週期」確是研究地區經濟的最重要指標，一方面因木星有擴張性，代表宏圖大計，有前路和方向意思，週期的「進步」意味強烈。

另一方面，土星的踏實建設，代表責任及踏實運作模式，行星會小心奕奕面對在發展路上遇到的困難和阻力，盡力克服前進障礙，從而成就出「元運」的主題和目標。

風水學上，講求「天運」與「地運」的配合才會產生吉凶禍應，才能斷定國家及地域之興衰，它們採用的系統稱為「三元九運」。玄空學所謂的「元運」正正就是「木土會合」的衍生品，上文已述「運」是二十年，那麼，三個「運」為六十年，又是一「元」，這就是「六十甲子」的由來。六十年剛好是木星和土星公轉的最小公倍數，在地學及推測國運而言，六十年是一個中週期。「三元」又分為「上元、中元、下元」，當中以一二三運為「上元」，四五六運為「中元」，七八九運為「下元」，三個「元運」為一「周」共一百八十年，三周為一「大元運」共五百四十年。

上元	一運	2044~2063	甲子旬/甲戌旬
	二運	2064~2084	甲午旬/甲申旬
	三運	2084~2103	甲寅旬/甲辰旬
中元	四運	1924~1943	甲子旬/甲戌旬
	五運	1943~1963	甲午旬/甲申旬
	六運	1963~1983	甲寅旬/甲辰旬
下元	七運	1983~2003	甲子旬/甲戌旬
	八運	2004~2023	甲午旬/甲申旬
	九運	2024~2043	甲寅旬/甲辰旬

「土木交會」時間有長有短，在各個星座都不同，平均須時 19 年 7 個月，並非 20 年，礙於古代的測量算法落後，才以整數二十年作為一運，這就是「三元九運」的曆法基礎。可是，經過慢長時間，這個誤差變得相當巨大，例如 2004~2023 年為下元八運，2024~2043 年為下元九運，但真正的「木土合」時間為2000 年 5 月 29 日，九運時間在2020 年 12 月 22 日，真實時間比元運曆早了 3 年。

唔講你唔知，坊間不論占星或風水書均不會提及，原來「元」的定義卻來自星座，「三元」的編定來自「四元素」。簡單而言，「三元」即「木土」在同元素星座的會合，每一運的會合都必然在同元素（火土風水）的啟始宮、固定宮和變動宮輪流發生。以 2020「九運」為例，木土在風象水瓶 0°（固定宮）會合，2040「一運」在風象天秤17°（啟始宮）會合，2060「二運」在風象雙子 0°（變動宮）會合，2080「三運」在風象水瓶 11°（固定宮）會合，此乃「上元」。

　　理論上，這個週期只要循環九次，便會在別元素的星座繼續發生，可是經歷千多年的誤差，元運曆法和現今星象已有出入，譬如說，如今玄空學的「八運」是以 2004~2023 作為交界，可此時「木土」的真實會合時間為 2001 年，在這個時候，世界發生了一件大事，因而改變了當今世界的大格局，這就是美國 911 事件。不過，古代占星家早已知道元運和曆法間的誤差，故此訂立了一套「前三後三」之說，也就是進入

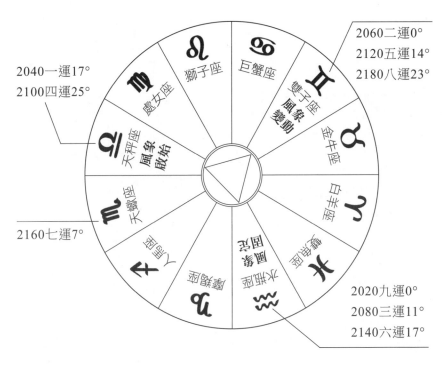

2040一運17°
2100四運25°

2060二運0°
2120五運14°
2180八運23°

2160七運7°

2020九運0°
2080三運11°
2140六運17°

元運的前後三年氣數已漸現，藉此作為誤差修正及兼容的解決方法。

進一步解說，這個 19 年 7 個月的不整數差在占星學上可謂大有緣機，它是未來「元運元素」的預告方式，從圖表發現 1802「七運」本屬火象元素的大元運，卻變成了土象的處女，另 1980「七運」本屬土象元素的大元運倒變成了風象的天秤座，同樣地，2159「七運」本屬風象元素的大元運不約而同地躍進了下個大元運的元素星座，換句話說，「七運」是下一個大元運的序幕，是讓人率先體驗下一元素時代的概念。

從元素屬性作宏觀分析，火象代表冒險、擴張及殖民主義的世代；土象為實際、經濟及資本主義的世代；風象是個創新、科技及自由至上的世代；水象象徵仁慈、博愛，是個無分彼此，追求世界大同的理想世代。

我們可以從史料嘗試去探索下個世代可能出現的主流。

年份	星座	元素	元運
1762	獅子	火	五
1782	人馬	火	六
1802	處女	土	七
1821	白羊	火	八
1842	摩羯	土	九
1861	處女	土	一
1881	金牛	土	二
1901	摩羯	土	三
1921	處女	土	四
1940	金牛	土	五
1960	摩羯	土	六
1980	天秤	風	七
2000	金牛	土	八
2020	水瓶	風	九
2040	天秤	風	一
2060	雙子	風	二
2080	水瓶	風	三
2100	天秤	風	四
2119	雙子	風	五
2139	水瓶	風	六
2159	天蠍	水	七
2179	雙子	風	八

【處女四運（土象）】

1921年：　　　華盛頓會議的召開。

1922年：　　　墨索里尼掌權，意大利法

金融占星

西斯黨執政伊始。蘇聯成立。

1923年：	比利時、法國出兵佔領德國魯爾區，日本關東大地震。
1925年：	孫中山逝世，羅加諾公約簽定。
1929年~1933年：	世界經濟大衰退。
1931年：	日軍侵華戰爭開始。
1933年：	希特勒成為德國元首，第三帝國成立。
1934年：	中國工農紅軍長征。
1936年：	西安事變；柏林羅馬軸心成立。
1936年~1939年：	西班牙內戰。
1937年：	中國對日抗戰開始，柏林羅馬東京軸心成立；西班牙發生內戰。
1938年：	德奧合併；德國佔領蘇台德區。
1939年：	德國吞併捷克斯洛伐克；德國入侵波蘭，第二次世界大戰爆發。
1940年：	不列顛空戰爆發；日本成立「大東亞共榮圈」。

總結：此時是個民不聊生，全世界人都為生存而拼命奮鬥的世代。元運的前十年較好，後十年非常之差。

【金牛五運（土象）】

1941年：	日本偷襲珍珠港，爆發太平洋戰爭。
1942年：	史達林格勒之役、中途島之役。
1943年：	中、美、英發表開羅宣言；義大利墨索里尼宣布投降。
1945年：	墨索里尼逃亡時被捕處死；希特勒自殺，德國投降；美國對日投下原子彈，日本宣佈無條件投降，同盟國獲得第二次世界大戰最終勝利。
1946年：	敘利亞脫離法國獨立；菲律賓脫離美國獨立；
1946年~1949年：	中國內戰。
1947年：	台灣發生二二八事件；第一次印巴戰爭。

1948年：	以色列獨立；東西德確立；馬歇爾計劃實施；歐洲經濟合作組織成立。
1949年：	第一次中東戰爭結束；國民政府退守台灣；中華人民共和國正式成立。
1950年~1953年：	韓戰爆發。
1953年：	南北韓簽署板門店停火協議。
1954年：	法越奠邊府戰役。
1956年：	第二次以阿戰爭。
1957年：	歐洲經濟共同體成立。
1958年~1960年：	大躍進運動
1959年~1961年：	中國三年饑荒。
1960年：	越戰爆發。

總結：這是個重新建設的世代，人們為了新家園和美好生活而努力。元運前十年非常之差，後十年相對較好。

【摩羯六運（土象）】

1961年：	古巴革命。
1962年：	古巴導彈危機。
1963年：	馬來西亞聯邦正式成立。
1965年：	新加坡脫離馬來西亞聯邦獨立；第二次印巴戰爭。
1966年~1976年：	文化大革命。
1967年：	第三次中東戰爭。
1968年：	布拉格之春。
1969年：	中蘇珍寶島事件。
1971年：	第三次印巴戰爭。
1972年：	尼克遜訪華；同年尼克遜訪問莫斯科。
1973年：	第四次中東戰爭，引發了全球「第一次石油危機」
1974年：	國際能源機構設立。

1976年：	周恩來病逝；唐山大地震。毛澤東病逝，四人幫垮台。
1977年：	電影星際大戰正式上映。
1978年：	中國開始改革開放。
1979年：	中越戰爭；伊朗革命；蘇聯入侵阿富汗，美蘇關係再度惡化。
1980年：	兩伊戰爭。

總結：這是個政治及霸權主義味道濃厚的世代，世界及區域性大國同場較技。元運前十年以政治角力為主，後十年以經濟發展為題。

【天秤七運（風象）】

1981年：	IBM 推出首部個人電腦。
1982年：	英阿福克蘭群島戰役。
1983年：	中、日、英、美的石油公司在中國南海合作勘探開發石油。
1986年：	美國太空梭挑戰者號於升空後 73 秒爆炸解體墜毀；車諾比核電廠爆炸。
1989年：	六四天安門事件；立陶宛脫離蘇聯獨立。
1990年：	兩德統一；拉脫維亞與愛沙尼亞脫離蘇聯。
1991年：	波斯灣戰爭；蘇聯解體；World Wide Web 面世；Linux 面世。
1992年：	歐洲共同體成立。
1992年~1995年：	波斯尼亞戰爭。
1995年：	WTO 正式成立。
1996年：	首隻複製羊多利誕生。
1997年：	鄧小平逝世，英國將香港主權交回中國；金融風暴。
1999年：	澳門回歸；美國交還巴拿馬運河區主權；科索沃戰爭。
2000年：	電腦千年蟲危機，科網股爆破。

總結：元運以劃時代科技元素和新經濟互利合作成為亮點，另見舊有傳統大國霸權日漸息微，國與國之間由明爭變為暗鬥，影響力由硬實力（軍事）變為軟實力（經濟及文化）。元運前十年以發展基礎科技為先，後十年以發展金融經濟為主。

【金牛八運（土象）】

2001年：　　　美國九一一事件。

2002年：　　　歐元成為歐盟法定貨幣。

2003年：　　　第二次波斯灣戰爭；爆發 SARS 瘟疫。

2005年：　　　倫敦爆炸事件。

2006年：　　　伊拉克前總統薩達姆·侯賽因於巴格達被處絞刑。

2007年：　　　曼谷發生爆炸案。

2008年：　　　四川大地震；美國次級貸款引發金融危機。

2009年：　　　加沙戰爭結束；第二次車臣戰爭結束。

2010年：　　　莫斯科地鐵連環爆炸事件；海地七級地震；巴基斯坦洪災。

2011年：　　　佔領運動；阿拉伯之春爆發。

2012年：　　　日本九級大地震，福島核電危機。

2013年：　　　習近平正式就任中國國家主席；波士頓馬拉松爆炸案；超強颱風海燕重創菲律賓。

2014年：　　　馬航 MH370 失蹤世紀之謎；韓國「歲月號」沉沒；「伊斯蘭國」成立。

2015年：　　　巴黎連環恐怖襲擊；伊斯蘭國恐怖主義；尼泊爾地震。

2016年：　　　英國公投決定脫歐；歐美等地恐怖襲擊接二連三；全球地震頻發，強震包括台灣、日本、義大利、新西蘭、巴基斯坦、印尼（和超級月亮有關，稍後還有話題）；歐洲難民問題。

2017年：　　　政治狂人上台；美國三次災難性颱風；加州嚴重火災；南亞洪水和非洲山洪；葡萄牙和加拿

　　　　　　　　　　　大山火。

2018年：　　　　　　美國貿易戰。

　　總結：這是個不幸的世代，所有國際大事都圍繞著災難和恐怖襲擊（天災人禍），此時人們只關心財富，以物質作為個人的主要價值觀，元運終結之時會令人反思過度資本主義所帶來的惡果。元運前十年因無節制的過度擴張而導致嚴重金融危機，後十年以經濟復甦為大前題。

【水瓶九運（風象）】

　　關於九運時局的大勢預測，大可參考「天秤七運」的相關情況，但以水瓶座特性：科技、創新、個性化、新文化、新潮流和新意念肯定是未來主流。之前「天秤七運」告訴大家，新興大國的崛起，傳統霸權的失落，舊有體制將不再是優勢，與此同時，獨立主意抬頭，傳統觀念被受顛覆，更多的政體及民族有分裂獨立可能。

　　再以玄空學論之，基於「金牛八運」退氣關係，這個運道以物質財富為基礎，強調經濟發展，人們只在乎物質上的滿足，甚至是拜金主義和貪得無厭的心性。在「水瓶九運」，人們更傾向追求獨立自主，對財富不過份執著，再不會死慳死抵，高樓價不是元運的焦點。與此同時，土星和冥王星在相約時間的入境水瓶也強調財富重新分配，之前當令的土象著重實體，如今風象則著重腦力，此是智慧型經濟模式、虛疑社會及新技術突破的世代。個人估計「水瓶九運」的前十年將會是數位化的智慧時代，時代的核心動力在於高速網絡（5G）、大數據（Big Data）、雲計算（Cloud Computing）以及人工智能（AI）等先進領域。

　　最後，對於經濟學及金融市場稍為熟悉的人都知道，股市升跌與實體經濟之間並不是絕對的同步關係，所以單純觀察「木土元運」只能瞭解全球性的未來主題，即是說只能作出一種普遍性的籠統推斷，當然有些地區底子好，景氣向上，動力明顯，有些地區基礎落後，效果不佳，因此必須配合基本分析。在稍後章節，筆者便會以中國、美國和香港等

成立時間起出星圖，這個有地域性考慮的星圖理應比「元運」更為重點和富針對性。

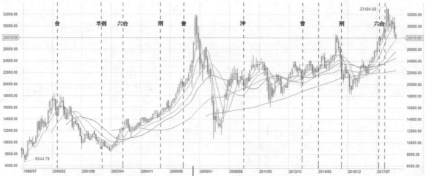

▼ 三元九運是一個與利率相關的週期，根據西方研究發現，美國息口週期為60年「一元」，從200年歷史圖表可見，1798-1861屬於「下元」，1861-1920年屬於「上元」，1920-1981屬於「中元」，最近階段就是由1981年到大約2041年的「下元」時間。

▲ 木土元運以刑沖會合為重要的時間點，假如大家手上沒有占星軟件，可以簡單地以元運開始的首五年作為一個象限，以四個象限為一元運。上圖清楚顯示，金牛八運恆指圖以第一象限築底反彈，第二象限發生巨大波動，第三及第四象限繼續升勢。當中以合相代表景氣刺激，刑沖為強力調控，木土世運就是這樣以擴張和限制來表現它們的趨勢。

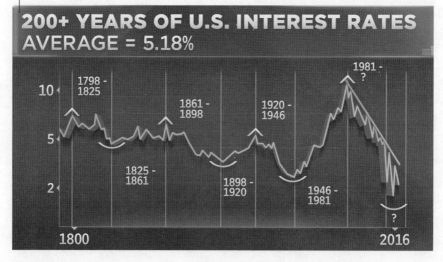

補充閱讀：三元九運之正解

先說「甲子曆」的由來，相傳大撓作「甲子」，他在一個寒冷的晚上，發現七星同在摩羯座（冬至），根據古書描述為「日月合璧五星聯珠」和「七曜齊元」，即是當日蝕或月蝕出現時，太陽和月球在天空上重疊，與此同時，水星、金星、火星、木星和土星五星連成一線的罕有奇景，因而傳說中便以此時定為中華文明的第一個甲子年、甲子月、甲子日和甲子時，正是「三元」的第一個「上元」甲子。「元年」的關鍵乃木星與土星相合，事關短期行星的會合經常發生，據統計，以五星的角度少於 30°（一個星座）來算，人類歷史以來合共發生過 39 次，當中間距相隔三十年至上百年不等，平均七十七年出現一次（*有關年份將在稍後的《五星連珠》付有記錄*）。

筆者嘗試利用天文工具計算，找出了公元前 1953 年 1 月份，（十二月廿一冬至）發生了一次七星連珠事件，當年是夏朝。再對上一次七星連珠便是公元前 3519 年的 12 月，此時更有可能是接近軒轅黃帝之年代。根據蔡伯勵真步堂之《七政經緯曆書》所述，首個「甲子」起於公元前 2697 年，為黃帝時代的起始，可是公元前 2697 年，木星和土星皆不在白羊座和水瓶座，因此解釋難以接納，詳情可參考個人著作《八字編》的「太乙神數」部分。

「元年」的起點就此確定，但問題是，「木土週期」的 19.859 年以四捨五入的方式一律定之為「二十年」，無可否認，以這方法運作 140 年是沒有問題。可是，餘下的 0.141 年該如何處理？須知道，只要「木土循環」七至八次便會縮短了「一年」時間！所以呢，由「甲」年開始，七個木土循環之後，元運的發生年份就落在「癸」年，再八次之後就到「壬」年，換言之，「元運」的天干起首便有大約 1400 年的循環週期，正因為此，上文講述的「七運」永遠都落在未來大元運的元素星座之內。

以下是土木之合的相關年份：782（八運），1842（九運），1861（一運），1881（二運），1901（三運），1921（四運），1940

（五運），1960（六運），1980（七運），2000（八運），2020（九運），2040（一運），2060（二運），2080（三運），2100（四運），2119（五運），2319（六運）。

從上時間可見，年份由 1842 年的尾數「二」開始，1961 年的為尾數「一」，1940 年為尾數「零」，稍後 2119 年的尾數「九」，然而，這個年份逆佈是否似曾相識？無錯，玄空學的流年九星飛佈就是以這個方式排列！同樣道理，假如「木土週期」為盈餘（例如是 20.1 年），九星才有順排的理由。為什麼坊間大多數的玄空古籍都強調「上、中、下元」的起始都以「甲旬」為首，這確實和當時的星象為「四」有關，從右星圖可見，由 1444 年 6 月到 1604 年 1 月（明初到清初），「土木合」的而且在四字年份發生，所以在古時來說是無錯的。

至於為什麼近代無人提出？相信有熟讀中國天文史的人都知道，明代禁習天文，到清代天文由西方主導，這些傳教士天文官連「廿八宿」都想廢棄不用，又點會有心幫你修正「元運」的起點？

由此可見，什麼是「元運」？為什麼是「三元」？為什麼是「九運」？為什麼流年飛星的設定為「逆飛」？都可以由占星得到完滿解釋。

君有否發現，2018 年去世的名人特別多，例如饒宗頤、蔡伯勵、高錕、金庸、鄒文懷、藍潔英、郭炳湘、許世勳和老布殊等等。同一年間，破記錄的超強台風山竹清洗香港，個人覺得這些天災人禍和新世運的到臨可有共鳴，是景氣分水嶺。不過，所謂：「長江後浪推前浪，一代新人勝舊人。」在命理而言，入好運之前必然大衰，入衰運之前必然大好，沒有破壞，何來建設？沒有人退出，何來空間讓新人發揮？如今，我家樓下公園的大樹已被斬下，將會植上新樹苗，待十年過後，必然另有一番新氣象。

金融占星

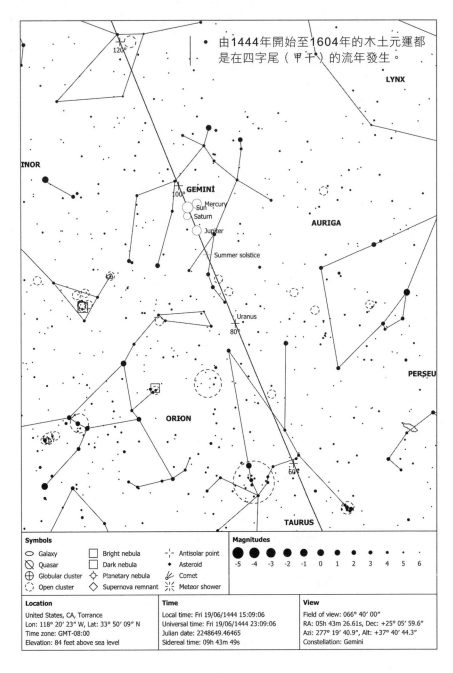

由1444年開始至1604年的木土元運都是在四字尾（甲子）的流年發生。

Symbols

◯ Galaxy	▢ Bright nebula	-¦- Antisolar point
◖ Quasar	▢ Dark nebula	◆ Asteroid
⊕ Globular cluster	◇ Planetary nebula	⚡ Comet
⦙ Open cluster	◇ Supernova remnant	☀ Meteor shower

Magnitudes

-5 -4 -3 -2 -1 0 1 2 3 4 5 6

Location
United States, CA, Torrance
Lon: 118° 20′ 23″ W, Lat: 33° 50′ 09″ N
Time zone: GMT-08:00
Elevation: 84 feet above sea level

Time
Local time: Fri 19/06/1444 15:09:06
Universal time: Fri 19/06/1444 23:09:06
Julian date: 2248649.46465
Sidereal time: 09h 43m 49s

View
Field of view: 066° 40′ 00″
RA: 05h 43m 26.61s, Dec: +25° 05′ 59.6″
Azi: 277° 19′ 40.9″, Alt: +37° 40′ 44.3″
Constellation: Gemini

第六章 · 五大天運系統

總統	大選年	元運
第9屆　哈里森	1840	1842年01月26日（摩羯）
第16屆　林肯	1860	1861年10月22日（處女）
第20屆　加菲爾德	1880	1881年04月19日（金牛）
第25屆　麥金萊	1900	1901年11月29日（摩羯）
第29屆　哈定	1920	1921年09月10日（處女）
第32屆　羅斯福	1940	1940年08月08日（金牛）
第35屆　甘迺迪	1960	1961年02月19日（摩羯）
第40屆　雷根	1980	1981年01月01日（天秤）

- 關於元運學說，美國有一項統計，據聞美國總統只要是在尾數0的年份當選，就會在任期中死亡，由於美國每4年選舉一次總統，即是每5屆就有一屆在0尾的年份出現。從1840開始的統計結果可見，差不多95%在0尾當選的總統都死於任內，只有1980第40屆的雷根總統可以平安地完成兩屆任期。

北交點

「北交點」中國人稱為「羅睺」，此是「五大天運系統」的新力軍，「羅睺」並非行星，古人認為它難登大雅之堂，一直被人忽視，所以關於國運上的推算便少有「北交點」之考慮。

所謂「月交點」是黃道（太陽）和白道（月亮）軌道上的交叉點，是構成日月蝕的最關鍵成因（詳情可回顧《基礎編》）。可能大家有所不知，如果連「半影食」都計算在內，日月蝕每年平均可以出現六至八次，最少每年也有四次蝕，包括日月蝕各二次。可想這樣頻繁發生「蝕」的位置，在全球景氣預測上必然有一定的重要性，現正好回顧前文，之所以筆者只考慮「全蝕」便是基於「偏蝕」的過份普遍之故。

前文曾說日蝕影響政策，月蝕影響經濟，換言之，這個交點位於的星座便特顯了世運需要放棄的舊事（南交點），正如元運學上所謂的「退氣」，邁向的另一個全新方向（北交點）就有如元運學上所謂的「生氣」或「進氣」，故「北交點」便有未來趨勢及主題的意思。

「北交點」的運行週期為 18.6 年（6793 天），平均過境星座時間約 1.5 年（約 18 個月），它的「整循環週期」與木土元運週期的 19.8 年「動態循環週期」相約，可見兩者可謂是天作之合，假如「木土元運」是二十年大勢的整體主題，如「水瓶九運」的科技創新趨勢，則「北交點」就是此 18~19 年的景氣指標，或者說，「元運」是立體化，以「木土相位」作為階段性標示；「交點」便是平面化，以「羅睺」過境星座作為景氣表示。

事實上，「月交點」是金融占星界的明日之星，很多西方占星師都以此作為重點的研究對象，相關統計資料十分詳盡豐富，然其結論也非常統一，所以極具參加價值。補充一說，基於房地產都是以 14~18 作為循環，因此很多美國占星家都以「月交點」作為樓市升跌的預測工具，適逢 08 年金融海嘯後全球央行力推 QE 之故，才導致今次樓市升勢特別慢長，關於樓市週期將於海王星編章再述。以下是北交點過宮的可能情況：

【白羊座】：高峰階段，小心高處不勝寒，稍後或迎來急跌。

【金牛座】：谷底反彈期，是景氣較為明朗的日子。

【雙子座】：谷底及整固期，但股價在此時的反應比較敏感，市場波動及流動性明顯增加。

【巨蟹座】：高位回落期，市場多有恐慌及不利消息，令投資者卻步。

【獅子座】：上漲力驚人，有出現大頂的機會，但要小心見頂急回，2018 年就是一個典型例子。

【處女座】：屬於熊市及調整期，任何行星於此都不利大市，北交點也不無例外。

【天秤座】：為牛一的起始，有利大市緩緩身向上。

【天蠍座】：見底後的復甦期。

【人馬座】：見底後的復甦期，升幅比天蠍厲害。

【摩羯座】：景氣蕭條，市況沉悶，視為去泡沫化進程。

【水瓶座】：景氣蕭條，市場處於最谷底。

【雙魚座】：此為股災星座，很多最低點都出現於此，但有利價值投資，宜趁低吸納。

　　以下是香港近四十年的災股記錄，從中發現，除了是 1994 年 1 月羅睺在人馬座，大市沒有見底回升跡象之外，其除「羅睺星座」與當時大市的情況描述可謂相當吻合。從中有數個現象值得強調：
（一）冬季星座以熊市居多，但唯獨沒有水瓶座，
（二）火象星座的跌勢最為急速，
（三）羅睺在星座中後段位置才會發生股災，
（四）羅睺在摩羯和雙魚的跌幅最為驚人，
（五）指數跌一半以上的星座排名為摩羯、雙魚、獅子、處女和白羊，
（六）除了 2000 年科網泡沫之外，跌市多數在一年半內完成築底。由上推算，2018 年中美貿易戰所引發的股災在筆者編書時尚未完成。

股災日	恆指高位	高位PE	見底	恆指低位	低位PE	跌幅	起因	羅睺星座	乎合描述
1973年3月	1,774	NA	1974年12月	150	NA	92%	石油危機	摩羯中段	是
1981年7月	1,810	21.5	1982年12月	676	6.2	62%	中英僵局	獅子尾段	是
1983年7月	1,102	9.4	1983年9月	690	6.8	37%	主權問題	摩羯尾段	是
1984年4月	1,170	10.6	1984年7月	746	7.6	36%	信心危機	雙子尾段	是
1987年10月	3,944	21.8	1987年12月	1,894	9.9	52%	全球股災	白羊尾段	是
1989年5月	3,309	13.6	1989年6月	2,093	8.2	36%	民運六四	雙魚尾段	是
1994年1月	12,201	23.9	1995年1月	6,967	10.9	42%	美國加息	人馬尾段	否
1997年8月	16,673	19.7	1998年9月	6,668	7.3	60%	金融風爆	處女頭段	是
2000年3月	18,301	28	2003年4月	8,409	12.7	54%	科網泡沫	獅子尾段	是
2007年10月	31,958	24.3	2008年10月	10,676	6.5	67%	金融海潚	雙魚尾段	是
2015年6月	28,588	12.12	2015年9月	20,368	9.7	28.7	新興市場	天秤尾段	是
2018年1月	33,484	17.75	2018年8月	27,578	10.67	17.6	中美貿易戰	獅子尾段	是

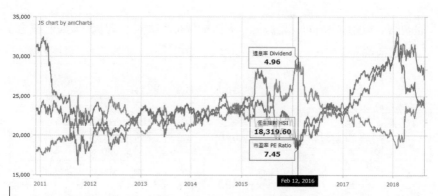

▲ 每一次股災，恆指的市盈率往往 │ ▼ 羅睺的運行方式與行星不同，它是以
都低於 10 以下，中位數為 8。 │ 順時針方向行走，圖乃羅睺入獅子，
　　　　　　　　　　　　　　　│ 然本書出版之際，羅睺將進入巨蟹。

金融占星

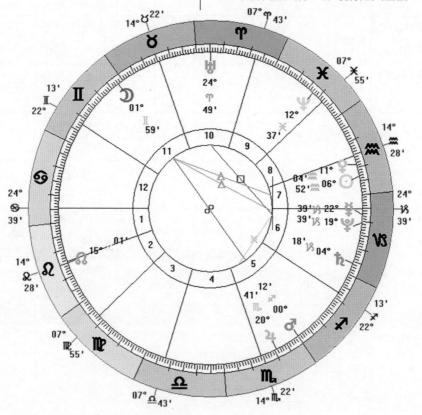

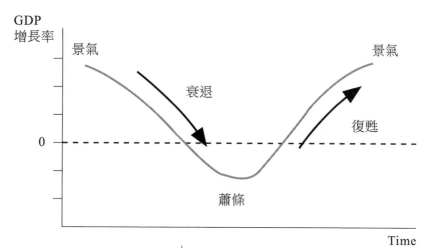

- 經濟週期可分為四個階段,分別是繁榮、衰退、蕭條和復甦,永遠經濟迎來復甦、繁榮,之後就是衰退和蕭條,這方面與命運及大自然的變遷一樣,是宇宙的鐵定規律。

沙羅週期

「沙羅週期」(Saros)屬於日月蝕及月交點的輔助內容,但未開始之前,宜先為大家簡單介紹占星學及玄學術數上的三顆最重要行星,三星分別是太陽、月亮和木星。大家如熟悉八字,便會發現所謂「年柱」就是指木星的位置,「月柱」和「日柱」分別代表太陽星座、月亮星座,「月相」則表示太陽和地球(日元)之間的角度關係,「時柱」則是命主的出生時間,是地球的自轉方式。

從上所見,單是太陽和月亮所提供的資訊就已非常豐富,所以日月兩星是所有術數中的關鍵之最。正因為此,日月蝕在占星上的話題眾多,分別有前文已說「日蝕」、「月蝕」和「北交點」,本文的「沙羅週期」也是相關內容的進階接續。

筆者學習玄學之初,以為世界那麼大,世事無奇不有,有無限的可

能性，可是到現時為止，卻發現就算宇宙如何萬千變化都有其系統規律和運作模式，同樣地，原來日月蝕的「時間」和「地點」也有它們的固定排法，這個規律名為「沙羅週期」。

「沙羅週期」為期約 6585 日（18年），此時太陽、地球和月球便會回歸到相同的「月交點」位置上，繼而發生幾乎相類似的「蝕」。不過，「沙羅週期」的 18.03 年與月交點的 18.6 年循環週期不完全吻合，事關「沙羅週期」多了 1/3 天的分數，這將使完整的沙羅週期所發生的「蝕」延後約 8 個小時，加上地球自轉關係，這意味蝕帶區域將西移 120°，或是三分之一個地球面。

因此，若然在地球相同的地點上（經度）發生日月蝕，則要三次週期（54 年 1 個月）才會發生。換句話說，18.6 年的「月交點循環」只反映在「天運」（星座），如換上了「地運」就必須等 54 年。

145沙羅週期總共有77次日食，這裡顯示編號18～26的日食。

- 每隔54年日月蝕便會在相約經度位置再次發生

從上圖所見，亞洲地區的日全蝕年份分別為 1981，2035 和 2089，彼此相差 54 年。基於天上的交點位置相約，地上的日月蝕地區相約，便意味著相同類似的事情有可能再次重現，當中以月全蝕的影響事情最為相似。如此一來，「沙羅週期」便帶出了類似中式術數「六十

「甲子」的循環訊號，此週期亦即是「木土元運」或「三元九運」的所謂「一元」。

　　補充一說，完整的「沙羅週期」非常慢長，週期持續 1225 至 1550 年不等，其間會發生 69 至 87 次日月蝕，蝕帶除了根據地球自轉而改變經度位置，亦因月球的路徑北移（經過南交點）或向南移（經過北交點）隨緯度往南或朝北走，要一直越過了南極或北極，當月影無法再次投射到地表上，這個週期才告結束。天文家為了方便追蹤，特設了一個記錄名為「沙羅序列」，不過「沙羅序列」的判讀法比較複雜，亦非和金融占算有關，筆者在此提出的原意是想帶出「沙羅週期」的第一次日月蝕星盤會被視為整個週期的父母盤，會為同序列的日月蝕帶來了相近似特徵，故此，若然我們想預測某一年份某一地點將有可能發生的事情，便可參考對上同序列日月蝕時所在地發生過的政經大事。

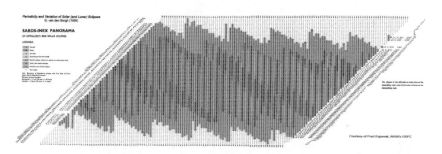

• 沙羅序列

一個人由成年開始懂得投資，一般只能碰上一個冥王星長週期，二個海王星中週期，約四至五個天王星短週期。因此，一生人所能夠獲得財富轉移的機會，理論上只有 2~3 次，如果能夠抓住一次機會，即使你出生環境不好，學歷不佳，際遇不良，沒有家底，也能成就富裕，最起碼是個中產階層。如果能夠抓住二次機會，便是富貴相全，真正達到財務自由。但是，如果一次都抓不到的話，也沒有別的際遇和發展，則只可以做個平凡人。

天王星

在西方眾多經濟學說中都帶有許多行星循環週期的影子，例如 1930 年一名美國經濟學家庫茲涅茨（Smith Kuznets）便提出了一個類似「木土會合」的二十年週期，作為與房產建築及國民生產總值（GNP）相關的經濟週期，名為「庫茲涅茨週期」。

此外，1925 年俄國經濟學家康德拉季耶夫（Nikolai Kondratiev）在其著作《大經濟週期》提出了一個以 50~60 年，類似「六十甲子」或一個「元」的「康德拉季耶夫週期」，根據理論，我們現今正處於信息與通信時代（1971~2031年）。

另一個西方認為極具劃時意義的巨大週期就是以冥王星為象徵的三十年循環，在此名為「社會轉型週期」或「體制釋放週期」，例子如戰後日本經濟於 60 年代開始發力，以年平均 GDP 增長 6.5% 的速度快速增長，到 90 年代初達到巔峰，人均 GDP 已相當於美國的 90%，這個三十年的過程最終使日本成功轉型為一個舉足輕重的國際性經濟大國。然而，這個轉型在亞洲四小龍亦同時出現，由傳統轉口貿易發展成新興工業化地區國家。

另一個成功例子就是中國近三十年由農業轉型為工業化國家，今日中國之所以能一枝獨秀，靠的主要是社會轉型而從體制中釋放出來的動力。假如以占星解釋，這就是冥王星的潛力挖掘及世代脫變的力量，在稍後的國運盤解說，冥王星將進入中國命宮，屆時中國將再度脫變，人民及國家質素將會再度提升。

言歸正傳，假如把天王星的的 84 年整循環，過境星座為期 7 年的時間與西方經濟學作配對，筆者會選擇將之歸類入「朱格拉週期」，此週期的發明者是一名法國人朱格拉（Clement Juglar），他於 1862 年出版了一書《論德、英、美三國經濟危機及其發展周期》提出了資本主義經濟存在 7~10 年的週期波動，此段時間又稱為「朱格拉中週期」。與天王星更貼題的是，「朱格拉週期」傾向與工業設備的更

$
金融占星

新及新技術的改進發明有關，又與商品的生命週期相似，這方面有如汽車生產商傾向以 7 年一大改車款，3 年一少改作為市場推廣及技術投入的情況一樣。

從占星角度，「天王星過運」示意潮流及風氣轉變，此時人們的口味變得與過往不同，能夠接受新鮮事物和文化，例如是新思潮、新創作、新發明和新產品等等。

天王星象徵資本家、大商家，是行業的領袖角色，是新科技及新產品的發明人，它是由無到有的巨大改變，表現出由平靜而去到極端的狀態。

故此天王星在「國運盤」及「四季圖」出現，在經濟上表示重大增長，在技術上表示重大突破，在產業上代表生產模式升級及改進，在人群宮位則表示思潮及風氣文化的改變。

負面而言，它的另一特點是突如其來，所以行星往往與驚嚇事件，例如是自然及人為災難，總之是令人不知所措的事情有關，尤其要小心天王星逆行視為天災人禍的蘊釀期，要直到行星順行才引發出社會及經濟上的巨大震動，屆時易爆出震撼性消息，還是地震的高峰期。

天王星的另一個有趣話題就是「七年之恨」，前文在月亮章節已介紹了「7」這個神秘數字，江恩理論認為凡 7 或其所有倍數都是重要的日子，可見天王星的 7 年過宮期就更為重要。巧合地，美股每隔 7 年便會發生股災，例如 1966、1973、1980、1987、1994、2001、2008 及 2015 年，此時便會殃及池魚，世界各地均會迎來股市大跌。

說到這裡，就要再次提及 7 年這個重要循環，占星家發現在天王星 7 年過境星座的時間內，市場明顯會出現一個大頂和大底。

除此之外，天王星角度與「月相」的情況相似，認為「本命星」與「過運星」的四分一時間，即大約 1.75 年（21個月）趨勢便有逆轉可能。

這段時間剛好與「月交點」及「木土會合」的 1.5 年過宮循環有所共鳴，彼此的時間週期相約，所以筆者經常強調，愈多同類似的敏感時間點出現，不論外圍大局形勢如何良好，都要有心理準備作出離場的打算。有趣的是，猶太人也非常重視第 7 天的星期日，箇中原因可能是他們洞悉天機，認為不應炒股，視之為好好休息的日子。

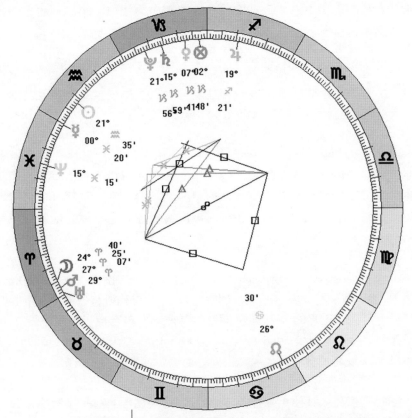

- 2019年2月星圖，火星在白羊座合天王星，此是一個高危日子，世界容易出現突發性震撼事件。

補充一說，香港人常言「逢七股災」，假如以中國干支曆法解釋，即凡是「丁」年香港都有災禍，這方面可謂與香港本身八字五行忌火土有關，但又不見 2017 年（丁酉）有災？

這個現象關係到「丁火」的力量是否充足，有力的丁火災難是自給的，傾向影響民生而非經濟，如是 1967（丁未）暴動，1977（丁巳）的大制水，反之，無力丁火的災難／吉慶都是由外圍帶動，與金融經濟有較大關連，如是 1987（丁卯）全球性股災，1997（丁丑）的亞洲金融風暴，2007（丁亥）的金融海嘯。例外的是，2017 年（丁酉）因美股狂升，引導港股是年大升，反之 2018 戊戌年因土氣過盛，此是中港八字的忌神而引發股災，可見凡火炎土燥之流年都會對香港及中國股市帶來不利影響，讀者知道這個秘訣之後，記往見之相關流年定要忍一忍手。

天王星進入各星座的相關含意：

【白羊座】：這是個只有強權而沒有公理的英雄主義時代，此時的人喜歡鋌而走險，有強烈革命思想及暴力改變現狀的衝動。在社會及經濟方面，便是把舊有制度完全破壞，重新建立新秩序的世代。

【金牛座】：這是個人價值觀及物質價值重估時代，此時人們對金錢、財富、舊有價值觀會徹底改變，可能從前不被討好，認為是沒有價值的東西，在這個時期卻受到青睞，非傳統的貨幣及金融系統也因此而受惠。（2019 年天王星將進入金牛座，象徵著金融體制、土地制度，甚至是農業制度的重大革新，又因地下活動及虛擬經濟的發展，前人們視為沒有價值的虛擬事業，其內在價值也可能因此而引發出來。）

【雙子座】：這是個千變萬化和隨機多變的時代，世代強調任性和創意，不拘束的隨意改變。此時社會變得多元化，反對過去的單一模式及霸主主義，另外，人工智能等科技革命都有可能在這段時間完成。

【巨蟹座】：這是個沒有國家及民族觀念的時代，世代強調個人意識凌駕集體意識，人們對於大眾觀念及傳統看法漠不關心，打破固有規範是原則。此時分離主義高企，很多族群會在此段時間謀求獨立。（上次天王進入巨蟹的時候，共產黨與國民黨分治台海，南北韓分裂，下次進入巨蟹的時間為 2032~2039。）

【獅子座】這是個反對宗主立場，不重視舊有權威和合法性的時代，此時人們追求個人自由和空間，重視公平和人權，有與眾同樂及利他主義精神，「不融合」是世代的主義。換一個角度，上次天王進入獅子座的時間，歐洲經濟共同體和馬來西亞聯邦正式成立，這意味群眾適時地放棄過去，嘗試以破天荒方式去建立新權威和勢力。（天王將會在 2039~2046 年進入獅子座，此乃筆者在《四柱八字》論及中國統一的大概時間，假如巨蟹運限台灣獨立不成，在此限就會走上統一。）

【處女座】：這是個充滿鬥爭和對抗性的世代，當中尤其是以低下階層反抗最為激烈，此時人們追求爭取更多的福利和保障，要求工作待遇得到徹底改善，理想生活質素能夠大大提升。

【天秤座】：這是個講求完全自由結合，甚至是變種關係的世代，此時人們的婚姻觀念可能徹底改變，例如是同性婚姻的認同。另一方面，傳統國與國之間的關係可能來個大逆轉，可能是與昔日盟友反目，或由敵對變為同盟，此時世界格局變化可謂相當巨大。

【天蠍座】：這是個能源改革及新能源發現的世代，對上一次天王進入天蠍座便爆發了第四次中東戰爭，此時石油輸出國組織（OPEC）為了打擊對手以色列及其支持盟友，宣佈石油禁運，造成油價急速上漲，原油從每桶 3 美元漲到 12 美元。

【人馬座】：這是個全新觀念及信仰改變的時代，許多新理念及新思想在此時都會百花盛放，有如戰國時代諸子百家爭鳴及歐洲文藝復興，可見這是新學術及基礎理論大突破的世代。

【摩羯座】：這是個反轉統，反建制，原有權威備受挑戰的時代，此時人們渴望政治改革，不服從政府及傳統統治者，許多政黨及新興勢力抬頭。世代強調保守與激進，建制與反對派的對抗，將舊有政治巨人推倒是本運限主題。

　　【水瓶座】：這是個科技日新月異，技術不斷升級進步的世代，與天王星在人馬座不同的是，人馬著重理論，傾向基礎科技，水瓶重實踐，傾向民用技術，因此水瓶世代強調因科技進步而徹底改變人們的生活方式，屆時太空及天文科學將會變得更為進步和開放。

　　【雙魚座】：這是個反璞歸真，人們追求靈性健康的時代，此時的人較為出世無為，傾向和平和不爭，宗教主義勢力抬頭。另外，世代強調軟實力取代硬實力，另一方面，世界級的嚴重金融危機亦有可能在這時出現。

- 根據江恩的7年循環理論，他發現在大熊市中，市況會在首3年急跌急彈，後4後以緩慢速度在低處徘徊，藉時間來建立穩固基礎，上証指數的大熊市走勢正是這樣。

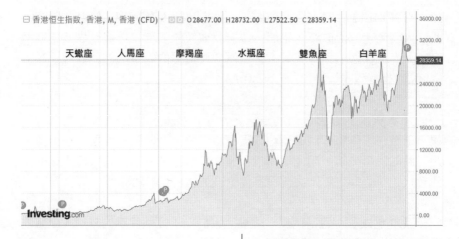

香港恒生指数, 香港, M, 香港 (CFD) · O 28677.00 H 28732.00 L 27522.50 C 28359.14

| 天蠍座 | 人馬座 | 摩羯座 | 水瓶座 | 雙魚座 | 白羊座 |

- 純直覺性觀察，圖中顯示天王星入境天蠍、摩羯和雙魚（陰性星座）的時候，股市明顯上漲幅度頗大，反之在水瓶和白羊（陽性星座）只有大波動而升幅不顯，彼此呈梅花間竹之勢。

焦糖星命

再談亞洲經濟四小龍，基於相關地區國家的土地面積有限，不約而同都是發展輕工業，尤其是高科技產業，如今台灣成為了世界級的電子及晶片代工中心，新加坡成為了世界級的電子及化工中心，南韓成為了世界級的半導體及消費類電子產品中心，而香港呢？則成為了世界性納米技術中心，我所指的是納米樓及劏房式豪宅。

海王星
最後要介紹「五大天運系統」的最後一員 —— 海王星！

　　海王星屬於長景氣行星，行星的整循環週期為 168 年，平均過境一星座需時 14 年。由於時間慢長，因此海王星甚少與股票等節奏急速的市場相提並論，反之，較多與商品如油或金銀銅等掛鈎，當中以房地產的週期有著較為明顯的親密性。

金融占星

在本命占算上，海王星是顆夢想及極度理想主義的行星，行星本身帶有迷糊不實和虛幻感，它會藉謠言和假象去誘騙世人，從而令人作出一些極端違反常理的行為，說白了，海王有欺世盜名及誘惑人心之能。

因此在金融推算上，海王星象徵虛疑及泡沫經濟，示意不理性的投資浪潮，此星是前文「四元素投資模式」水象元素的代表行星，因此在海王星的運限週期必然會引發一次全民狂熱，非要把某一特定資產炒到爆破為止。

在西方經濟學上，一名美國經濟學家基欽（Joseph Kitchin）在1923 年出版了《經濟因素中的周期與傾向》提出了一種 40 個月（3~4年）為一個短循環理論，這裡稱為「基欽週期」（Kitchin Cycles）。根據占星理論，所有行星位於「刑相」位置都代表著關鍵而重要時刻，如是前文經常強調的「四季」和「象限」，因此，如果把海王星的14年過宮（168 個月）分成四份（42 個月），這個時段剛好和基欽週期吻合。

值得一提的是，海王星的 14 年過宮時間，西方金融占星家均視之與房地產泡沫有關，他們發現過去 200 年，除了第一次和第二次世界大戰以外，英美兩國的房地產市場都存在著一個 18 年左右的循環，當中以 14 年為上升期，4 年為下跌期，合共 18 年。現在正好回應「月交點」關於房產週期的部分，現在以海王星作為接續補充。

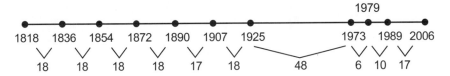

研究發現，由於土地資源有限及建屋需時，當供應不上的時候，這些滯後性很容易導致房價上漲，這些漲幅甚至會超出了國民收入增長，因此而造成樓市泡沫。這個時候，老百姓便會發現炒樓比投資其他東西都要優勝，事關「住」乃人之必須，加上有政府及銀行政策支持，

市民於是加快貸款用於房產投資，隨著房價的進一步推升，愈來愈多貸款公司加入競爭，樓房投資者便開始加大按揭貸款，務求細屋搬人屋，或索性一變為二，二變為四，如此一來，房產市況愈見興旺，泡沫便不斷增大。

這個 14 年的樓市上升期可以分為兩個階段，第一個 7 年主要來自經濟成長的拉動，國民對於住房的真實需要，因此這階段樓市是平穩發展，買家是以自用為主。

當第一批買房的人發現自己的房子升值不少，便會考慮變賣套利，因而造成市場供應增加，便會引發樓價的小幅波動。但在輕微調整過後，未買房的人看到第一批投資者獲利，大家便會開始湧躍入市，繼而引發第二個 7 年上升浪。

此時和第一輪情況有所不同，今次主要由投機心理帶動，因此湧入樓市的熱錢更多，銀行也緊跟趨勢加大估值和貸款，樓市的升勢因而加速，後市愈升愈有。此時，很多考慮置業的年輕人由於沒有房價下跌經驗，加上「剛需」（Rigid Demand）等不跌言論不絕於耳，所以全無風險意識，以為樓市真的永遠只升不跌。更嚴重的是，當大家發現無法負擔天價房子時，發展商便會火上加油，例如代銀行為買家提供低息貸

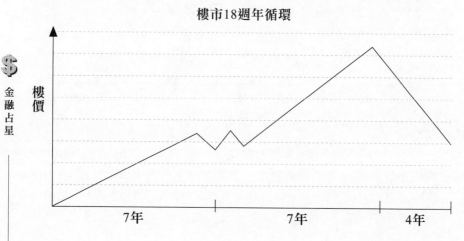

樓市18週年循環

款，甚至是借埋首期比你上車，由於上車容易，所以大市的升勢更是凌厲。

但不要忘記，次輪的房價主要由投資帶動，並非因實際需求及有充份的基本面支持，逐漸地，房價升到離晒譜，當最大群的中產階層都買不起樓時，民生問題便會不斷浮現，繼而形成社會不安和混亂。

另一方面，基於銀行之前很多貸款往往都是高於估值，甚至有些人是以不斷加按來支持日常開銷，政府及金融管理機關見之，便會適時制定房屋政策，一來增加房屋供應，二來收緊貸款並增加利息。此時發展商及買家的成本增加，而最關鍵是借錢不易，樓價便開始下滑，最終就是 4 年的價格大幅調整，以樓市泡沫爆破告終。

在這四年下跌期，甚至更長，相信受到最大打擊，一定是那些在高位接火棒的人，由於資產下跌和資金鏈斷裂，一些沒有實力的人甚至還不起貸款，他們加按不成，借錢又借不到，因而宣佈破產，自此樓市便呈一遍蕭條境象。慢慢地，當房價跌到一定合理水平，市場去泡沫化後，新一輪房地產週期便會開始，但在未升市之前，據統計，樓價很多時都會跌至高峰期的一半或以下。

回顧當年香港，樓價飆升是從 2003 年開始，期間在接近中段時間的 2008 年曾稍作調整，事關美國因為「房地產泡沫爆破」而引發金融海嘯，次年美聯儲開始零息政策，全球量化寬鬆，適逢內地放寬人流資金到港投資，加上曾特守任內 8 年扣押土地不放，都是樓價非理性上升的主要原因。但是，這些上升並非因為經濟增長，個人收入大增或優質人口增加而導致的需求，正如上文所述，這些都是由熱錢帶動，泡沫加泡沫而已。

這個海王星 14 年的非理性樓市興奮期也非英美專利，香港也有同樣情況，對上二次的時間分別是 1967 至 1981 和 1983 至 1997 年。請緊記，凡是資產總有升跌，股王如是，樓價如是，命運如是！

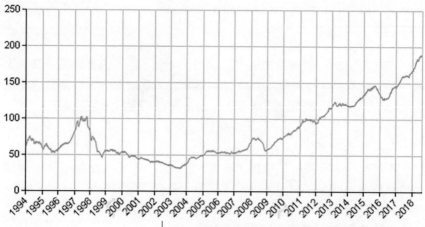

- 指數愈走愈斜，連連升穿又升穿，最後井噴式爆發，這都是大跌市前的例行動作。

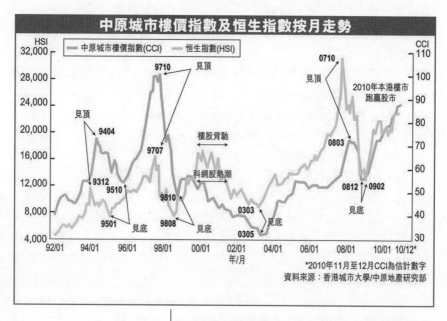

- 恒生指數與樓市有密切關係，樓價大多數在恒指見頂後的半年才下跌，這個樓宇成交數據比股市滯後的現象相信不難理解。

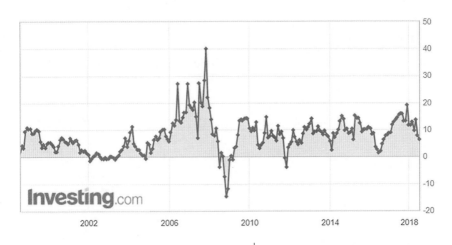

- 另一個與樓價有更直接關係的指標便是M3貨幣供應，它的底位基本上與中原樓市指數同步一致，事關市場熱錢愈多，資產就愈容易升值，反之亦然。

　　讀者們有否發現，不論前章解說的《行星重要事件》或本章《五大天運系統》，行星不同，週期各異，但星象都會不約而同在相關時間出現。還有，除了占星學之外，換了在四柱八字也有相同啟示。

　　不同的暗示或寓意愈多，即意味事情愈是真確，如果香港地產升勢真的在本年完結，餘下年間將會進入「水瓶元運」（智慧創新的世代），「金牛元運」的終結（食老本告終），又是天王進入金牛座（價值觀的改變），海王星進入白羊座（沉迷於冒險新嘗試）和冥王進入水瓶座（財富大轉移），彼此都在合力地說明土地及住屋問題再不是焦點（香港八字的大運解釋亦都如是，詳情可參考個人著作《四柱八字》）。

　　現正好又一次回應《行星循環週期》的內容，愈多重要時間的巧合，就愈是不巧合！

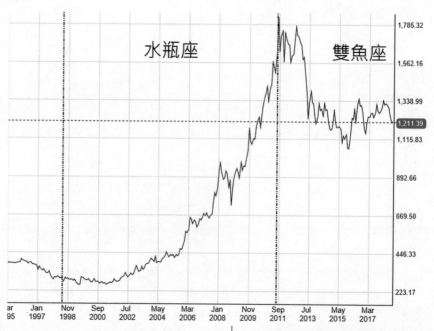

金融占星

- 巧合地，海王星過宮水瓶出現了金價的最低和最高位，純直覺上看金價有可能在海王入境白羊座時段再創新高，但大前提是世界的支付體系必須變得多元，不再是美元一家獨大。

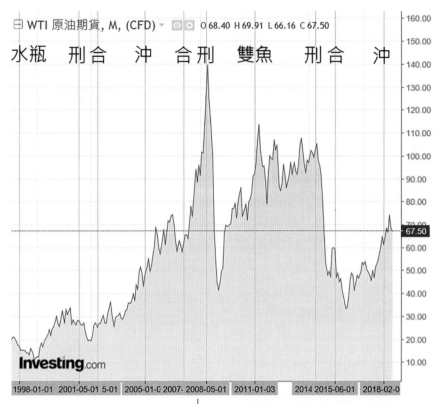

WTI 原油期貨, M, (CFD) ▾ ⊙ ✦ O 68.40 H 69.91 L 66.16 C 67.50

水瓶　刑合　沖　合刑　雙魚　刑合　沖

160.00
150.00
140.00
130.00
120.00
110.00
100.00
90.00
80.00
67.50
60.00
50.00
40.00
30.00
20.00
10.00

Investing.com

1998-01-01　2001-05-01　5-01　2005-01-0　2007-　2008-05-01　2011-01-03　2014　2015-06-01　2018-02-0

- 海王星的主要角度，基本上已含蓋油價很多重要性關鍵位置。隨著科技的進步，頁岩油、天然氣、可燃冰，加上新能源汽車及節能裝備的普及，還有中國開始在石油定價權發揮影響力。更重要的是，傳統石油進口國美國變成了巨大的石油輸出國，可見世界石油格局的改變，油價能否重返十年前的百六元水平，可能性相當之低，況且，長期油價圖明顯呈下跌走勢，除非中東再有大戰。

金屬類	農產品	能源
Aluminum	Beef	Crude Oil
Coal	Corn	Brent Crude Oil
Cobalt	Cocoa	Ethanol
Gold	Cotton	Healing Oil
Copper	Coffee	Natural Gas
Lead	Oat	Gasoline
Molybdenum	Rice	
Nickel	Rubbe	
Palladium	Saybeans	
Platinum	Suggar	
Silver	Wheat	
Steel	Wool	
Tin		
Zinc		

- 古人説太陽屬黃金，海王及冥王屬石油，可時至今日的商品項目種類繁多，就算同屬貴金屬的黃金、鉑金、鈦金、鎢金、鉬，走勢都不盡相同，因此絕不能單以某一行星走勢作為代表。

補充閱讀：政黨週期

欲看透經濟，必先了解政治，事關不同政黨主導便會帶來不同的產業政策，甚至會做就一些政策偏差，向某商家群或既得利益者傾斜。同樣地，世界時局也跟股市關係密不可分，政治不穩定的地區絕不可能經濟繁榮，反之經濟良好的地區絕不可能政治動盪，這是雙輔雙成的，所以在挑選股票及市場時，不妨留意相關國家的執政黨。

以下列出美國兩大政黨的主要特性，了解它卻有助推測將來的世界形勢。

【共和黨（Republican Party）】

此是美國最早期的開國政黨，在創立初期反對奴隸制度，首任總

金融占星

統為林肯。共和黨主張自由主義，強調不受拘束讓人民自由發展，其主要支持者大都是白人、商人、大企業為代表。這個政黨主張外交採取強硬態度，關注盟友的安全，更具全球化戰略野心。

在經濟方面，共和黨主張「小政府」，對於市場不太干預，減稅是政黨總統入主白宮後的例行動作，因此大多數由共和黨執政時期，美國經濟都係由強轉弱，美元處於大弱勢。也由於共和黨放任市場自由發揮，降低對金融機構的監管，因而便導致了次貸危機，便衍生出 2008 年金融風暴。

在戰略上，共和黨屬於洛克菲勒的一線，重要黨員家族屬於石油及軍工等大商家，中東為其戰略重心，所以中東等戰爭大多數在共和黨時期內發生，例如兩伊戰爭、海灣戰爭、伊拉克戰爭、阿富汗戰爭及敘利亞內戰，前蘇聯及俄羅斯是其主要戰略對手，星球大戰計劃便是由共和黨里根總統時策劃的。相反，當共和黨執政之時，每次都有跟中國轉好的現象，但要留意此黨性的野心強烈，其目標是抑制潛在與之有可能的競爭對手，現今中國成為了比俄羅斯更強大的敵人，不知他們的目標有否轉變。

【民主黨（Democartic Party）】

由美國第七任總統傑克遜創立，民主黨主張務實主義，經濟強調政府的牽頭和推動，支持者普遍為黑人、窮人等低下階層，黨議員大都是跨國企業、科技公司及中小企代表。由於與共和黨等貴族及富人治國理念不同，每當經濟不境，生計困難，民眾苦不堪言之時，便往往成就民主黨總統上台。

在經濟方面，民主黨主張「大政府」，喜歡由政府推動產業輔助，增加社會福利，尤其關注中產階層及底層人民的利益，傾向實行福利及計劃經濟，甚有共產主意的味道。所以在奧巴馬就任的日子，美國推動了醫保改革，一方面大開印鈔機 QE，另一方面加強金融方面的監管。不難發現，只要是民主黨上台的日子，美國經濟都由弱轉強，美元往往處於強勢。

在戰略上，民主黨屬於高科技及創意產業的一線，如矽谷及荷里活的所在地加州便是其最大票倉，其戰略重心在亞太地區，因此亞洲地區的戰爭都在民主黨時期內發生，例如是朝鮮戰爭、越南戰爭、台海危機、南斯拉夫大使館受到轟炸與及奧巴馬提出的重返亞太計劃。

了解完上述政黨的主張立場後，讓我們從其政策及股市表現，發掘出相關趨勢。從下表列可見，歷屆總統任期，股市下跌都是以共和黨執政時的比率較高，如果把歷史延長，相關結果都是一樣。

股市的升幅便是以民主黨執政時的比率較高，如是克林頓上台，S&P500 指數就升了 207%，奧巴馬則升了 143%，當中以科技股為主的納斯達克指數最為亮麗。相反，共和黨小布殊上台後，就把克林頓時代的盈餘花光，股市更下跌了 36%，上升的就只有石油及軍工等戰略資源股。

回顧當年油價由 2000 年的 $25 升到癲線的 $146，正是在小布殊執政的時代出現。筆者發現，共和黨上台的初期往往都是氣勢如虹，但最終都是好頭衰尾，如是小布殊的兩屆任期便出現了兩次股災，如今特朗普上任的頭兩年，第一次中期大選前股市就上升了最少三成，可以估計選舉一過，股災便會即時出現。更嚴重的是，共和黨更似是把美國最具優勢，並以民主黨作為代表的高科技產業攞了上台，先是藉中興事件加速晶片國產化，又借中國之手破壞高通合併計劃，然而兩黨的自相殘殺都是國家慢性走向衰敗的跡象。

金融占星

212

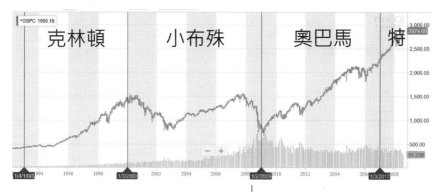

- 從S&P500圖表所見，共和黨執政多有好頭衰尾的現象，反之，每次都是民主黨在經濟谷底把之起死回生。

歷屆總統任期股市升跌表現			
年份	總統	政黨	股市
2017	特朗普	共和黨	？
2009	奧巴馬	民主黨	△
2001	小布殊	共和黨	▼
1993	克林頓	民主黨	△
1989	老布殊	共和黨	△
1981	列根	共和黨	△
1977	卡特	民主黨	▼
1974	福特	共和黨	△
1969	尼克遜	共和黨	▼

- 美國大選年以股市上升居多，同樣地，美國的中期大選年都以升市為主要趨勢，港股此時大多跟隨美股同步上揚，但1997同2018兩年卻是例外，都成為了港美股市背馳的一年。

美國大選年股市升跌表現		
年份	股市	美元
2016	△	△
2012	△	▼
2008	▼	△
2004	△	▼
2000	▼	△
1996	△	△
1992	△	△
1988	△	△
1984	▼	△
1980	△	▼
1976	△	△
1972	△	▼
	9升3跌	8升4跌

第六章 · 五大天運系統

任何週期性運動都是自然法則作用和反作用導致的結果,研究過去,便會發現未來原來是不斷重複和循環 ——— 江恩

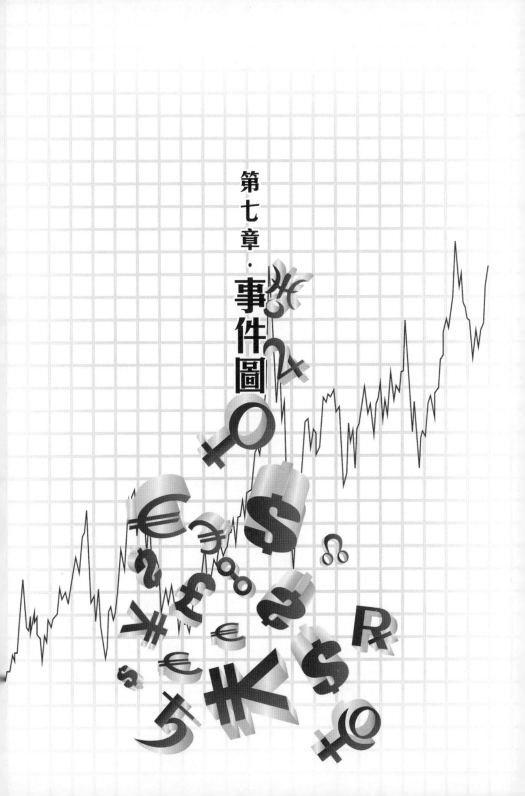

第七章・事件圖

事件圖

前章節已介紹過眾多行星循環週期與其特色事件，由本章開始，讓我們從占星圖入手，占星圖可說是判斷世運吉凶的主要關鍵，是預測事情後續發展的推背圖。

在編排上，前文所述的全都是個別技巧，但世運及趨勢是呈線性及多維度發展，簡單講就是所有事情都互有因果對應，因此在判斷上決不能斷章取義，分割閱讀，只以某一星象而斷吉凶。再講，世運及事件吉凶大都由星圖上所有行星的配置而得來，絕非單一行星能夠主導，尤其是「對星組合」及「相位」的利用更能反映事情的因果好懷及趨勢轉變。所以，當你愈懂得全盤分析，能看到的事情就更為全面真確。

占卜國事及經濟技巧與占算個人「命運」及「財運」不無二樣，所有用於人命的推算法在預測事情上都是一樣，甚至個人認為推算「世運」比「人運」更為輕鬆簡單，見星象吉利就是正面，凶象就是負面，在事業宮垣為政治問題，在物質宮垣為經濟問題，在人事宮垣為民生問題，如此一來，便少有需要顧慮人性上的模棱兩可，表裡不一及口是心非等心理因素。

占星的用途極為廣泛，功能眾多，不但可用於人命、大運和大環境的推算，連國事、公司和團體的未來都可以由星象獲得。要強調的是，占星不拘泥於特定時間，或者說任何時間都可作為占卜的起卦對象，這個時間如是人的出生日，我們稱為「本命盤」，如是國家的誕生日，我們稱為「國運盤」，如是公司或機構的成立時間，稱為「公司盤」，甚至是某天災人禍的出現，都可藉相關時空的星象定盤，以上所述總稱為

「事件圖」（Event Chart）。

在稍後章節，筆者會為大家介紹一些上市公司星圖和國運盤，但在此部分，宜先學習有關非人士宮位與及行星所在的宮位含意。

後天十二人事宮位
星座代表大環境、大趨勢，行星反映週期性起跌變化，宮位就是主題版塊及個股分類，在國家及地區星圖就是各行各業及相關的民生話題。國家及地區星圖的宮位分別為：（一）人民宮、（二）經濟宮、（三）新聞宮、（四）地產宮、（五）娛樂宮、（六）勞動宮、（七）國際宮、（八）遺產宮、（九）船務宮、（十）官商宮、（十一）會議宮和（十二）救濟宮，以上名稱皆來自《天運占星學》。

【人民宮】：第一宮名為「人民宮」，泛指國家及地區的整體表現，是行政區及經濟體的主要定位中心，宮位能反映國民大眾生活，社會發展情況，此是地區繁榮的首要指標。在公司圖而言，則代表公司的整體狀況、生意類型及發展模式。

【經濟宮】：第二宮名為「經濟宮」，代表地區上的整體經濟活動，尤其與銀行、金融及商業關係最為密切。宮位與國家整體實力、產業競爭力、生產力、人民的貧富程度、貨幣穩定性，甚至是物價和本地稅收有關。公司圖則代表公司的整體財政狀況、資源運用及收入來源。

【新聞宮】：第三宮名為「新聞宮」，泛指地區上的資訊流通，與傳播、通訊、媒體和新聞等行業有關。

此宮的流動性頗強，有快速轉換和交易的特性，因此所有的「流」，如人流、物流、現金流及資訊流都與之息息相關，因此本宮亦代表陸上交通、運輸和物流行業，另教育、商業及零售業都是新聞宮之所屬，現今或可加上互聯網及網上商業，故筆者傾向稱之為「交易宮」。在國運占算上，宮位象徵與近鄰地區的關係（**兄弟宮**），以香港為例，可以看出與深圳、澳門等大灣區的共同發展情況。在公司圖則反映內部協調及溝通運作。

【地產宮】：第四宮名為「地產宮」，顧名思義，宮位與土地資源及田產地租有關。但宮義絕不局限於地產、房屋和建築事務，連礦產、石油、林業和農業均有密切關係。

鑑於宮位的守護星座為巨蟹座，因而連海事及魚農業也會視之為該宮的管轄範圍。要強調的是，住屋乃大眾民生所需，宮位與國民生活水準、生活滿意度和幸福感均有莫大關係。在公司圖則代表公司物業、商品庫存及固定資產。

【娛樂宮】：第五宮名為「娛樂宮」，宮位與娛樂事業、影視界及創作界有關，場地泛指遊樂場、休閒及娛樂場所，人物代表社會中上層主流。基於宮位有子女和投機博弈的意味，因此也與兒童政策、文娛康樂、體育界及本地潮流文化有關，另賭業和股票交易都是本宮的主事範圍，故此筆者傾向將之稱作「股市宮」。

第五宮本身是用來看一個人開不開心，所以國民的快樂程度在此都能有效反映。在公司圖則代表演藝娛樂部門，另這個偏財宮亦指公司的非經常性收入。

【勞動宮】：第六宮名為「勞動宮」，宮位主宰工業、製造業及軍工，尤其與勞工界關係極為密切。本宮象徵著社會低下層、勞工權益、工會勢力、健康護理與及公共衛生事務。不要看少這個宮位，由於勞動及醫務衛生涉及廣大民生所需，是地區就業（人力資源）或作為社會福利的參考指標，在公司圖則代表員工下屬和工會部門。

【國際宮】：第七宮名為「國際宮」，泛指國際事務及對外貿易，尤其涉及進出口、產品代理與及國家的外交事務。在事物方面則代表合約、訴訟和協議，另宮位也能反映當地的結婚率及離婚率。雖言國際宮主管的地域距離並非太遠，較多是鄰近城市及地區（同盟國亦可），在香港而言則是台灣、泰國、馬來西亞等東盟地區。在公司圖則代表合作伙伴及競爭對手。

【遺產宮】：第八宮名為「遺產宮」，宮位主管公共資源及外國投資，特別與財富管理，如保險、基金、債券，或是是關稅和外匯有關，八宮亦都是國際炒家及國家級的主權投資，是個絕對大戶的宮位，故個人傾向稱之為「外匯宮」。基於此宮先天性質不透明、不公開，你很難猜估其如何在背後黑箱作業，所以宮位不多不少會沾染上了違規及犯罪色彩，主不可見光、不勞而獲及不義之財。此外，非正派事情、黑道及地下集團等，甚至是國家危機及死亡率皆與本宮相關。在公司圖則代表外來投資方或互有股權公司的共有資產。

補充一說，如單論經濟占測，則以「下象限」為主的經濟宮、交易宮、地產宮、股市宮和外匯宮為主力重點。

【船務宮】：第九宮名為「船務宮」，主管外國事務，與七宮「國際宮」不同之處在於：（一）地域的遠近，七宮是鄰近國家，九宮是跨國際地域，（二）性質之不同，本宮泛指國際關係及對外事務，其性質多元，不獨錢財和貿易，更多是以學術及文化交流為主。基於早期遠洋航運大都以船務主，如今航空或是將來的跨國高鐵也理應包括在內。

說到外國，當然與旅遊、留學和移民，甚至是聯合國等事務有關。此外，本宮對於高階智慧及心靈探索意味濃厚，因此又是司法、宗教、高等教育和學術研究的宮位。在公司圖則代表外貿、船務及法律部門。

【官商宮】：第十宮名為「官商宮」，雖言商務，但此宮沒有財性，宮位泛指權貴和公職，多與政府及國政事務的整體表現有關，是國家聲響權力的象徵。

本宮反映的都是元首級人物、國家領導人及社會名達，是社會的最上層，象徵最高法院、政府決策機關及公信機構，在商界則為大企業、大財團及富商巨賈，故筆者傾向稱之為「政府宮」。在公司圖則代表公司形象、行業領導地位或相關市場策略。

【議會宮】：第十一宮稱為「議會宮」，宮位泛指群眾對政府的訴求，當中與選舉、民意、社團、政黨和派系關係密切，此又是地方政府或別的行政管轄區。要強調本宮帶有改革性，用意在於監察政府運作，社群則為反對黨及在野派。在公司圖則代表董事局或監察部門，或未來方向的制定者。

【救濟宮】：第十二宮名為「救濟宮」，凡與救援、公益慈善、社

會福利的相關機構團體均可納入宮位的主事範圍，這方面如醫院、幼兒院及養老院等等。

因宮位獨有的幽暗封閉性，也和監獄、禁區、庇護所等設施相關，本宮亦都是三合會等地下活動的場地。雖然宗教為九宮所管轄，但鑑於宮位有精神上的復原意味，因此亦代表精神病院及修道院。在公司圖則代表公司使命，並能透視其內部深層次問題。

行星過宮本義

以下解釋主要針對「國運圖」及「四季圖」，如是「公司盤」及其他事件則可從意匯加以推敲。

【人民宮】

太陽：　此為國之全盛時期，有如日麗中天，天下太平，是為文化進步，上和下服，社會繁榮安定。

月亮：　凡新月及滿月，或月相吉利代表社會興旺，人民安居樂業，祥和無爭，公共事業有長足發展。星象並示意女性地位提高，女權及人民力量高漲。

水星：　國民知識提高，教育普及，貿易興旺，人民的進步心頗強，社會呈現一遍朝氣勃勃。如水星遇有凶相代表國之名譽差，有欠公信力，社會多有訴訟之事。

金星：　此時社會和諧，治安良好，各人生活愉快，各施其職，互不相爭，一遍天下太平和樂之象。金星在此主經濟穩健，人民有儲蓄，社會有保障，當中又以婦女及兒童最受政策優惠。

火星：　社會怨氣多，人民對政府及權威不滿，此時多遊行示威，易有衝突、暴動，如有吉相可減輕，凶相則加重。

木星：　此是大戰略、大發展之象，對地方未來發展可謂相當有利。星圖見之代表社會繁榮，國泰民安，人民富裕，個個都安居樂業。如木星遇凶相則表示發展停滯不前，不進則退，人民無利可圖。

土星：　　代表經濟停緩，生活困苦，就業不足，此是國貧民窮之
　　　　　象。

天王星：社會鼓吹反叛之風，人民不守傳統，違反法紀，不尊師
　　　　　重道，如有凶相則易生暴行，多生危害國家安寧之事。

海王星：社會瀰漫著欺騙歪風，個個都不不守承諾，不負責任，
　　　　　背信棄義，不道德之事隨處可見。

冥王星：表示生活艱苦，物價膨漲，民窮財盡，加上在強權統治
　　　　　之下，人民生活在水深火熱之中。

【經濟宮】

太陽：　　代表財政穩健，商業繁榮，人民收入普遍增加，尤其有
　　　　　利銀行及商業發展，社會呈欣欣向榮之勢。如遇凶相則
　　　　　有量出為入，支出繁重，經濟以消費而非儲蓄主導。

月亮：　　凡新月及滿月，或月相吉利代表財源滾滾，人民富饒，
　　　　　工商業發展篷勃，此時庫房水浸，市場興旺，女性對經
　　　　　濟有重大貢獻。凶相則經濟稍遜，時有波動，但影響相
　　　　　對輕微。

水星：　　代表商業頻繁，貿易額增，市場流動性充裕。如凶相則
　　　　　騙案增加，個個都你虞我詐，偷竊之事甚為猖獗。

金星：　　此是國庫充裕，社會安寧，民有積蓄，經濟及營商環境
　　　　　良好之表示。如遇凶相代表稅收不足，銀行存款水平減
　　　　　少。

火星：　　不利稅收及國家整體經濟，此時多為商業蕭條，經濟衰
　　　　　退期。基於火星的急速性，此時經濟會遇上突然打擊，
　　　　　凶相者更為嚴重，但如行星有吉相支持，反代表有短期
　　　　　刺激經濟的政策。

木星：　　特別有利銀行及股市方面的發展，此時商業發達，社會
　　　　　投資氣氛熾熱，金融業發展篷勃，經濟及交投量大增，
　　　　　呈現一遍繁榮景氣。凶相則代表產業過份發展，過度投
　　　　　資或全民皆股。

土星：　　經濟發展停滯不前，商業貿易大減，股市長期下跌，人

$ 金融占星

民入不敷支，拮据非常。

天王星：示意經濟百廢待興，商業平淡，股市疲弱。市場上所有
　　　　波動全由消息主導，而非實體經濟帶來的支持。

海王星：經濟欺騙及犯罪異常猖獗，股市呈非理性上升，但在表
　　　　面歌舞昇平的背後卻隱藏危機，此是泡沫和不實的經濟
　　　　環境。

冥王星：此是經濟難關，商業疲弱之表示。但吉相代表劫後重
　　　　生，產業及經濟活動的脫變開始。

【交貿宮】

太陽：　這個是自由開放及高效快捷的城市，四處交通發達，通
　　　　訊進步，人民教育水平頗高。凶相則代表發展遭受阻
　　　　滯，另地區首長易有不名譽事情，輿論矛頭直指政府。

月亮：　凡新月及滿月，或月相吉利代表資訊流通，交通發達，
　　　　文化及學術普及。凶相則表示女性教育受到忽視，或知
　　　　識份子對教育政策存有不滿。

水星：　教育及文化發展充滿動力，有利文化及出版事業，易生
　　　　知名作家及名嘴。此外，物流及網購行業發展瞬速，社
　　　　會呈現一遍車水馬龍，欣欣向榮之象。凶相則不利文化
　　　　創作，出版賺不到錢，名嘴易有驚險。

金星：　人民生活溫馨和諧，國人大都彬彬有禮，此是文明社會
　　　　的象徵。星象有利教育和學習，具優良傳播環境，凶相
　　　　不利作家及創作人。

火星：　社會多不實報導，傳媒喜搧風點火，不利出版及文化事
　　　　業，交通及通訊事故頻繁，嚴重甚至有人命傷亡。

木星：　交通及通訊業發達，有利文化及出版事務，星象亦示意
　　　　國民對未來前境充滿信心。

土星：　所有關於交通、通訊、文藝、出版事業在此變得遲緩，
　　　　星象亦表示國民對未來前境信心不足。

天王星：傳媒及學術界的分歧和極端分，社會多有突發性虛驚事
　　　　件，但星象有利新思想及新創作，另非傳統的學習方式

亦適宜。

海王星： 傳媒報導失實，學術界欺騙，商業犯罪增加，造假之事
屢屢可見。星象不利信譽公名，凶相的情況更為嚴重。

冥王星： 代表文明大倒退，有如歐洲文藝復興前的黑暗時代，此
時人民的文化及知識水平普遍低下，傳媒把歪理當為真
理，黑白顛倒之事層出不窮。

【地產宮】

太陽： 此是以土地經濟作為主體的發展模式，但占星的田宅宮
定議不獨地產，連農業及礦產，甚至海事漁業都與此有
關。星象並指土地發展全由國家支配，政府是地方的大
地主。

月亮： 凡新月及滿月，或月相吉利代表地產為地方主要經濟支
柱，此時有利地產，樓價緩升，人民生活幸福美滿。又
基於四宮主導農產，吉者示意物阜民康，凶者則表示農
作物失收。

水星： 此是移民城市及以過境工作為主導的發展模式，吉性有
利知識及技術的引入交流，凶者則人民流離失所，居住
不寧。星象亦示意土地田產交投活躍，但物業多以投資
炒賣為主。

金星： 與水星相反，此是社會安定，人民安居樂業，農作收成
良好及儲蓄增加的星象。此時個個都居者有其屋，耕者
有其田的，物業主要用來自住。

火星： 代表農作失收，地產大受打擊，物業交投下降，另此時
易生火災，社會不太平，常有打劫暴力之事，人民不能
安居樂業。

木星： 有利農業及地產方面的發展，木星在此以樓市暢旺，建
築發揚，基礎設施加大投放為題。星象又代表社會樂
觀，人民安樂，對前境充滿信心，如遇凶相者則物價波
動，樓市地產遜色。

土星： 商業疲弱，地產不景，民生百業停滯不前。

天王星：地產不良，稅收不豐，各行各業困難重重，加上行星進
　　　　入天底，更是地震的關注要點。

海王星：農作物失收，礦產疏荒，地產及建設投資銳減。

冥王星：不利房產建設，人民為了生活及房價飽受折磨，星象不
　　　　利民生，只有利礦產開發。

【股市宮】

太陽：　此是個偏財及投資主導的發展模式，星象有利股市交
　　　　投，投資市場活躍，娛樂及演藝事業百花齊放，而且地
　　　　方生育率普遍偏高。反之，凶相則代表入不敷支，不利
　　　　名人或恐有不測。

月亮：　凡新月及滿月，或月相吉利者代表百業興旺，社會一遍
　　　　歌舞昇平，娛樂及影視業發展蓬勃，民眾捨得花費娛樂
　　　　享受，女名星尤其突出。凶相則不利股市，易有突如其
　　　　來的巨大損失。

水星：　此是個知識型的社會模式，世代強調教育和效率，尤其
　　　　有利青年人發展。星象亦示意股市交投活躍，但水星主
　　　　波動而非升幅。

金星：　股市穩步上揚，地方人口及生育率增加，有利女性及娛
　　　　樂事業。

火星：　股市急跌，投資不利，商業氣氛惡劣。這又是公眾場合
　　　　爭執及易生火災的星象，否則便是娛樂圈多是非紛爭。

木星：　經濟健全，人民心態樂觀，生育率高，有利股市上揚，
　　　　凶相則表示投機氣氛過熱。

土星：　經濟失衡，人民心態悲觀，生育率低，股市牛皮或下
　　　　跌，凶相則程度更甚。

天王星：經濟失調混亂，股市大上大落，社會意見分歧極端。

海王星：娛樂場所增加，賭博風氣大盛，人民投機心態嚴重，社
　　　　會多有不道德之事，凶相更主吸毒及性罪惡。

冥王星：股市大跌，易生嚴重的金融危機。此外，陰謀詭計、不
　　　　道德及不名譽之事突出。

【勞動宮】

太陽： 這是個主力發展工業及實業的星象，表示地方工業發達，失業率大減，社會基層保障增加。如遇凶相則可能發展是重工業，國民的健康不佳，地方污染嚴重，工種易生職業病。

月亮： 凡新月及滿月，或月相吉利代表政府能顧及勞工基層，此時人民生活安康，工作愉快，並表示地方環境衛生良好，就業率充足，社會秩序穩定。凶者則示意勞動力不足，福利保障欠佳，勞工階層普遍不滿。

水星： 就業市場人流暢旺，基層勞工滿有生機，外來僱員增加。凶相則工作壓力過大，易令人精神緊張，另社會多有偷竊之事。

金星： 有利基層，惠及大眾，勞工階層收入增加，工人有保障。凶相則桃色問題嚴重，風化案增加，衛生及工作環境欠佳。

火星： 此是瘟疫及流行性熱病的星象，尤其與土星、冥王相合為之更甚，星象示意醫療事故的增加，勞工問題日益嚴重，衛生及就業環境不良。另工會勢力強大，甚至與商家及政府發生衝突，火災亦是常見問題。

木星： 代表社會福利增加，工資上揚，勞工及基本面的改善，並有利公共建設，國民身心得到健康發展，凶相則代表勞工發展停滯不前。

土星： 與火星相約，都是個疫病星象，此時醫療事故增加，勞工福利不足，工人們沒有朝氣，工作散慢，做事得過且過，生產力弱，間接反映經濟發展呆滯，國民建康不佳。

天王星：這是個工業意外頻繁，基層反叛，工會勢力抬頭的星象。與此同時，社會多突發事變，天災人禍連連。

海王星：此是個道德敗壞，沒有制度及道德操守的年代。社會的黃業興旺、吸毒、上癮及賭博問題相當嚴重。

冥王星：社會民窮財盡，民間疾苦，個個人都要為生存而拼命。

此時社會風氣不佳，缺乏政府支援和求濟，年青人自甘墜落，中年人就業困難，社會一遍頹垣敗瓦。

【國際宮】

太陽：　國家重視對外關係，與同盟及貿易國關係密切，國際活動及文化交流頻繁。此外，這都是結婚率上升及有利商業合作的星象。凶相者代表貿易糾紛，偷渡及難民問題嚴重。

月亮：　凡新月及滿月，或月相吉利者代表人民生活愉快，民間多交流活動，此是個萬眾歡樂的喜慶星象，並示意地方結婚率增加，尤其有利女性。凶相則代表社會多矛盾紛爭，結婚率低下及易生家庭破裂。

水星：　有利外交、文化、商業交流，星象強調對外貿易暢通，商業合作順利。凶相則示意外交易生枝節，交易不順，外資進入受阻。

金星：　國內合作團結，和氣生財，社會及家庭幸福，另對外貿易發展蓬勃，與隣近國家關係良好，凶相則情況相反。

火星：　外圍環境不理想，貿易合作易生糾紛，甚至出現國際衝突。國內的民間是非多多，離婚率偏高，國人有離鄉別井，打算移民外地等信心問題。

木星：　有利國際貿易、文化及學術交流，地區結婚及生育率增加。國家對外的吸引力大增，易得外方投資機會。凶相則示意外貿不增，婚姻減少，合作之事停滯不前。

土星：　此是個勉強合作無幸福之星象，反映外交及貿易停滯，有如冷戰，另犯罪率普遍增加。

天王星：貿易中斷，合作稀少，政府推行閉關自守政策。凶相則增加是非糾紛，並有關係突然破裂之意。

海王星：此是個道德敗壞，社會淪亡的時代，星象尤其強調不倫關係和桃色問題，另訟案投訴、誹謗壞名之事不缺。

冥王星：代表外來侵略，恐怖襲擊，與隣近國家的關係惡劣。此又是個女性地位低下，女方易受侵犯之星象。

【外匯宮】

太陽： 強調貴族及特權主義，國家只由少數富商巨賈及財閥人士主導，情況有如南韓的政治情況，國家經濟由資本家把持，官商勾結及黑金問題嚴重。

月亮： 凡新月及滿月，或月相吉利者代表稅收增加，間接反映經濟穩健，國庫充裕，出口強勁。星象尤其強調女性在社會上有重大影響力，凶者則示意稅收減少，女權誤國，私相授受。

水星： 有利文藝及資訊流通，與及版權及專利創作的對外影響。凶相則代表知識版權的忽視，盜版問題猖獗，另青少年問題嚴重。

金星： 此時稅收增加，國庫充裕，人民豐衣足食，社會呈現一遍太平繁華之象。凶相則逃稅問題嚴重，政府稅收不足或有稅制漏洞。

火星： 國家內部危機，出現重大意外事故，經濟嚴重下滑，凶相情況更是加劇。

木星： 反映經濟穩健，國人富裕，財政稅收增加，社會的快樂指數頗高。

土星： 社會風氣消極保守，國民沒上進心，政策一拖再拖，久久不能落實。凶相則國家權威有損，上流人士多困難隱憂。

天王星：國家內部矛盾，社會氣氛激進，政黨嚴重分歧，左右派別對立。凶相則要小心人禍，或因極端思想而造成社會嚴重撕裂。

海王星：代表宗教狂熱，人民的信仰度高，星象較多出現在政教合一的政體。凶相則表示國民愚昧無知，自殺率高企，精神病者眾多。

冥王星：人民自私自利，各懷鬼胎，與人不和，社會沒有祥和之氣。凶相則增加了人的暴戾，經濟不境，死亡率增，這是個集體中毒及傳染病的星象。

【船務宮】

太陽： 此是一個開放多元的文化國度，高等教育普及，國民修養高尚，人民有法治精神。經濟上反映海空運發達，有利旅遊和外經貿合作，或此是一個重要的貿易港口。

月亮： 凡新月及滿月，或月相吉利者代表社會學習氣氛良好，有利文化及學術交流，凶相則不利文化創作，國際貿易停滯不前。

水星： 國民質素頗高，地方著重科研，盛產發明家及科學家。凶相則表示社會意見分歧，群眾言論偏頗，多有法律爭議。

金星： 社會安定，人民生活愉快，這些人熱愛旅遊與及學習，國民有道德信仰。凶相則人民缺乏上進心，不事生產，地方競爭力弱。

火星： 此是個空難及海難意外的星象，另行星在此不利外貿，連生宗教及信念上的交流亦不適合，國民易因文化及見解而生衝突對抗。

木星： 這是個天下太平，衣食充裕，無憂無慮的國家。國民享有良好教育，有著高度的自由和情操，有高尚的道德觀念。凶相則表示地方不事生產，人民無所事事。

土星： 貿易及交流停滯，出口疲弱，零售淡靜，地方發展欠佳。

天王星：因文化及學術而生糾紛，星象亦示意空難及地震之可能。

海王星：國民普遍迷信，社會欺騙失實，另抄襲及版盜版問題嚴重，人們不尊重知識產權。

冥王星：宗教極端及獨裁主義，本地人不講法律，不利道德，只講特權和私利。

【政府宮】

太陽： 此是強勢政府，人心歸附，上下聽令之星象。此地的領導人德高望重，人民服從，有利施政及政策實施。凶相

則代表政府失信，領袖失去公信力。

月亮：　政策傾向懷柔，以民為樂，以民生及商業發展為前題，這是個政通人和的民主社會，另星象有利女性從政。凶相則代表婦女弄權，官商自肥，人民對政府頗多怨氣。

水星：　代表政策多元彈性，仕途多晉升機會。凶相則政策朝令夕改，百姓無所適從，合法性亦被受質疑。

金星：　此乃以民為本，推行仁政，愛家愛國之星象，金星在此特別重視女性及兒童權益，地方特別多喜慶活動。凶相則政策過於被動保守，為弱勢政權之表示。

火星：　與金星相反，火星強調強政勵治，領導人展現強勢作風。但此地的女性地位低微，政策高壓凌厲，凶相情況更為之甚。

木星：　仁慈大方的政府，政策能惠及民生，以派錢派福利為主。凶者則名大於實，國窮但好大喜功。

土星：　政府強勢有威望，具公信力，政制亦有皇權及終身制的意味。凶相則代表政府過份保守，一成不變。

天王星：反對勢力作為主導，政府拖政困難，備受挑戰，政制不具公信力之餘，更有可能激起民怨，有發生叛亂及革命的可能。

海王星：這是個政策失誤及欺騙眾群的政府，當權者不具公信力之餘，更頻生政治鬧劇及醜聞，施政者的道德及能力備受質疑。

冥王星：獨裁者星象，象徵高壓統治的極權政府。

【會議宮】

太陽：　此是民主制及議會制的代表星象，太陽在此代表會議順利，行政立法有章有規，人人奉公守法。凶相則示意政黨意見分歧，開會搞亂，反對派公然對抗，藐視法制。

月亮：　凡新月及滿月，或月相吉利者代表會議順利，不拉布，議員提問具建設性，一心為人民福祉著想。凶相代表意見分歧，拖政困難，民生議題事務一波三折，議員各懷

鬼胎，一心謀求私利。

水星：　國家人才輩出，政策方案良多。凶相則是非口舌，訴訟爭辯多多，議員開會只打口水戰。

金星：　議會進展順利和諧，分歧容易消除，另女性地位提高或政策傾向優惠兒童及婦女。凶相者代表議政者優柔寡斷，常議而不決，政策不能有效落實。

火星：　議會衝突，場面火爆，在會議中生頻鬧劇。星象並反映議員好鬥，喜挑起分歧，因此政策難以落實，會議多不歡而散。

木星：　集思廣益，廣納議見，任人為才，議政能順利進行。凶相則意見分化，不易達成共識，議員大多只有口惠而沒有實作。

土星：　議員公開拉布，一直拖延，政策守舊過時，公益及社會事務受到阻礙。凶相則強調議員以權謀私，政策舉步為艱。

天王星：反映意見嚴重分歧，政黨正反對立，水火不容，議事常被推返，此乃反合作和反對派得勢之星象。

海王星：政策模糊，不具實作性，並議而不決，一直拖延，議員有欺騙或不名譽之事。

冥王星：此為獨裁統治，當中沒有討論空間，議會制度鬆散，只是象皮圖章，議政之事可有可無，國政以人治及私定為主要判決。

【救濟宮】

太陽：　此是仁慈社會，福利國家的表示。太陽在此最常見是政府大派福利，人民生活無憂，社會保障甚佳，甚至不愁工作。凶相則寓意國民不事生產，工作效率奇低。

月亮：　國家重視社福保障，惠民眾多，並以女性作為最優待遇者。凶相則社會多救濟，醫院多病人，多勞苦低下階層。

水星：　有利公營機構效率提升，凶相則社會多偽善者，群眾對

社福保障心存不滿。

金星： 政府派錢，有利公共福利改善，並以兒童及女性最為優遇。

火星： 國民普遍沒有仁慈善心，社福保障欠佳，另社區暴力問題嚴重。

木星： 這個是福利國家，國民有仁慈之心，喜歡幫助弱勢社群，貧苦大眾易得支援。

土星： 代表醫療壓力，疾病增多，住院爆滿，政府及醫護人員飽受壓力。

天王星：公共及醫療系統出現問題，要求改革之聲不絕於耳。另星象不利福利，犯罪率增加。

海王星：貧苦大眾眾多，社福及醫療措施不足，社會多有欺騙之事。行星在此主國民頹廢，青少年不務實事，只懂發夢幻想，間接反映國家沒有前途希望。

冥王星：本地罪案率甚高，監獄及收容所爆滿，間接反映社會極度不穩。

以上只屬單星論宮，在推算上必須全盤通看，絕不可單憑一星以遍蓋全。

對星組合本義

「對星」是指當兩顆行星形成相位，彼此互作呼應，從中便會衍生出不同的意寓和含意。

行星分為「內行星」和「外行星」，內行星為太陽、月亮、水星和金星，它的週期短，影響力關係個體（**非政經大事**），因此絕對不要把過多的精力投放於此，除非你的投資取向是以即日鮮為主，不需理會長期趨勢，方可作為參考。

外行星為火星、木星、土星、天王星、海王星和冥王星，這些都是群眾及世代級行星，其影響力遍及所有，因此極具世運代表性。正因為

金融占星

此，如要判斷大形勢必定以長期行星為主，短行星則為觸發及應期，當中又以「木土」、「土天」、「土海」、「天冥」四大組合最具劃時代意義。

基於對星組合眾多，筆者在此只會提供某些較為重要的配對，但若然各位有興趣了解全部，大可重溫《運限編》的對星組合內容。

【火星】：火星在占星學上被喻為凶星，舉凡「國運圖」及「四季圖」見火星在命宮或天頂，便會觸發市場上的劇烈震盪，情況就有如期貨市場的未平倉合約張數處於高水位，便有足夠誘因引發單邊升／跌，此時不是殺牛就是殺熊，總之就有你無我，非要趕盡殺絕不可，大戶對弈的意味濃烈。

火星與木星：吉性，對經濟及市場有利，反映投資者對未來前境充滿信心，群眾現在就有入市的衝動。星象亦代表市場加大開放和投入，文化及軟性影響力大增，不利的是宗教事務糾紛（例如美國承認耶路撒冷是以色列首都就是在「火木合」的日子發生）。

火星與土星：凶性，不利商業經營，國際形勢關係緊張，是危機下的導火線，對於股市來說是大凶之象（如 2018 港股急跌就在「火土合」的日子）。星象又代表權威及意識形勢之爭，傾向以暴力對抗，以矛盾角力來展現。「火土合」亦是農業失收，疫病及醫療事故的星象（如 2018 中國的假疫苗、香港的登革熱、內地的發豬瘟事件就是「火土合」的日子出現）。

火星與天王星：凶性，此是智慧加上暴力的結合，星象代表突發意外及不利消息，對星會伴來暴力衝突，反動及反政府意識高漲。在經濟上示意通貨膨脹劇烈，人民生活困苦（星象會在 2021 年 1 月出現）。重點是，「火天」凶相的損失率為百分之八十，可見其破壞性非常。

火星與海王：凶性，代表市場情緒的虛幻不實，此時人心貪婪，永

不知足，市場呈大上大落之勢，不是暴漲就是暴跌，可能是泡沫經濟爆破前的先兆。

火星與冥王：大凶，此是戰爭的主要星象，代表武力直接對抗，沖突矛盾升級，對經濟有徹底性的破壞作用（如前文火星逆行所述，貿易戰正值「火冥」合相之期為高峰點）。組合亦與原油價格有關，無非是取原油為戰略物資，在戰爭時的大量需求所致。

【木星】：木星在占星學上被喻為大吉星，舉凡「國運圖」及「四季圖」見木星在命宮或天頂，便會觸發市場上的巨大上漲，基於行星吉性在於對前境樂觀，間接反映市場上的基本因素良好，業績乎合預期，所有消息都被解讀成「利好」，不論內部環境或是外圍形勢都有利投資市場的發展。

木星與金星：吉性，兩者能為人們帶來美好的願境，市場以緩緩上升居多。

木星與土星：中性，「木土之合」是二十年「元運」的開始，此是地區及世界性主題改變的指標，是經濟商業的大週期，星象指示出方向和實行方法。但要留意「木土」的「四個象限」（上下弦）都有經濟過度擴張，需要作出調整的可能情況出現。

木星與天王星：大吉，代表商業及經濟取得巨大突破，產業成功升級，劃時代的新公司及新產品出現。在股市方面，代表在新經濟模式之下帶來的繁榮高漲，或有巨大利好消息而導致股市急升。

木星與海王星：吉中藏凶，示意社會整體性進步和發展，國民生活改善，投資者對未來前境充滿信心，此時股市及虛擬經濟將會成為焦點。重點是，「木海之合」既是商業週期的轉振點，由於散戶對市場期望過高，以為價格可以無止境上升，此時炒預期、透支未來，不理性心態便導致泡沫形成，最終都是以泡沫爆破告終。

木星與冥王星：凶中藏吉，此時為國家及社會的巨大轉型期，或表示潛在資源得到有效利用，由於發掘及脫變需時和艱辛，因此先苦後甜的意味深遠。在股市方面，代表經濟重大刺激，事關這都是巨富級的星象，示意有危才有機，「木冥合」將於 2020 年出現。此外，「木冥之合」與油價有關，吉相上漲，沖刑下跌，這是基本解釋。

　　【土星】：土星在占星學上被喻為大凶星，舉凡「國運圖」及「四季圖」見土星在命宮或天頂，便會觸發市場上的沽壓，加上土星星性理性實際，令人對後市想法悲觀，加上行星有政治干預及資本限制的本意，熊市的意味相當濃厚，因此凡土星與它星之合，不利情況相當明顯。

　　土星與天王星：吉凶各有，代表改革開放，由無到有，從舊換新的過程。「土天之合」也不無負面，就是先帶來破壞，後才帶來革新。星象不利政治，對大戶及資本家可謂相當不利，容易因政策改變而招致損失，此組合只有利創新和全新建設，星象也是天災及突發意外的組合。

　　土星與海王星：虛虛實實，土星為實體經濟，海王為虛擬經濟，「土海之合」為由實轉虛的過程。此時大有利於投機炒賣，產業宜虛不宜實。可是，與「木海」情況相似，過份的泡沫始終都會爆破，正好土星的另一解釋是限制投資，政府出手干預，這是個製造及抑制泡沫的矛盾角力。補充一說，虛擬經濟永遠都是從實體經濟開始，可是沒有虛擬經濟的幫助，實體經濟卻不容易做大。

　　土星與冥王星：大凶，代表極權和重大危機，此是世界重大變化及調整的星象。的而且確，「土冥之合」對經濟絕對不利，對星有長期熊市之意。與此同時，這是個暗鬥及長期恐懼的星象，這方面不論經濟，連宗教、種族、性別和階級都在暗地裡角力，稍後 2019~2020年就是此段冷戰的高峰期。

【天王星】：天王與日月：太陽和月亮屬於短期行星，分別影響一個月和二日半，天王與之會合，世界會出現震撼性消息，此消息甚可能影響世界經濟，容易為金融市場帶來混亂和波動。

天王與海王星（172年）：《三國演義》有云：「天下大勢，分久必合，合久必分。」用以形容「天海之合」就最貼切不過，星象代表時局混亂，時而分列，時而統一，過程不斷分裂和合併，另「天海三合」屬於大吉。

天王與冥王星（115年）：此是國家整體性突破發展，是破繭而出，一鳴驚人之時。組合的另一寓意是人民為求生存，為擺脫極權而掙扎，最終得到獨立和自由，相關情況可參考 1964 年當時世界曾發生過的大事。

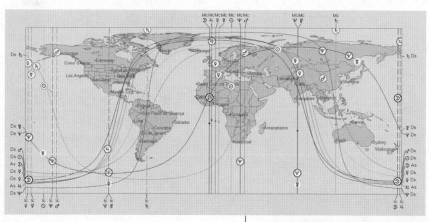

- 遷移占星學，舉凡天王星線經過的地方（尤其是天頂）都有發生天災的可能，當中常見現象就是地震。

四季圖

由第一章基礎部分開始，筆者就經常強調「四季」的重要性，因此在大環境的推算上，占星家便慣性以太陽進入白羊座的「春分點」，巨蟹座的「夏至點」，天秤座的「秋分點」和摩羯座的「冬至點」時間起出的星圖作為某階段象徵，用意推斷相關地區的政治、經濟、民生、天災及人禍等情況，這方面就有如中國人採用「立春八字」推算本港流年運程一樣，這個星圖稱為「四季圖」。

基於「四季圖」是以太陽進入季初的「啟始星座」為主，所以它又有另一個學名為 Ingress Chart，如行星進入的是星座，中譯便稱為「入境圖」，如進入的是宮位便稱為「過宮圖」。

既然稱得上「入境」及「過宮」，當然是以運行星為主體，當行星進入某星座代表相關的天運主題，與及跟國家及社會事情的聯繫。

不獨太陽這星，任何行星的入境都可用作預測的對象，譬如筆者曾在前文「行星重要事件」以火星入境來預測中美貿易戰的發展，換句話說，只要找到立極星，將之與事件聯繫就可以作出推算，這就是「推天運」的基本原理。

以下是過去三年不同時間的「四季圖」，讓我們嘗試從史實中找出與星象的關連。

圖一（P.238）乃 2016 年的春分圖，合軌星主要是「天頂」的太陽和「西沉點」的冥王，因此本年大環境便較有政策主導及獨裁統治的意味，而且是年的改革推動力強，從太陽入境白羊三合廟旺火星便可見一斑。十宮天王星乃改革重點，行星位於「政府宮」與它星產生的相位眾多，示意政府正在努力推動各項改革，當中以經濟及勞工方面最見成效。有利的是，九宮佈有星群，加上宮位的金星與海王為熱鬧和吉慶之合，反映人們對未來充滿美好憧憬，處於「國際宮」則示意外圍環境相當理想。

星圖顯示「人民宮」巨蟹座的守護星落入獅子座的「財帛宮」與「政府宮」的天王星三合，說明人民此時心態在於財富上的慢慢累積，與及對政府主導的金融改革充滿信心，這方面與水瓶「外匯宮」的天王星飛到「政府宮」有異曲同工之妙。在股市方面，「偏財宮」的人馬座火星有利交投上升，太陽三合火星有政策性主導升市之意，可是火星刑海王也意味著人們入市態度相當審慎，散戶抱有戰戰兢兢的投資心態。實際情況是，美元經歷了 7 年的零息政策，早在三個月前美國開始加息，反映現時經濟開始成長，失業率改善，股市呈現見底回升之勢。

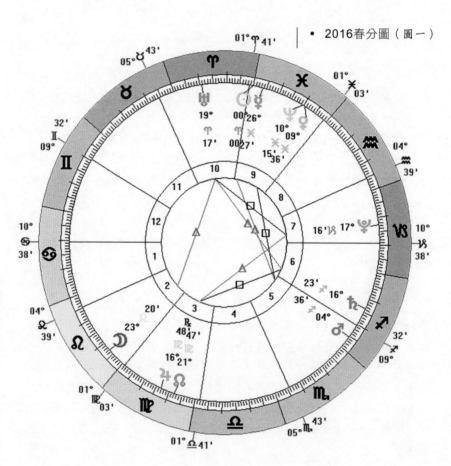

● 2016春分圖（圖一）

金融占星

圖二乃 2017 年的春分圖，合軸星為「人民宮」的木星跟「國際宮」的太陽，兩星同處廟旺狀態，因此本年大勢便較有光明和順遂之意。星圖上海王進駐「勞動宮」，示意民生問題尤其是勞工情況得到大大改善，然而火星在金牛座「外匯宮」示意人們對外投資不遺餘力，稅收及外國投資增加，加上水瓶座在「股市宮」的極端性，故是年股市的急劇上揚便成為了主調。隨之而來，「地產宮」的冥王星卻成為了星圖上的最大壓力點，格局呈多重「T形相」，加上土星的接近，可見地產及往屋問題便是讓人感到壓力沉重的地方。實際情況是，本年股市及樓市屢創新高，高樓價成為了各界關注的爭論焦點。

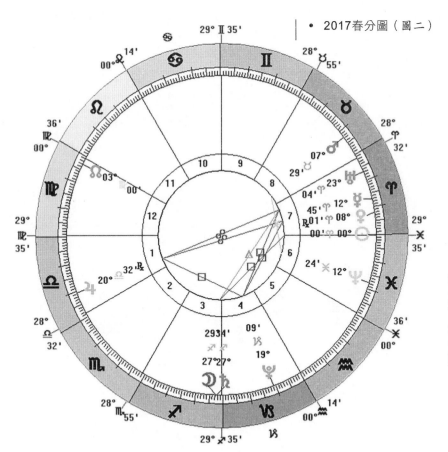

• 2017春分圖（圖二）

圖三乃 2018 年的春分圖，合軌星為「人民宮」的凶星火星和土星，首先「火土合」為爭執及病疾之象，因此是年以明戰及暗病為主調。更不利的是，兩大凶星冥王和天王，一在「經濟宮」，二在「股市宮」，直接說明正財不利和股市有巨大震動。與之有共鳴的是「救濟宮」的木星逆行，在此表示沒有好運，社會上貧苦大眾眾多，更多人需要得到救濟援助。與此同時，金牛座的月亮反映金錢及經濟問題乃人心之顧慮，但可惜月亮合的是火星和土星，此時人們心情不佳是可以肯定的。實際情況是，本年因貿易戰而導致世界性股災，各經濟體都遭受嚴重打擊。

• 2018春分圖（圖三）

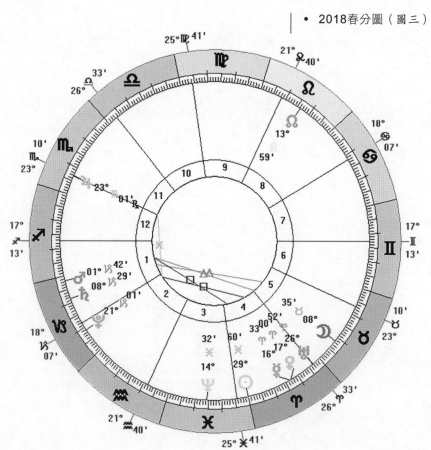

金融占星

圖四乃 2018 年夏至圖，圖五乃 2018 年秋分圖，兩圖的凶星仍然雲集在「人民宮」及「經濟宮」，可見第二季的經濟不境，基本面完全沒有改善。可細心比較之下，秋分圖的情況相對理想，起碼木星開始順行，火星相對遠離凶星群，更重要是「股市宮」沒有凶星，加上其守護星海王星與金星、木星有吉合，當中以「月海合」示意人心得到舒解，心理上得到短暫慰藉。再看，圖六乃 2018 年冬至圖，「人民宮」的吉星頗多，木星與海王星分別接近及位於「經濟宮」及「股市宮」，可能情況是美國宣佈貿易戰緩解，商家不再擔心開徵關稅，因此股市緩緩反彈。

　• 2018夏至圖（圖四）

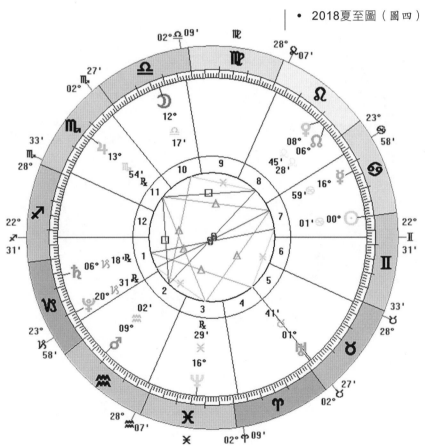

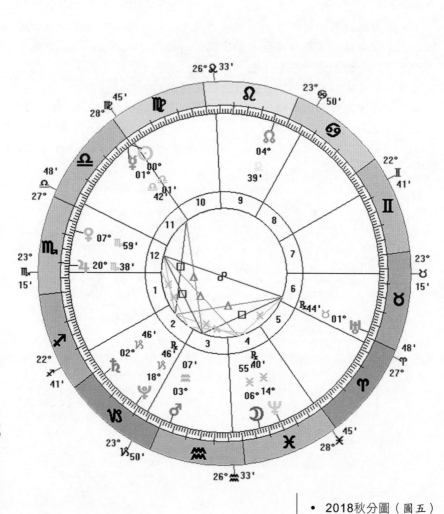

• 2018秋分圖（圖五）

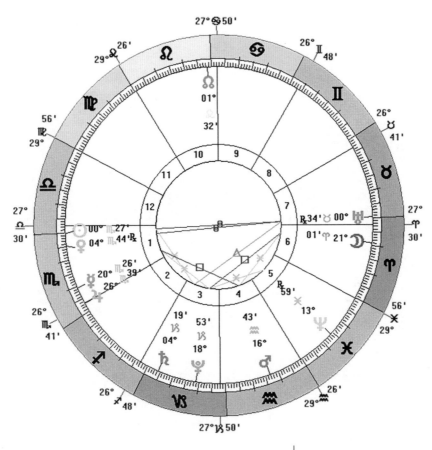

• 2018冬至圖（圖六）

股災圖

　　以下四圖分別是筆者根據 2015 年和 2018 年，香港恆生指數（HSI）及美國道瓊斯工業平均指數（Dow Jones Industrial Average Index）的最低點時間（準確至 15 分鐘）起出的事件圖，用意是從中找出股災的相關訊號。

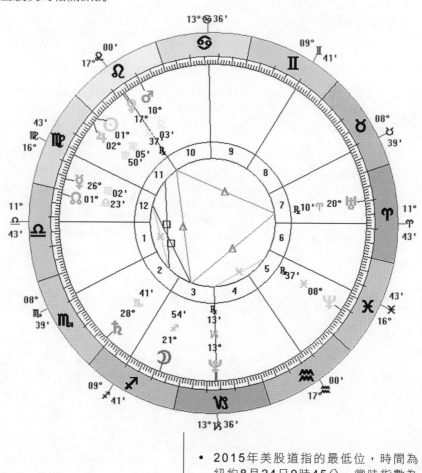

- 2015年美股道指的最低位，時間為紐約8月24日9時45分，當時指數為15370點。

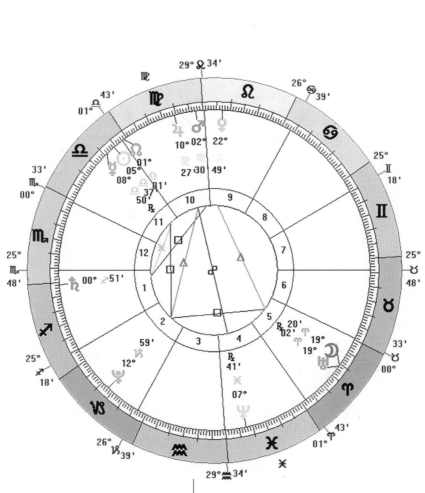

- 2015年香港恆指的最低位，時間為香港9月29日10時正，當時最低指數為20368點。

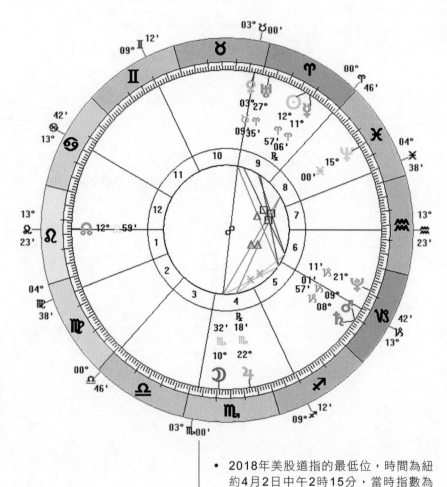

- 2018年美股道指的最低位，時間為紐約4月2日中午2時15分，當時指數為23344點。

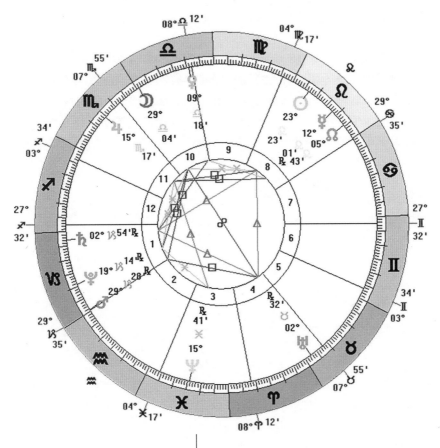

- 2018年香港恆指的最低位，時間為香港8月16日3時15分，當時指數為27029點。

從上述四星圖可以發現，「股災圖」與2018年「春分圖」的吉凶怖局十分相似，兩者都是以「人民宮」及所有「物質宮垣」（經濟宮、股市宮、外匯宮）凶星雲集為主調，這些宮位行星的「凶相」相對較多。另一關注要點，就是代表大眾群體的「議會宮」必須要有強星進駐，例如太陽、月亮、木星和土星，事關要滿足受災人數眾多，甚至連沒有投資的人都感到不安才算得上是股災。

要澄清的是，2018 年港股最低點為早上 9 時 30 分的開市時刻，但如果採用此時，便會發現星圖佈局非常良好，不乎合熊市及股災的基本要求。因此筆者只好以超短期人為干預作為解釋，事關大戶絕對有能力在市前競價時段刻意地製造裂口，用意是秒殺投機重倉。再講，以星圖佈局來看，便會發現此時的星象非常吉利，在「人民宮」及「經濟宮」佈入的全是吉星（金星、月亮和木星），事實上，假如投資者在此時入市短炒，只需 45 分鐘便可獲利 500 點！

• 2018股災最低點時刻

• 2018股災最低點時刻之星圖

　　宜在此補充，筆者曾嘗試從牛市三期的最高點起出星圖分析，發現原來高位沒有所謂的固定模式，只要是相關經濟宮垣沒有凶星，甚至沒有行星都可以是升災的最高點。本質上，這個看法與個人命運推算相通，與行星事件有所共鳴，事關占星學上的所有吉星，如太陽，金星和木星都沒有突然及爆炸性，彼此都是以穩定和諧的力量發揮作用，即是俗語所謂："No News is Good News！"，可想只要人們生活得安好，知足常樂，無災無禍便是福。

　　況且，只要有恆常慣性的積累，這些積累不論多寡，範疇不論在

第七章・事件圖

財富上、知識上、經驗上、人脈上都屬於良性進步，可見「牛市二期」的長期而緩慢上升，總比「牛市三期」的急上急落更容易賺錢。正因為此，在「四季圖」及「事件圖」上的推斷上，請緊記「沒有，比有唔好的要優」”Nothing is better than something！”。

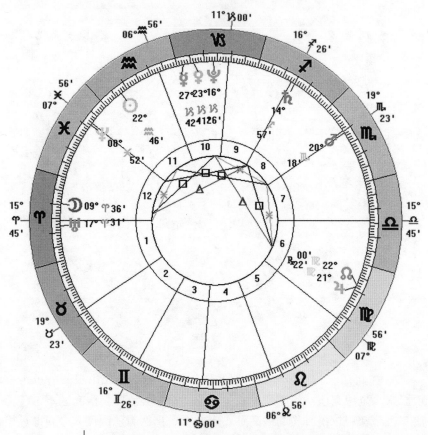

- 上圖乃港股2015年真正股災完結日之星圖，時間為2016年2月12日。但筆者並非在此解讀星圖，而是發現港股與美股存在的一個時間差，據統計發現，港美股市的最高位通常在同一日，或是相隔最多一個交易日，但熊市的最低點卻往往相差半年，從2015美股的底部為8月，而港股的底部為次年2月；2018年美股的底部在4月，而港股的底部在11月，兩次股災的見底時間相差半年至8個月。

	恆指	道指
2007最低點	10676	6440
2015最高點	28588	18351
升幅	167.80%	184.90%
2016最低點	18278	15450
跌幅	-36%	-15%
2018最高點	33484	26616
升幅	83.20%	72.20%
2018最低點	26871	23344
跌幅	-19%	-12%
高低最大差	313%	213%

- 這是恆指與道指在2017至2018年的表現統計，當中趨勢可謂相當明顯，說明美股比港股易炒，其表現往往升多跌少，綜合升幅比港股更是高出三成有多。

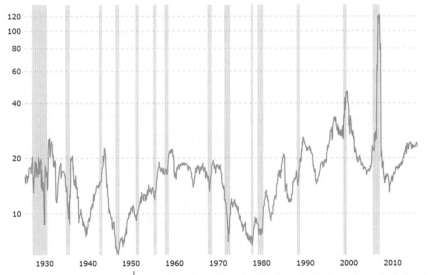

- 這是美國道指的歷史市盈率圖（PE），美股之所以升多跌少並享有高市盈率，全因高科技及國際性品牌的盈利能力帶動。甚至個人認為，其他地區的同一類公司，只要其市盈率比美國公司高，稍後股災都有可能成為輸死人的對象。

公司圖

先問一問大家，閣下除了在「嫁娶」會找師傅擇個良辰吉日之外，還會在什麼日子有擇日的需要呢？事實上，擇日應用普遍離不開結婚、生仔、入伙和開張，當中公司的開張日子正是本文「公司圖」的主講內容，但礙於本章主要針對的都是上市公司，所以應該名為「上市公司圖」。

現簡單介紹，占星學不但可用於算命，在國事及非人命占算方面更是耍家，然其擇日用法（定氣法）更非一般「正五行」及「建除十二神」等「平氣法」能所比擬，正如明末風水名師蔣大鴻及《天運占星學》作者吳師青所述，天星擇日為擇吉術中的地上最強。回顧在中世紀時代，皇室貴族們都傾向找占星師擇日來選定吉時，如巴格達、開羅等大城市建設都是採用這種方法，現今西方所有皇室活動都是以「占星擇日」而非「通勝」來作決定。據說美國現任總統便是由一位華人占星師為他提供相關服務。假如各位相信星象能反映未來進程和發展，我們就更應該選擇一個適宜的日子來開始事業，「公司圖」的原意便在於此。

先旨聲明，以下列出的上市公司及選股策略只供學術研究，並不構成買賣邀約，投資者買入前宜審慎考慮。

【**騰訊控股（0700.HK）**】：首說，如果想生意做得大，公司的開張儀式一定要在 10 時前進行，事關此時的太陽必然在「十一宮」。在本命占算而言，十一是個群眾宮位，太陽在此屬於名星及偶像級的星象，因此宮位愈是熱鬧，甚至佈有星群，都有助公司的人氣及知名度提升。星象示意所有不認識你的人都同時留意著你的一舉一動，一夜成名的意味甚濃。基於所有上市公司都在 9 時 30 分開市，因此太陽十一宮便是所有上市公司的共同星象。

騰訊這股立命於獅子，其命宮守護星太陽飛入「十一宮」，便說明此股本身已就人氣高企，備受矚目，有成為「人氣股」的巨大潛力。然而太陽星性在於玩樂、刺激、開心，行星以公眾及年輕人為主要客戶群，其品牌及產品都是以提供歡樂為主，眾所周知，騰訊以遊戲及娛樂

金融占星

作為其核心項目。在正財收入方面，木星在「財帛宮」可謂相當吉利，一來代表進舒服，二來有利無限擴張，行星在宮頭位置更有利格局提升，與此同時，木星對沖天王代表財富上的平地一聲雷，是盈利急速提升的表示。

　　另一個關係股價上升的主因，就是代表偏財的「第五宮」。在占星學上，冥王是巨富級行星，落於所有物質宮垣都有深度放大投資回報的潛力，可是這星在尚未發跡之前，必需經慢長時間艱苦經營，因此如星圖見之宜長線持有，這些公司甚至可以給人一百倍或以上的回報。

• 騰訊出生星圖

【**中國平安（2318.HK）**】：平安保險與騰訊的佈局有些相似，彼此都是立命於獅子，加上星群同在「十一宮」都容易有成為明星人氣股的資格。但今次，星圖上所有「物質宮垣」都沒有行星，反映它沒有實實在在的商品及固定的進財模式，這些宮垣所落在的星座本質相對虛浮，如是「偏財宮」的人馬座和「商財宮」的雙魚座，反映都是買空賣空的生意。有利的是，「正財宮」的處女座相對保守，然其守護星飛入「十一宮」便大有利從廣大群眾得到穩定的保費收益，與此同時，「商財宮」的海王飛入勞動宮亦示意能夠從勞工保障及意外保險上獲益。

更吉利的是，平安「偏財宮」的木星飛入命宮，便示意公司經營有道，能夠以投資來增加盈利，與之有共鳴者便是冥王星在「地產宮」，表示公司掌握的固定資產價值不菲，具巨大升值潛力。讀者大可自行留意，很多善於收購合併，以空手套白狼的財資企業都容易出現這樣的佈局。

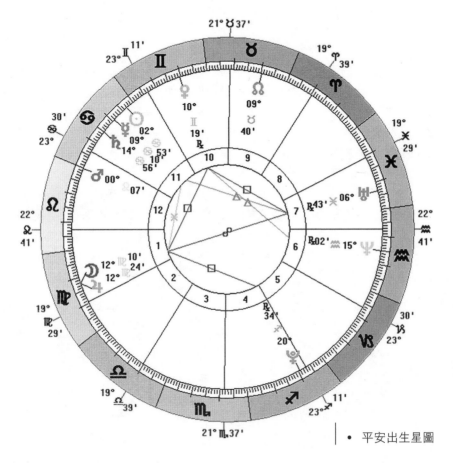

● 平安出生星圖

【香港交易所（0388.HK）】：港交所的命主星為土星落於金牛座，主事公司在金融事務上具有非常權威性，與之有協調效應的是「名譽宮」的「天海合」，代表的都是一些專利行業及獨市生意，星象的一枝獨秀和唯我獨尊的意象相當強烈。在盈利能力上，「正財宮」的雙子空宮表示收入主要從資訊和流動性獲得，「偏財宮」的獅子座更直接說明這是炒買、投機和博弈事業，以市場的成交量來衡量其本身價值。

從港交所的歷史圖表可見，這隻股的爆炸力超凡，往往在牛市三期市場交投熾熱、交易額激升之時，股價便有如火箭式的上升，這方面相信和人馬座「商財宮」的冥王星有關。須知道，冥王帶有狙擊性，往往都是超長期蘊藏，待時機成熟時便瞬間發力，所以港交所只可藉交投暢旺的牛三末期，才有突如其來並超乎預期的短暫升勢。

最後說多一個技巧，可以發現騰訊、平安和港交所三間公司的星圖上，「三宮」和「九宮」都沒有行星，「三宮」空宮者代表不用依賴別公司的供應或協助，可以完全獨立運作。「九宮」無星者象徵本地公司，這些公司不論日後發展多大都沒有走出去的企圖，可說是本土色彩強烈的企業類型。

$

金融占星

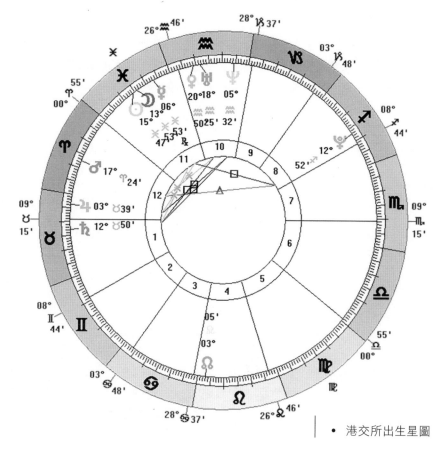

• 港交所出生星圖

第七章・事件圖

【小米集團（1810.HK）】：小米集團的星圖屬於「分散式」佈局，此佈局有幾大特點：（一）生意穩定，財政不會突然波動，（二）產品大眾化，用戶普及率廣，（三）盈利容易受到消費潮流（外圍環境）影響。綜合各點，這些公司業務百變，產品及服務會隨時間轉變而轉變，因此順應消費需求及大勢所趨正是公司主要面對的挑戰，筆者稱之是「時勢做英雄」的企業。

相反，回顧港交所，星圖上基本上沒有什麼相位，這是個「集中式」的佈局。集中式佈局的特點是：（一）業務及盈利模式相當單一和集中，（二）有寡頭壟斷市場的可能，（三）公司有能制定行業標準，改變遊戲規則，甚至是改變市場規律。

說到格局，在此便順道一提，騰訊星圖上有一個「T 形相」，其「頂點行星」為月亮在「第十宮」，凡星圖上見之都容易為成行業第一的龍頭企業。同樣地，平安保險也有一個類似騰訊的三角形，可事實上，這是個不完的「大十字」格局，「大十字」代表公司在業務發展上的顧慮多多，要遵守很多法例和行規，不能隨心所欲發揮創意，故這些股份便十分容易受到國家及行業政策而左右。

言歸正傳，小米這股與騰訊都有一個冥王星逆行的「偏財宮」，示意雙方都是值得長期投資並有著高倍數股價升值的潛力。但小米不足之處在於冥王落在土象的摩羯座，即是說其爆炸力遠不及 QQ，加上冥王被火星和土星圍夾，反映行業競爭大，純利不多，星圖與平安都出現了不完整的「大十字」，容易因政策及潮流趨勢而影響企業發展。此外，小米的天王星在「八宮」宮尾，在格局上亦要大打折扣，如果跟騰訊相比，格局明顯不在同一級別。但有利是，星圖上出現水象及土象大三角，代表公司可憑藉生態圈與及用戶的親切關係而獲得穩定增長。

補充一說，凡「十二宮」有吉星者都容易獲得政策及權力機構的支持，當中的最佳例子非港交所莫屬，小米公司的金星在「十二宮」與土星、天王三合，此是得港交所支持，首日收市後便被納入恒生綜合指

$ 金融占星

數。而且，天王在金牛座代表新的金融改革，故此小米便成為了香港首間「同股不同權」的股份有限公司。

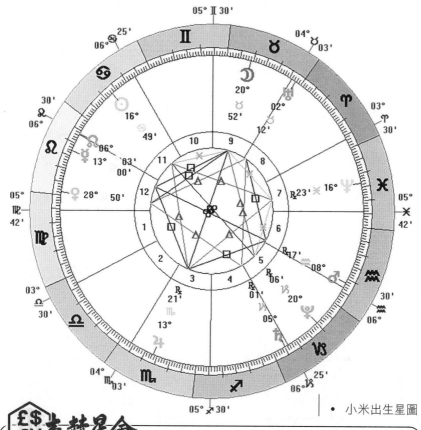

• 小米出生星圖

個人在選股上，除了使用占星圖作基本分析之外，四柱八字也有重要的參考作用。小米的喜好為五行「火土」，它與騰訊、平安、港交所等「金水」用神等股票不同，換句話說，在正常市況下（非股災日子），它們的升跌是呈背向式的發展，即是如騰訊、平安等金水系股份上升，小米便會呈下跌或不動趨勢，反之亦然，各位不妨留意。此外，手機設備股的高增長期已過，要等 5G 普及才會迎來另一波高速增長，相關時間為 2021 後的水瓶座九運時代。

【希瑪眼科（3309.HK）】：希瑪眼科是一隻令人又愛又恨的股票，愛它的原因在於抽中它的人有福了，事關這公司由 2.9 元的招股價一直狂飆至盤中最高見的 19.9 元，5 日內累升 5.86 倍！恨它的原因當然是八個月就打回原形，可見這是隻充滿非理性幻想的狂熱炒股。

前文曾述，「十一宮」愈強者就愈容易成為明星級愛股，「日月同宮」更是男女大眾都有份聚焦及關注的對象，然而希瑪眼科的神醫創辦人便賦予了其神秘獨特的色彩，更何況，此公司的使命是讓人重拾光明和希望，論理想和噱頭，希瑪眼科如何也是無價之寶，根據往績，名人效應在股壇上都容易引起一輪炒風。

看看星圖，希瑪眼科的一大優勢是「十宮」坐入了廟旺的土星，就算它沒跟騰訊一樣的「T 形相」，不是龍頭企業也都是業內權威。此外，星圖佈局上的「星群」非常集中，「相位」極少，甚至比港交所還要少，即是說希瑪眼科的業務極之偏專，這方面與「正財宮」的天王星在白羊座有所共鳴，天王星在此象徵專利行業，並帶有一定的偏財性，營收不會受到大環境及潮流影響之餘，更是爆炸力十足，事關天王星一條不發，發市可以食三年，收入及股價呈拋物線式的發展是行星形態。

重點是，公司命宮是廟旺的海王星，海王主非理性狂熱，如此一來，只要公司的故事愈精彩，股價愈是升得不可置信。可是，惟炒風過後，隨之而來就是泡沫爆破，當人們從歸理性之時，股票才值得投資。還有，希瑪星圖上的木星和火星在「遷移宮」，即是說它在外地業務的發展比本地還要優勝。

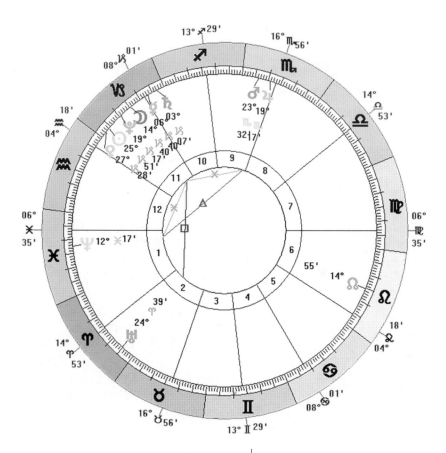

- 希瑪眼科出生星圖，下次如
  再見這些非理性盤局，招股
  時記得落力盡抽。

- 3309.HK希瑪眼科

補充閱讀：選股之道

選股之道，在於懂得看鬼佬（西方投資者）眉頭眼額，當中需要六親不認，沒有愛國主義可言。股價升跌並非一定跟盈利掛鈎，最重要是公司被基金大戶看中，覺得有利可圖，還要容易操縱，才會合力搭棚將之炒上。說實在，有眾多股票是要回避的，尤其是西方基金大戶討厭的黑名單，這方面大多是國家級的戰略企業，如是軍工、油氣、基建、鋼鐵和高鐵，凡是中國擁有世界壓倒性優勢的行業都是西方投資者不會投資的對象。

以中石油（0857.HK）為例，油價從 2016 年開始上升，理應身為國家最大上遊石油企業的中石油最受惠，但奈何！由於中石油乃伊朗最大投資商及得益者，與美國政策有所抵觸，故此中石油無論盈利如何，股價往往都跑輸同行。相反，中石化（0386.HK）因中國承諾加大對美國石油入口，故股價大升，甚至無懼股災，成為當年跌市奇葩。

在基建及高鐵方面，記得 2014 年之前，基建、鋼鐵、造船、核電及高鐵股都是西方爭相熱炒對象，的而且確，中國在重工業上投放巨大，因此這些企業發展迅速，盈利可觀。可是，當西方炒家悟道出中國的陽謀「一帶一路」這個大戰略能夠威脅本國發展之時，這些「戰略股」都成為了被拋棄的必然對象。特別要提一提中車（1766.HK）這優質股，中車不論高鐵、慢鐵、動車、地鐵或輕軌，產品都是世界一流，當世界各地自製的車箱頻頻出現故障，如日本的在英國漏水，德國的在山洞死火，美國的在橋上出軌，理應中車的前境非常理想，但無奈股價卻遠遠跑輸同是做交通設備的比亞迪，故中原因，或多或少同政治有關。

在鋼鐵方面，鋼鐵業乃中國的最強項，故此西方對之尤其反感，各位只要看看中鋁（2600.HK）便可見一斑。反之，西方對於稀土及有色金屬特別渴求，因此如看好金屬資源，洛陽鉬業（3993.HK）及紫金礦業（2899.HK）都比純鋼鐵股優勝。

在個人而言，特別喜歡半國家領導人股，這些創辦者大都與國家甚有淵源，半官方色彩濃厚。可以發現，這些股雖然沒有恆指權重股的威名，卻有權重股之實，尤其是在 2018 股災的第一波打擊，當騰訊、平安受到巨大震盪之時，這些股竟然可以安然無恙，股價無動於衷，但由於相關話題敏感，因而不舉例子。

$
金融占星

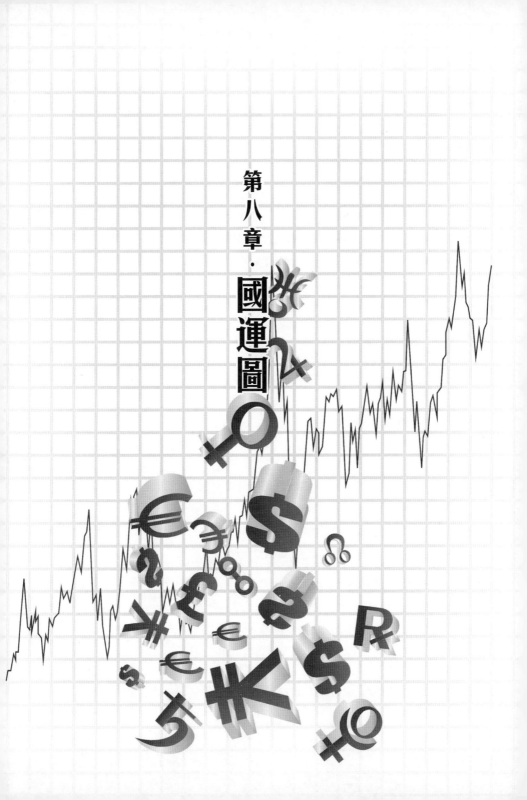

第八章・國運圖

國運圖

「國家盤」或「國運圖」即是國家成立時的星圖,但是一個個家究竟何是誕生,往往眾說紛紜,有些人會採用國家憲法的宣讀時刻,或開國大典儀式的開始時間,西方國家則會採用君主的登基時間。

在此以較具爭議性的中華民國為例說明,在網上發現其立國時間有多個版本,分別為:

- 1911年10月10日 "武昌起義"
- 1912年01月01日 "孫中山 —— 南京就職"
- 1945年10月25日 "台灣重光"
- 1948年05月20日 "蔣介石 —— 南京就職"
- 1950年03月01日 "蔣介石 —— 台北就職"

驟眼看,孫中山在南京就任中華民國臨時大總統,宣告中華民國成立,並以公曆取代傳統農曆,定格里曆為國曆似乎較具制憲意義,但台灣人卻認為武昌起義的成功,視雙十為中華民國國慶。可是,筆者發現以最接近的時間起盤,就最能反映當前的時局大勢,這方面與西方採用君主登基時間,而非憲法時間的情況可謂不謀而合,因此筆者在《四柱八字》便以 1950 年蔣介石還台時起出八字,再與中華人民共和國合盤同參,發現原局加大運都你中有我,彼此都在對方身上見到自己的蹤影。

同樣情況,香港的出生時也有分歧,所以在以下部分,筆者會將兩個星圖同時解讀,屆時便知龍與鳳。

金融占星

266

香港

1984 年中華人民共和國與英國簽訂《中英聯合聲明》，確定 1997 年 7 月 1 日起，英國將香港主權移交，此舉標誌著英國統治香港 156 年正式結束，並成立中華人民共和國香港特別行政區，這個時間便成為了香港的出生時。

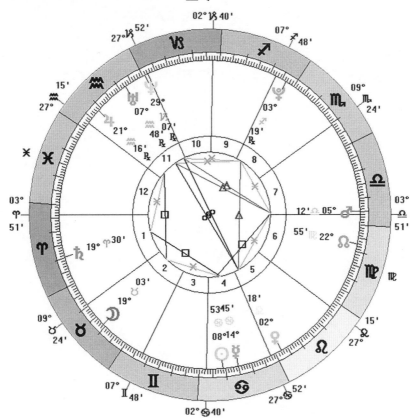

• 1997香港回歸圖（凌晨0:00真盤）

不過，坊間對於這個時間普遍存在爭議，認為從當年電視直播片段所得，前國家主席江澤民正式宣讀香港特區政府成立的一刻，成立儀式卻在凌晨 1 時 30 分，故「零時零分」和「一時三十分」便成為爭論焦點。但筆者忠於憲法精神，傾向採用零時零分定盤，發現此時的星象才是真確無誤，反之一時三十分的星盤錯漏百出，因此下文在解讀「零時零分」（真盤）的同時，亦會舉出「一時三十分」（偽盤）的不乎之處。

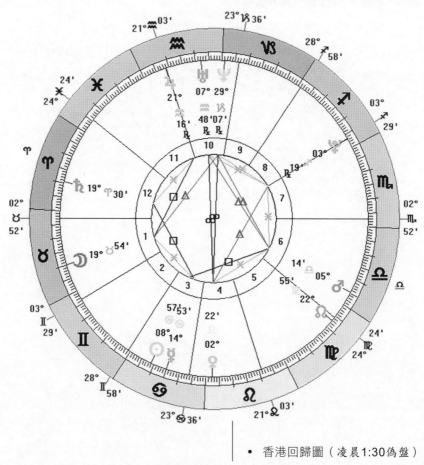

• 香港回歸圖（凌晨1:30偽盤）

金融占星

268

【人民宮】：香港的「人民宮」為白羊座，命主星為土星，此是一個千錘百鍊，精益求精，久經艱苦奮鬥而成大器的格局。可是，土星落於火象白羊確是命苦，市民的責任包袱重大，甚至令人有生不逢時，時不與我，還有與父不和，貴人力弱，早行衰運的寓意。

實際情況是，香港自回歸後的半年，亞洲便發生金融風暴，恆指由最高峰的 16673 點跌到 6544 點，資產合共蒸發了 60%。隨後的 2000 年土星進入「經濟宮」，又是科網股爆破的時候，然而天意弄人的是，香港在 2003 年因爆發傳染病疫潮（SARS），加上八萬五的房屋政策導致地產大跌，此時段可算是香港近四十年以來的最慢長熊市，破產及負資產人數多不聲數。

從占星角度，發現 SARS 疫情的第一案例正值運行火星在「外匯宮」相合冥王星之時發生，加上代表兩年半衰退期的土星於 2003 年進入「地產宮」，三大凶星互沖而為本港帶來非常嚴峻的困難。從過去經驗發現，香港星圖上「外匯宮」的冥王星絕對凶險，只要有凶星與之交合都會為香港帶來災病，例如 2015 年（乙未）流運土星與本命冥王合，香港便出現了不同程度的疫情及醫療事故，尤其是 2018 年（戊戌）流運再一次「土冥合」，登革熱疫症便再次成為本年焦點。

如果採用偽盤的話，月亮在金牛座示意香港人都很富裕，個個都腰脹荷包滿，重點是沒有一回歸就立即「行衰運」兼屋漏偏逢連夜雨。再者，偽盤採用金牛座這個「固定星座」作為命宮，即是說香港人性格一成不變，個個墨守成規，人民保守不思進取。相反，真盤的白羊座命宮就是說香港人有打不死精神，人們勇於嚐試，永不言敗，有絕求不人的個性，更重要是屢敗屢戰後卻可以愈戰愈強。然而，作為「啟始星座」的白羊象徵香港人獨具創意和想像力，其創造力驚人，有在文化、潮流及產業上作為領頭羊角色的作用。事實上，香港人的而且確創意無限，發明了許多獨特文化，甚至可以把一些不合理及開小差（走精面）的無厘頭事情變得合理，例如是凍飲加兩元，還發明了一個骨鐘為 45 分鐘等有關月亮週期的概念，這些古惑諗頭甚至

可以發揚並揚揚威海外，由上的精明和彈性可見，香港命宮肯定不是「擔屎不愉食」的金牛。

雖言香港的「人民宮」坐入了凶星土星，但我們卻不要因此而感到氣餒，事關土星在此代表社會穩定，人民堅毅，港人能腳踏實地，一步步的向前邁進，在此亦都是先苦後甜，大器晚成的星象。補充一說，土星立命就有如玄空風水學的五黃大煞，失令時凶劫災禍頻頻，得令時超級大富貴，可見香港假如沒有「天將降大任於斯人，必先勞其筋骨。」沒有這方面考驗，又何以成就出香港人的自信和驕傲。

【經濟宮】：香港星圖上的「第二宮」為金牛座，由象徵人民的月亮守候，說明了香港人的價值觀都在於經濟發展，「搵錢」是地區人們的普遍心願，這方面與香港作為國際金融及交易中心，與及港人均以金錢掛帥為普遍價值觀可有共鳴。更貼切的是，本宮的守護星金星飛入了代表投機及娛樂的「股市宮」，因此港人熱衷投機炒賣，捨得花費在享受及娛樂之上。

月亮在此反映香港女性普遍積蓄多，消費力強，甚至家庭財政計劃由女性主導，這都是其他區域難有的情況。有趣的是，象徵人民和女性的月亮與「議會宮」相刑，在此即是說人民普遍對立法會感到不滿，尤其是對於只懂吹噓而不務實際（木星）的議員特別討厭，星象示意只有女性首長，或以柔制剛才有方法將之管治。

現在從偽盤角度再作分析，立命的月亮三合「政府宮」，相刑「議會宮」，即是說市民大力支持政府施政，反對議員鬧事，如是身為香港人的你了解現今處境，你認為相關描述是否吻合？

【新聞宮】：代表交易的「第三宮」為雙子座，宮內沒有行星，「空宮」非沒有解釋，而是表現出非常自由，什麼都可以，什麼都有可能，這方面正應對香港的流動性強，不論言論、宗教、信仰、政治立場，甚至是人流、物流、資訊流、資金流的進出都沒有嚴格限制，什麼

都暢通無阻。

再看看偽盤，偽盤的「新聞宮」為太陽和水星，代表人們對於知識及學術十分渴求，港人個個都學富五車，以高學識及文化水平而感到自豪。如果是真的話，筆者的書就應該很好賣，香港就來不了「文化沙漠」這個形容詞。

【地產宮】：「第四宮」對於香港來說是一個很重要的宮位，一方面「地產宮」與命主星土星息息相關，另一方面這都是太陽星座和宮位，是地區的主題和象徵，是人們的焦點及目標在所。太陽在「地產宮」不問便知香港人的心願便是有個「安樂窩」，星象表示政府的首要問題就是房屋政策。太陽、水星相刑土星便說明了，房屋乃香港最困擾之核心問題所在，這些都是傳媒爭拗的焦點。

巨蟹座的「地產宮」特顯出與國家及同胞們的矛盾，一來血濃於水，本是同根生，理應守望相助，同舟共濟，多多包容才是。但另一方面，單親家庭及子女居港權問題，或是中港婚姻及自遊行都成為了大眾傳媒的博弈焦點，令很多無知的人都把矛頭直指國內。「地產宮」是香港最大壓力點的另一原因，源自太陽與「命宮」土星相刑，亦與「國際宮」的火星產生刑相，可見身為特區首長不但要同時兼顧大地產商（土星）利益，又要顧及國外人士在港投資樓房的需要。但是，太陽在此孤立無援，可說是一個弱勢政府，這方面與稍後要說的「政府宮」可有共鳴。

在運限方面，2003 年 7 月 1 日出現了一個星象，此時土星進入「地產宮」與太陽相合，加上其流運行星在格局上形成「固定大十字」，當中的「T 刑相」首當其衝便是「經濟宮」的月亮。當日香港發生了「七一大遊行」，此後特首董建華在第二屆任期未完成的情況下便以健康理由辭職。如果從偽盤角度看，金星在「地產宮」反映人人安居樂業，個個心安理得，而且中港和諧，社會充滿不爭和禮讓氣氛。

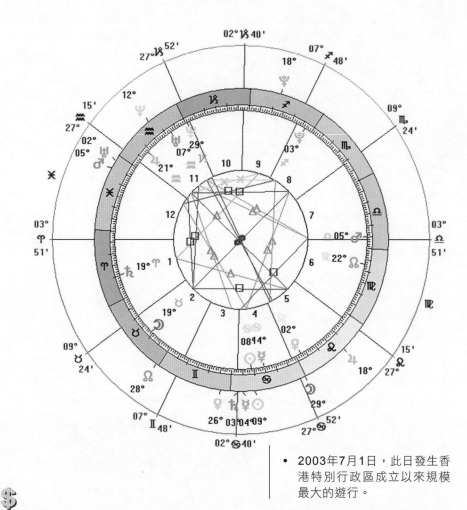

- 2003年7月1日，此日發生香港特別行政區成立以來規模最大的遊行。

　　基於香港回歸時為陰曆廿七，是「殘月」之時，表示香港會有一段迷妄和失落期，而且回歸之初很多人都只能「食老本」，此時市民普遍心態悲觀，無力感重，認為香港沒有前途希望。但有利的是，星盤上的太陽與月亮有暗合關係，象徵國家的太陽便藉自由行（水星）放水，在背後支持香港經濟建設（月亮）。事實上，自 2003 年中國放寬自由行之後，香港的旅遊業、零售業及房地產便快速振興起來。但矛盾是，巨蟹在「天底」便引申出人民傾向懷緬過去的心理，有些人總認為回歸

前的英國政府才是他們的母親，97 前才是「黃金歲月」，什麼集體回憶、文化保育，什麼都只是向後望，這都是香港在回歸後「停滯不前」的原因之一。

不過，巨蟹身為被動星座，當社會發生了一些事情動搖了這個「安樂窩」時，就是激起香港人發奮圖強的時候，換言之，香港運程要一直跌入深谷，才能啟動絕地反擊。稍後當天王星進入，一直安守本份並龜縮而默不作聲的大部分香港人，才會展露強大的拼勁及保家衛國精神，社會始能脫胎換骨，從而成就香港未來的「超級黃金歲月」。還要說的是，巨蟹和摩羯為「複式星座」，一方面強調了土星的勤奮努力，穩步向前，另一方面就是港人能夠從國家得到充分支持。假如換了偽盤，雙子和人馬成為了「複式星座」，如此一來，個個追求逃避放縱，只走精面捷徑，港人就再沒有所謂「獅子山下」的精神。

【股市宮】：相信這是讀者們最關心的宮位，香港星圖的「五宮」為巨蟹座，宮內駐有金星，這方面與香港人特別喜歡投機炒賣的意願有關。從中可以發現，這顆金星的相位非常之多，先說六合火星和三合冥王，火星和金星是一對，火冥分別落於「國外宮」表示外國投資者特別鍾情投資港股，這方面都是香港有利成為國際金融及區域性集資中心角色的原因。

另一方面，金星與對宮的「天海」對沖，反映股市表現極端，上下波動特大，特別容易泡沫化。有利的是，因巨蟹及獅子座的守護星為太陽關係，表示國家全力支持香港作為地區性金融中心的角式，同樣地，國家亦十分支持香港在電影及創意產業方面的發展，成為另外一個東方荷里活。從香港星圖上的正財、偏財及商財宮位皆有強星吉曜，可見本身已是富裕之局。

如果在偽盤上看，沒有行星的「股市宮」代表市民不熱衷投資，再者，正財、偏財宮位皆沒有行星，其財性與真盤不可同日而語。

【勞動宮】：香港星圖上代表勞工階層的「第六宮」沒有行星，其宮頭為守護星太陽的獅子，代表與地產、服務及演藝娛樂事業有關。但是，這宮被受「截奪」，亦都是「北交點」的日月蝕位置，此是社會福利不足，勞工階層不被重視的原因。正因為此，香港人就更需要默默耕耘，更要憑個人努力打出一遍天。

如換了偽盤的話，火星在此代表地區生產以重工業為主，另外，工會勢力龐大，常因勞工問題與政府強力對抗，勞資抗爭等問題嚴重。

【國際宮】：這是個傳統代表配偶的宮位，在「國運盤」代表外國勢力在港的影響。本質上，火星在天秤座的力量較弱，比較軟性，因此香港便少有嚴重暴力革命運動的出現。但火星在此重點為陰謀及柔鬥，從火星三合「會議宮」的天王、海王所見，暗示了議員中潛藏著很多「無間道」，他們合力刑剋政府（太陽）。此星亦與冥王六合，代表明暗手段皆有，實際情況是香港回歸多年仍然被眾外國勢力干預，這些團體甚至出錢出力支持人民反對政府，香港繼而成為了一個間諜自由化的城市。同一星象如換了的是偽盤，代表勞工界十分支持政府的決議。

【外匯宮】：冥王星在此，陰謀及幕後操縱的意味強烈，也是災難及瘟疫之星，故港人很怕災病，甚至因害怕傷風感冒（SARS）而引發經濟大災難。

「外匯宮」的冥王全都是國際投資者，行星在此的關係網極廣，這些國外資金表面上是投資港股（三合股市宮金星），但實情卻在暗中支持反對黨。從冥王暗合天王、海王，加上其坐落人馬座守護星飛入「會議宮」便足以說明這些國外資本支援了眾多本土的反對勢力。冥王立於人馬即是說這些幕後黑手的操作技術高章，每每都能以光明正大的手段令人信以為真。同樣地，冥王三合金星說明這些大戶擁有操控香港金融股市的企圖和能力，因此到現時為止，西方投資者仍然是控制香港股市升跌的真正話事人。反之，從偽盤來看，國外的巨資大戶支持的是特區政府，並非議員和反對派。

【船務宮】：冥王在人馬座 3° 與宮頭位置相差 4°，論兼容度可視具有影響力。眾所周知，香港乃國際航運中心，是亞洲重要的運輸中轉站，冥王在此即是說在這方面擁有巨大的權威和優勢。與此同時，九宮又與高等教育、宗教、法律、科研及旅遊有關，故此香港在法律上亦具充分權威，日後待水瓶新元運的進入，這些高等學識便會得到大力支持，成為香港的另一獨特優勢。

【政府宮】：真盤與偽盤的最大分別在於星群佈在「政府宮」還是「議會宮」，在「政府宮」代表政府強勢有力，是強政屬治、大政府的主導思想。但事實上，從香港回歸開始，政府就一直處於弱勢，房屋政策不能有效執行，政策被議員脅持，有為的領導人不斷被輿論壓力拉下馬來，只有順從的涉貪特守才能得過且過地完成任期。說到這裡，那個時辰是真是假，讀者應該心裡有數。

以下部分將會是香港的重點，這關乎香港人（你與我）的未來，2010 至 2023 年冥王星進駐「政府宮」，在這 13 年時間香港政府會不斷地與反對者進行權力鬥爭，要直到某些反政府人士完全失勢，香港才始有好運。

巧合地，梁振英的上任時間（2012年）正值運限天王星進入香港命宮的時候，此時「命宮」及「天頂」都在轉換行星，所以從天運角度來說，香港未來的脫胎換骨原來是由他開始。但值得注意的是，香港星圖上的冥王星「陰暗面」均人所共有，不止是權貴，因此香港在這段年間老是會遇上一些很離譜的人和事，這些人會想盡辦法來挑起眾人情緒和事端，務求為社會製造更多恐懼和不安。

【議會宮】：顧名思意，「議會宮」即是反對派及立法會的象徵宮位，這宮有一個重要「星群」，分別由木星、天王星和海王星組成，勢力不可謂不大。可是這些行星都在逆行，表示應改革（天王）的不改革，應發展（木星）的不發展，攬福利（海王）的沒福利，換句話說，這是個完全沒有建設性及貢獻價值的議會。更離譜的是，這些行星與

代表外國勢力的火星、冥王關係極親密，但同時沖著代表國民財富的金星，與之有共鳴的是「議會宮」的木星刑著「經濟宮」的人民（月亮），說他們是倒米壽星，這是香港實況的最真切反映。

隨著冥王星的進入，加上「水瓶元運」在這裡發生，代表所有不具建設性，只懂靠煽動群眾情緒，而非理性討論，與及連具體處理方法都欠奉，只為自己增添政治資本的政客都會一一消失。冥王過運的不利之處是議會會變得更為專制獨裁，但有利是政策能夠有效實施。事實上，在香港泛政治化的影響，議會及某些益利人士只會不斷離間，立法會拉布流會，一味阻礙及拖延利民政策，例如港珠澳大橋、深廣高鐵、西九文代區、填海造地及居屋發展，其目的只是為了阻礙香港發展，沒有其它更為合理的解釋。

在 2021 年之後，當天王星進入「經濟宮」，香港人的核心價值將迎來巨大變化，此後在經濟上會迎來 28 年的高速增長（天王運過經濟、交易、地產和股市宮），屆時住屋再也不是困擾問題。

在大局形勢上，香港星盤的火風元素特強（火主創意），加上有天王星（風象）為廟垣，天王星有兩大力量，一是用來反抗政府，二是用來發展高新科技，因此可以肯定地說，香港在「九運」會成為創新及高科技產業中心。再估計，只有香港地產泡沫的爆破，才有可能喚醒香港人的巨大潛力，借鑑日本 70 年代經濟，那時日本因為房地產市場的大幅調整，GDP 由 9.2% 急滑至 3.8%，因舊經濟的停滯，新經濟才得以大力投入和擴建，此後日本才能真真正正由製造業大國轉向製造業強國。

從中國的佈局分析，2018 年中央已經把香港定位為高創新地區，並融入大灣區經濟發展，可惜現時香港經濟只是被地產綁架，港人的大多數資金都只能投放在地產方面，可以想像，當個個只去炒樓唔做實業，香港的發展當然有限，再講，租金的過度高昂也是抑制港人創業的主要原因。

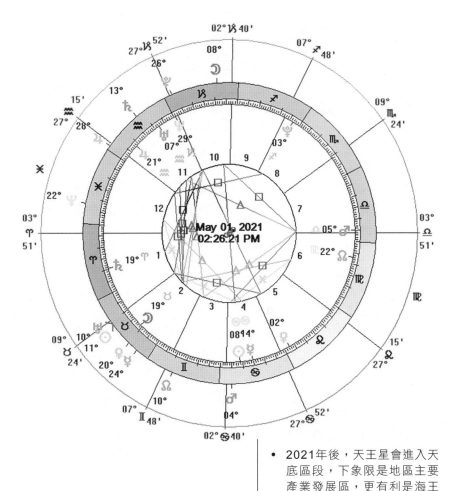

- 2021年後，天王星會進入天底區段，下象限是地區主要產業發展區，更有利是海王星也會隨後加入。

　　【救濟宮】：最後要澄清「十二宮」的關係，救濟宮一般與社會的黑暗面，如黑幫、監獄、醫療及社福有關，偽盤的土星在此即說明以上問題對香港影響都十分嚴重。這方面肯定是錯的！

　　先說黑幫，香港在回歸後的黑幫問題基本上消除，起碼沒有太大影響市民的日常生活，事關大多數的黑幫頭子都棄暗投明，有些大佬更投

身了娛樂圈，甚至成為偶像及明星級人物。

第二，土星在十二宮代表罪案率增加，事實上，香港是個犯罪率極低的太平都市，甚至在雨傘革命這個混亂時局下，打劫店舖之事都未曾出現。再比較，港英政府時期的大賊王輩出，然而這些問題都在回歸前給祖國一一消除，香港才得享安樂太平，成為世界上治安最好，最安全地區之一。

有關醫療方面，個人更不認同，雖然自己沒有坐過救護車緊急送院，但父母曾多次享過用這些政府福利，這些醫療服務高效貼身，因而成就了香港成為平均全球最長壽的地區之一。

再說社福，雖然香港的社福不及美國，但絕少見有街頭行乞者，反之，時有在熱鬧旺區看到一些外表討好，年青有為的外國人向途人以無聊表演乞討金錢。

記得前文在「勞動宮」已述，香港是一個不強調政府照顧人民的地區，的而且確，香港人為了活得有尊嚴，就是喜歡自力更生（白羊座），又因為要面，所以香港人十分勤力，不可被人看小。

最後回顧前文關於「人民宮」的土星，土星立命代表大器晚成，行星的大慨發跡時間為人命的五十歲，亦即是三分之二左右的時間，假如香港星圖的有效期為五十年，亦即是其發跡時間為回歸後的三十年，即是大約 2027 年左右的時間。與之有共鳴的是，星圖上所有長期行星如木星、天王、海王和冥王都在逆行，彼此都留有餘力，這方面與土星的長期慢性甚有關連。巧合地，代表熱潮及燈紅酒綠、五光十色的海王星也會在相關時間進入香港，屆時夜夜笙歌的日子可能從回香江。

以上天運所述，引証了鄧小平的說話：「馬照跑，舞照跳，香港50 年不變！」

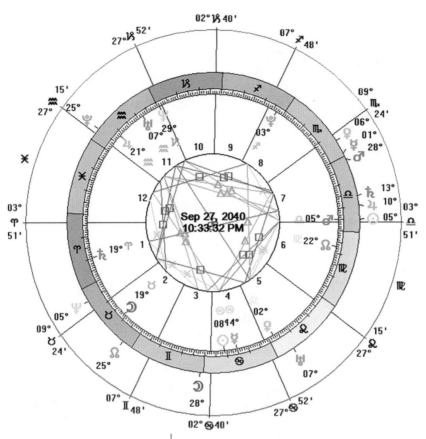

- 此乃2040年香港星圖，圖中的國際宮出
  現了六星連珠現象，相關星象在美國曾發
  生過，故有關解釋留在美國國運圖再述。

以香港星圖上天王及海王星特性，的而且有利
科技及中藥業發展，所以香港首任特首董建華
就提出了八萬五的房屋政策、創新科技及中藥港等發展藍圖。可時至今
日，香港人脫實向虛，走去了攪房地產和金融業，但可惜這些都是塘水
滾塘魚，是港人自相殘殺，爭相搶奪對方財富的事業，加上這些行業極
容易泡沫化，直接造成貧富懸殊差距日益擴大。相反，深圳在這二十年
大力發展高新科技，其生產總值已於 2017 年超越香港。

中國

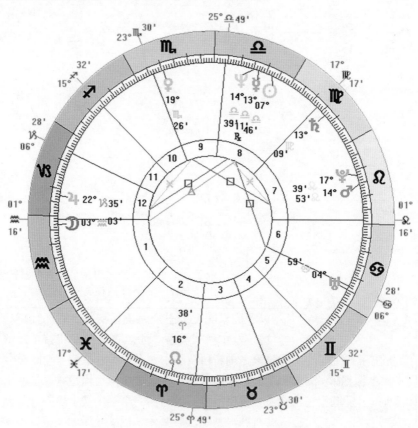

中華人民共和國開國大典時間為1949年10月1日下午3時，地點為北京，這個時間便成為中國的國家星圖。但這個時間在坊間亦存在一些輕微爭議，據說毛澤東在天安門城樓上宣佈「中華人民共和國，中央人民政府，今天成立了！」的時間為下午3:15分，因此有些占星家會以「十五分」作為中國星圖。

金融占星

從香港例子可見，那些普羅大眾（非專家級）公認的時間及儀式的開始時，往往都比其他內容及細節更具象徵意義。況且，從技術上論之，中國星圖的「上升星座」為水瓶座 1°，15 分鐘後即為水瓶座 4°，此差距輕微，基本上可以不理。但有趣的是，從維基百科所得，儀式的正式開始時刻為下午 2 時 55 分，假如換上了星圖，中國的「上升星座」便是為「水瓶座零度」，這個時間真的是巧合或是人為，則留待讀者自行判斷。

【人民宮】：中國立命於一個革命家的星座水瓶，命主星是代表人民的月亮，故此人民革命的意味便十分強烈。

首要知道，月亮這星看似十分孱弱，一幅弱不禁風的樣子，所以中國在建國初期，內憂外患十分嚴重，先是八年抗戰、國共內戰，北方的前穌聯對之虎視眈眈，甚至此時越南、印度都有把他欺負的企圖。而且月亮屬於不穩定行星，沒有香港立命土星的安定，所以很多時都會在政治、經濟及天災人禍上帶來波動影響。月亮在「人民宮」代表早年困難重重，很多情緒性（人治）決定而導致政策上的失敗，這方面就有如不成熟少女會因感情用事而作出錯誤決定，必須經歷創傷才能成長起來。

從運限引証，1962 年土星入命對沖火星、冥王，此是個戰爭的星象，當時爆發中印邊界戰爭，但礙於月亮始終怕事，戰勝印度之後主動撤出藏南。但不要看月亮這麼單薄，月亮善於忍耐，能默默耕耘，不怕過苦日子，並擅長以柔制剛，錦裡藏針，打蛇只打七寸。不過，當月亮要恨心下來，為了保家衛國，手段也可以十分殘酷的。

中國星圖中的日月呈三合，表示人民團結，與政府齊心，一同默默建設與耕耘，加上這個月亮相合木星，代表人民心情樂觀，對未來前境充滿希望。此外，中國命宮的一大特點就是宮位面積特大，因此不論凶星或吉星的進入，留置期都相當之長，即是說中國人的所有苦難都十分長期，然而福澤亦長。

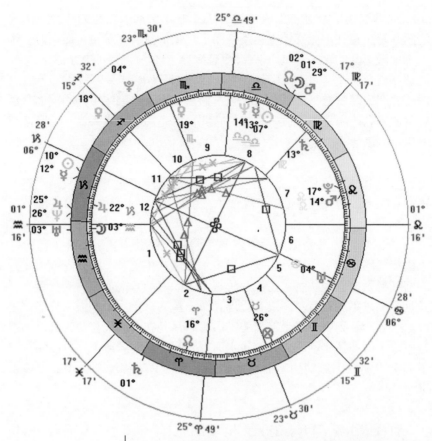

- 這是中國北京的立國星圖，過運盤時間是1997年
  1月，此時天王星剛進入命宮與命主星月亮相合，
  時年鄧小平逝世、香港回歸，星象引證了天王星的
  去舊迎新，一個時代的終結，上一代領導人統治的
  結束。再看木星在稍後迎頭趕上與之相合，木天之
  合示意國力在此段時間快速飛躍。如星圖換了是個
  人，即是說個人形象、行為及風格的徹底改變，有
  一鳴驚人和時來運轉的意味。

【經濟宮】：在經濟方面，中國星圖的「第二宮」為雙魚座空宮，
「空宮」一來說明開國之時，國家一窮二白，經濟發展欠佳。但好處是
充滿可能性，什麼事情都可以發生，雙魚座的改變是沒人可以像想的。

$ 金融占星

但要留意「北交點」這個導致日月蝕位置同在於此，即是說中國經濟及產業會不斷的重整和改變，往往在過程中有所損失，經常因經濟改革而帶來陣陣劇痛。從早年中國的經濟改革引証，如大躍進、改革開放、特區建設、工業及私有企業的改革，很多時都是完全推倒舊有東西而來，可見其改變就有如日月蝕一樣，一點不溫柔也絕不模稜兩可。

在過運方面，2008 年天王星進入中國的「經濟宮」大有利工商實業的發展，適逢美國發生金融海嘯，但 2009 年中國的 GDP 仍比去年

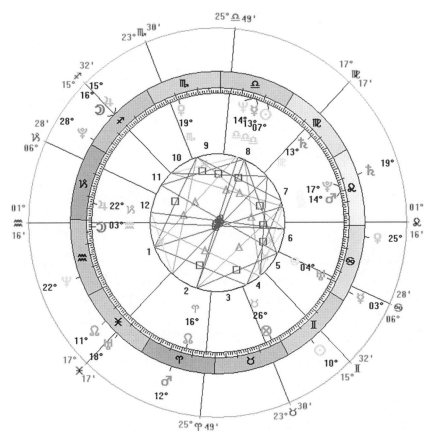

- 2007年6月，天王星進入財帛宮後的經濟呈明顯快速增長。

上升 8.1%，人民幣繼續走強，經濟增長全球第一。另外，天王星特別有利高新科技的研究和發明，此時如國產大飛機、重型直升機、航空母艦、核電、新能源、高速運輸系統、超級電腦、北斗及神舟等尖端太空科技都是在此段時期立項上馬。

China / Gross domestic product

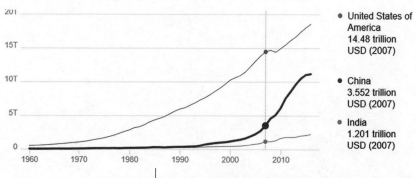

11.2 trillion USD (2016)

- United States of America
  14.48 trillion USD (2007)
- China
  3.552 trillion USD (2007)
- India
  1.201 trillion USD (2007)

- 由2001年中國外匯儲備得2000億美元到2009年中國坐擁20000億美元，而天王星只是剛剛進入財帛宮。看完這個圖之後，相信各位對香港稍後情況應該感到樂觀。

【新聞宮】：中國的「新聞宮」為白羊座空宮，代表國家強烈地主導著所有新聞、資訊及媒體的發佈，與及交通及教育方面的發展，另從其守護星火星起飛到「國際宮」與冥王合，也有強力反對他國插手國內傳媒及通訊領域之意。

【地產宮】：中國的「地產宮」是金牛座空宮，說明了土地乃國人的重大財富，強調了以農立國及「有土斯有財」等中國人傳統觀念。有趣的是，中國星圖幾乎是一個「上象限」的格局，代表私有財產的「下象限」幾乎沒有行星，如果這是個人命盤，即反映此人重名輕利，重視集體利益多於個人利益，這方面與共產主義的立國思想可謂相通。

【股市宮】：中國星圖的水瓶座守護星飛入於此，表示國家對兒童及下一代非常重視，這是父母含辛茹苦都要把兒女養育成才的意象。天王星雖然與子女的關係不算親密，但有利的是下一代非常優秀，加上行星在「股市宮」表示中國的股市潛力非常巨大，有成為世界第一的可能，但礙於天王星在宮位末段，可見這個過程仍然相當慢長，還有以天王的極端性，故此中國股市大上大落實屬必然。

【勞動宮】：巨蟹座的「勞動宮」與「人民宮」有所共鳴，事關此宮的守護星正是命宮的月亮，而代表社會最低下階層的宮位守護星飛到了命宮，即引證了無產階級為國之根本的看法，此宮的對沖宮為木星，代表國家非常重視民生，尤其是勞工及廣大勞動階層的生活保障。

【國際宮】：這可說是中國星圖上的最凶宮位，宮中雲集了三大惡霸，分別是火星、土星和冥王，這又是個戰爭的星象，與 2018 年中美貿易戰時相似，代表外交上的巨大壓力，與外國的競爭異常激烈。假如從運限論之，中國立國星圖的第二日即 1949 年 10 月 2 日正是月亮跟火冥對沖，意象是一個很有個性的小女人與一群大魔頭對抗的情境，回顧歷史，朝鮮戰爭就是在建國的第二年（1950年）開打。

這個火星和冥王同在火象元素的獅子座，加強了其橫蠻霸道的色彩，這隻獅子也象徵著世界權力的王者 - 美國。命主星月亮（水）與之相對，水火相沖之意象相當鮮明，加上「國際宮」的凶星集中而吉星基本上沒有，可見就算如何忍讓，別國都只會視你為敵人。但我們卻可以從火星與金星相刑找到化解方法，就是在彼此對弈的情況下，以懷柔及金錢外交來緩減別國的敵意。

【外匯宮】：中國星圖上的第二大重點就是「外匯宮」，宮內有三顆較為良性的行星形成星群，而且此三星與所有「物質」及「敵人」的宮位都有淵源。本質上，「外匯宮」代表敵人的財產，既然「國際宮」有這麼多強者，即說明中國多有具實力的外資流入，有眾多巨大的共同

利益者。

太陽落於天秤座，由政府推動國際合作，有錢大家搵的意象極為鮮星。有趣的是，星圖以水星的相位最多，它是關係網最廣而唯一的逆行者，換句話說，外資的有入無出，或易入難出的境況可謂不言而喻。加上海王星在此為旺垣，便示意四方海外資金的大量流入，大家無分彼此，是個國際大融合，然而水星關係了「股市宮」的天王星，又連繫了關係國家福利的「救濟宮」木星，還三合了「人民宮」的月亮和「國際宮」的火星，可見金錢外交及對外合作絕對是中國發展的關鍵。還不要忽視「國際宮」的守護星為太陽飛到了「外匯宮」，可見所有和中國的糾紛都和利益有關，魔頭們之所以對這個小女人這麼凶狠，說白了，無非都只是為了錢而已。

更有趣的是，海王星由「經濟宮」飛出，說明了中國就是憑藉這些國外資本來建立自己的產業，如此一來，也十合乎月亮的密密吸納，與及海王星強調「你的錢即是我的錢，我的錢即是我的錢」的品性。由此推算，未來中國到底會不會打仗，則在乎錢夠不夠多，夠多的話就不用打，沒有錢就要自己打。其實這星圖很有反客為主的味道，「遺產宮」暗合了火星，也代表很多人願意為錢幫手中國及解圍。

【船務宮】：象徵財富的金星進入「船務宮」，出入口及外貿進財的意象相當鮮明，加上這星與「國際宮」的火冥有相，所以中國十分重視商品出口，十分依賴外國資本的流入。與此同時，金星在此也反映國人能夠包容各地文化，容易接受新觀點，有利與外國人相處，與不同民族融和合作。

金星在此亦反映本國文化對世界的影響力，不難設想，中國有著五千年歷史文化，其哲學及道德信仰能夠為本國提供一些軟性力量。在下一章美國星圖，也同樣可以發現美國的海王星在此所發揮出來的巨大文化優勢。

【政府宮】：中國星圖上的「政府宮」沒有強星進駐，表面上看似不太理想。一般而言，這個位置沒有行星反映的是無政府狀態，又或是政治混亂，國家需要混亂好一陣子。較為可取的是，前宮金星之接近（相差 4°）可視為其未來行星，金星在此卻有助政府以和諧友善的態度來與人民建立關係。加上金星懂得包裝，懂得以柔控制剛，利用軟實力去達到目標，善於統戰及營造社會正能量更是其必殺絕技，這方面與命宮的月亮可謂不謀而合。

不過，在政府的軟實力未得到適當發揮之前，本質上，中國政府仍是一個如假包換的獨裁者，事關天蠍座的守護星正是操控力超凡的冥王。眾所周知，中華人民共和國是作為以共產黨一黨專政的政體，故此這個政府的成功便備受爭議，美名與壞名同存。冥王的權力鬥爭非常殘酷，在競爭過程中不是你死就是我亡，所以能夠座上這個龍頭寶座的人絕非等閒，沒有足夠實力轉眼便被拉下馬來，可見這個政府的人治色彩非常濃厚。

冥王星的真身不在「政府宮」，卻跑到了別處宮位來藏匿起來，這方面與鄧小平主張韜光養晦的思想可謂不謀而合。但只要了解冥王星性，便能意會中國管理層其實滿懷巨大理想，事關天蠍乃四大王者星座，它擁有堅強意志及巨大野心，要做就要做最大最強。更厲害的是，當它未有十足把握之時能夠忍辱負重，星座善於暗戰，玩大謀略，它不會與人直接對抗，但出手只打死穴，然而這個臥薪嘗膽的日子將於稍後解封，屆時中國人便會以強勁凌厲的氣勢站立於國際舞台之上。

【議會宮和救濟宮】：最後我會把「議會宮」和「救濟宮」合併討論，事關「議會宮」的守護星落了入「救濟宮」，彼此關係密不可分。首先，沒有行星的「議會宮」代表沒有議會，這個道理十分顯淺，反對派及與政府角力的團體在中國基本上沒有。另外，不多管閒事的木星，代表監督政府的力量相對鬆散，這方面與共產黨一黨專政可有共鳴。但話須如此，冥王是所有行星之中，自我監督及自守紀律的最強者，再說冥王的家法嚴厲，根本不須要有其他人士指指點點。

木星在「救濟宮」是共產主義的精髓，示意社會福利良好，不論在教育、醫療、養老及社福上，人民都得到應有的全面保障。不過這都屬於後話，事關木星乃中段行星，並行星落於宮尾，再加上摩羯座的長期性，想要真正達到和西方福利國家的平等待遇，相信仍有相當慢長的道路要走。但本質上，中國在立國之初，真的是完全實行全民保障路線，如是人民公社，全村人同食「大鑊飯」，所有生活所需都由中央分配，當時的人真的不愁保障。

「救濟宮」是個與黑社會和監獄有關的宮位，木星在此把陰暗面變得光明，大陸的黑道環境我了解不多，但起碼比台灣及日本便少有黑道幫派明目張膽，敢公然作出集體犯罪行為。

又話說香港及澳門回歸後，黑道問題大減，個個黑幫都轉做正行，甚至到大陸發展影視娛樂，這些漂白行為都有賴木星的正確指導。還有一點，應該全世界沒有一個國家主張「坦白從寬，抗拒從嚴」，十分重視在犯身人上做思想工作，這都可以歸究於木星有「導人正信」的理念，有給人改過自身的機會。

展望將來 ——冥王入命

占星學上的最大週期行星，代表完全脫變的冥王將於 2024 年進入中國命宮，但在此之前，基於「入相」考慮，冥王的危機及恐懼感早在 2018 年已經浮現，再加上此時土星在「救濟宮」與冥王合，相關精神壓力更是迫人，星象告訴我們稍後中國將會面臨巨大威脅，國人將有一段辛酸慘痛的苦日子，甚至令人有不成功便成仁的感覺。

土星合冥王將是世界另一冷戰的開始，美國為阻止中國成為全球性大國，中美之間大有機會陷入長期鬥爭，然而 2018 年的關稅問題只是阻止中國發展的一小部分，美國表面看似消除不公平貿易，但更深層次是為了破壞中國的產業升級為戰略目標。事實上，美國不在乎中國的崛起方式和平與否，總之是有潛在對手膽敢超越，就必須先下手為強，把它消滅，這就是中國「冥王入命」所遭遇到前所未有的困難和挑戰。

$ 金融占星

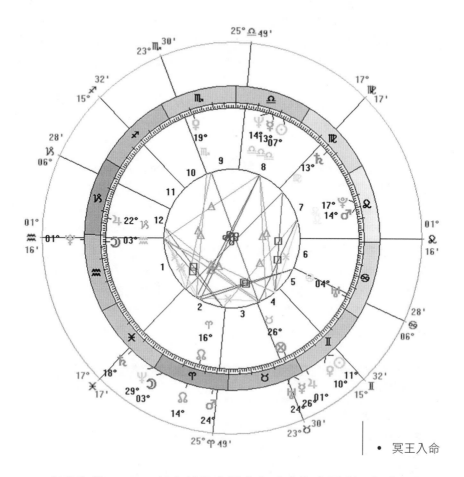

• 冥王入命

在此之前，2021 年木星和土星會在「水瓶座零度」相合，此是「水瓶座元運」之到臨，然而這個新世代的所在位置正就是中國的命宮。同一時間，象徵大眾潮流及無限可能的海王星已進入中國的「經濟宮」，相信以現時讀者功力，已幾可估算到屆時國家經濟正在強力地轉型，也是產業升級及百花齊放之時。

中國星圖有個特點，就是「一七」宮位的面積特別巨大，所以冥王星在此的過運時間特別長，共 32 年（2024~2056）。可以想像，為了人民及國家質素大幅提升，打擊貪腐、減少貧富懸殊、產業升級等政策

會不斷推出，但這樣大的國家若然真的要貫徹始終，就必需放棄舊有不及時宜的制度，要付出相當大的代價才能完成脫變，然而冥王過運即是說國人全無懼色，不半途而廢，如何慘烈都要捱過為止。

各位還要做好心理準備，一般冥王入命的人絕不好惹，人會變得有脾氣，表現強勢，相對霸道，少了從前的親切、寬容、易話為，基本上沒有討價還價的餘地。加上 2019 年後的若干年，冥王與「國際宮」的本命「火冥」對沖，屆時中國與國際關係不太好是可以想像的，當中尤其是與美國的關係最為緊張，弄得不好甚至有熱較量的可能。

但各位不要因此而感到害怕，冥王過運是大國崛起前的挑戰，歷史上，世界眾多強國在崛起的過程中難免會遇上相同考驗，例如 16 世紀英國打敗西班牙無敵艦隊，18 世紀俄國打敗北歐霸主瑞典，18 世紀美國獨立戰爭打敗日不落帝國，19 世界普魯士打敗法蘭西，甚至18 世紀末的日本甲午戰爭和日俄戰爭。可以這樣說，所有強國崛起都要經歷過以小博大，以弱勝強的慘烈競爭。

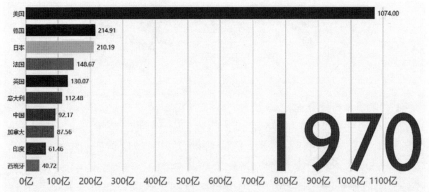

• 1978年改革開放之初，中國是世界上最貧窮的國家之一，按照世界銀行指標，此時中國人均GDP只有156美元，一般認為撒哈拉沙漠以南的非洲國家才是世界上最貧困的，但1978年此地區的GDP竟然是490美元，即是說中國此時比非洲更窮。

最後，歷史洪流往往都是向前，這都是中國人在登頂之前，坐上龍頭寶座，成為世界之首的最後考驗，所以大家要做好最壞打算，習慣長期抗爭才是王道。但換個角度，2018 年是海王星進入中國「經濟宮」的時間，星象象徵全球化合作，有產業齊備及百花齊放之意，為什麼稍後中國將會開始霸道起來，當中的最大可能是「有錢就任性」。

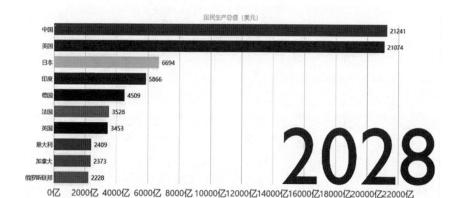

- 英國經濟學人雜誌智庫、普華永道會計事務所與及世界經濟銀行預計，中國最早在2024年，最遲在2028會超越美國成為全球第一大經濟體，然而2030年中國GDP將佔全球總量的20%，在2040年以後，軍事上會超越美國，所以在這段日子，美國一定百般阻撓，這就是冥王入命的考驗。

補充閱讀：五星連珠

「五星連珠」是指五大行星，即水星、金星、火星、木星和土星的位置極度集中，看似五星緊密地聚在一起，在天上形成連珠的境象。

據天文軟件計算，從公元 1 年至 3000 年，以五星的角度少於 30°（一個星座）來統計，合共發生過 39 次，當中間距相隔三十年至上百年不等，平均七十七年出現一次，而星群的角度越緊密，越接近（少於 10°）的情況就越為罕見。

五星連珠年份表		
（2000 BC - 3000 AD）		
年份	月份	角差
公元前BC		
1953	2	>10°
1813	12	10-20°
1198	11	10-20°
1059	5	>10°
1039	3	10-20°
664	1	10-20°
442	5	10-20°
185	3	>10°
47	11	10-20°
公元後AD		
272	7	>10°
332	10	>10°
710	6	>10°
1108	4	10-20°
1564	6	10-20°
1584	5	10-20°
2040	9	>10°

古中國人極之重視五星連珠，認為是朝代更替的象徵，因此對星象的記錄十分詳盡，不難從史料中找到眾多相關記載，相傳黃帝即位之時為甲子年、甲子月、甲子日，那一刻正好是五星連珠之時，《大平御覽》記載：「禹時五星累累如貫珠，炳炳若連壁。」據聞堯帝、夏禹（公元前1953年2月）即位時亦有相同天象。

一般來說，民間較為普遍的說法，出現五星連珠是一種十分吉利的兆頭，加上我國自古以來就存在著「君權神授」的觀念，天象既象徵歷史傳承，也是國家從事各項重大活動的依據，因此古人視「五星連珠」是新王朝興起及大國崛起的標誌，國家將會有重大性轉變，新的偉大人物將會出現。

以下的五個例子，筆者嘗試利用天文程式找出當時的星象，讓讀者感受一下星象與世運的關連。

《七修類稿·天地類》記載：「五星聚房，殷衰周昌，五星聚箕，諸弱齊強，五星聚井，楚敗漢興，安史之亂，五星聚奎，大宋之世。」

【五星聚房，殷衰周昌】：經天文程式計算，時間太約是 BC 1059年 5 月，五星聚於巨蟹座鬼宿範圍，不是房宿。當時商帝辛，即紂王被姬發所滅，周朝建立，殷商滅亡。

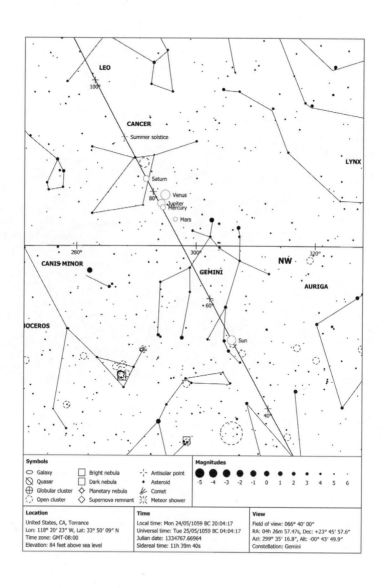

【五星聚箕，諸弱齊強】：時間太約是 BC 661 年 1 月，五星聚集摩羯座斗宿、牛宿位置，不是箕宿。齊桓公重用管仲，尊皇攘夷，開啟春秋霸政。

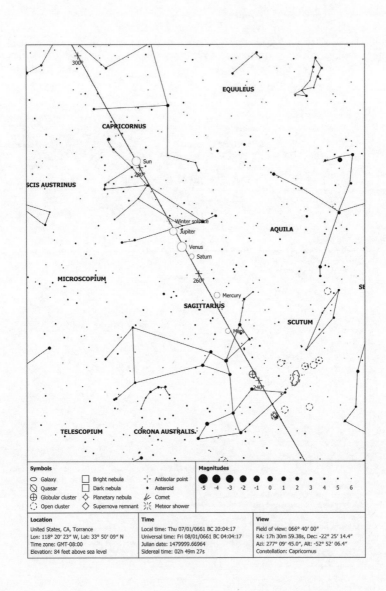

【五星聚井，楚敗漢興】：時間太約是 BC 205 年 5 月，五星聚於雙子、巨蟹座之間井宿、鬼宿，這次記錄準確了。長沙馬王堆出土民物《馬王堆帛書》記載：「（漢高祖）元年冬十月，五星聚於東井，沛公王霸上。」井宿在古代之分野是西安等地，可見戰國後之天文曆法已有一定準繩。

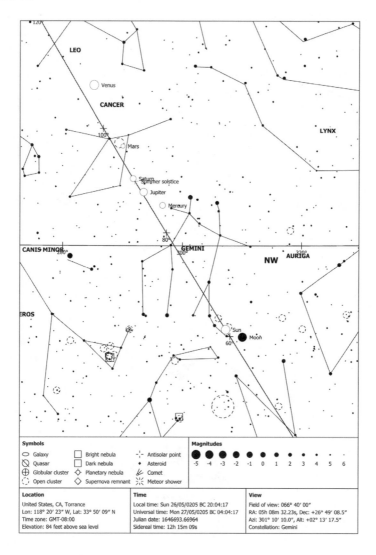

【安史之亂】：時間太約是 AD 748 年 10 月，五星落在天蠍、天秤座氏宿、房宿位置。當時安祿山攻入洛陽，稱大燕皇帝，事後李隆基被脅持，楊貴妃被殺，被迫讓位給兒子。之後唐朝國力日衰，五代十國開始，時局又混亂了一斷時間。

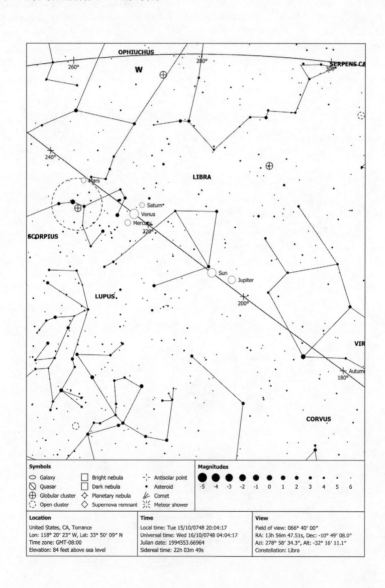

【五星聚奎，大宋之世】：時間約是 AD 967 年 4 月，五星同在雙魚座奎宿。話說當晚趙普夜觀星象，見五星連珠，黃袍加身，擁趙匡胤為皇。

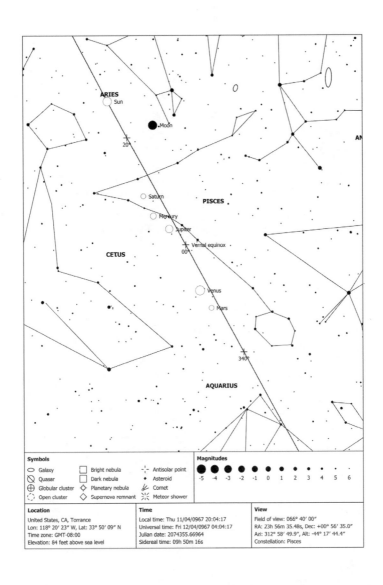

下一次五星連珠時間就是筆者在《八字編·中華人民共和國》例子中所提及的 2037 十年大運的大概時間，星象真實時間為 2040 年 9 月六星聚角宿。假如五星連珠真的有能反映新舊政權的興退衰，以及大國崛起之象，那麼未來中國的發展，意象已呼之欲出，不言而喻。

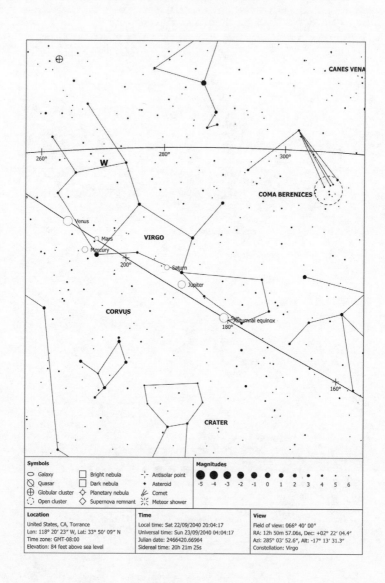

最後，引一段美國學者的簡文作結 —— 美國《全球主義者》2015年11月29日在題為《2049年10月，中華人民共和國100年華誕》的文章中稱，2049年將是新中國100年華誕，而展望未來，經濟可能成為全球第一，軍事實力或可與美國平分秋色。

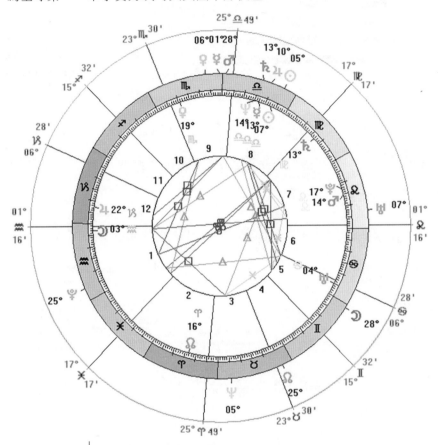

- 六星連珠的組合在占星學上解釋，除非六星處於同一星座，否則則以兩個「星群」視之，當中尤其以「木土之合」在中國的「外匯宮」最具象徵意義，代表外資的強力投入，資本的更公開化及國際貨幣秩序的重新洗牌，屆時人民幣可自由流動，甚至能夠成為世界性的三大儲蓄貨幣（人民幣、美元和歐元）。反而「船務宮」的水星、金星和火星均屬短期行星，因此較不具重大意義。

美國

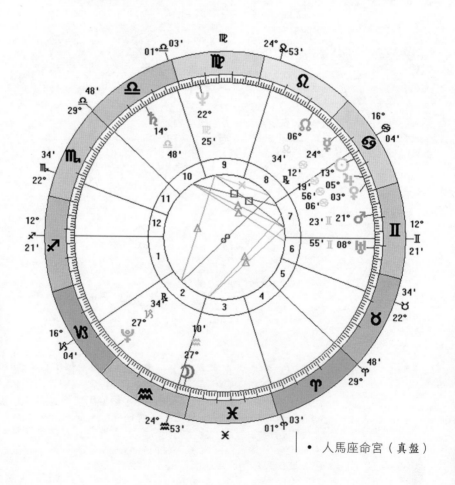

美國立國時間為 1776 年 7 月 4 日下午 5 時 10 分,在之前,英國在大西洋東岸建立了十三個殖民地,由於宗主國對於殖民地人民的過份壓迫和剝削,便掀起了推翻英國殖民統治的獨立戰爭。以上時間,正是殖民地政府

• 人馬座命宮(真盤)

在費城召開第二次大陸會議，通過並發表獨立宣言，正式宣佈美利堅合眾國的成立時間。

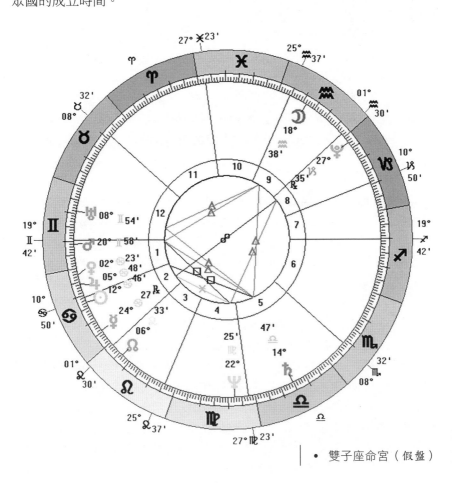

• 雙子座命宮（假盤）

　　關於美國獨立時間盛傳有兩個版本，一個是雙子座立命，時間為半夜 3 時，的而且確在坊間流傳共濟會的故事中，就有提及傑斐遜等人起草獨立宣言達至深夜，但以常理也不應作為宣佈立國的時間，因此占星界普遍以人馬座命宮為主流，並提出了相當多的事件論証。

【誰是真假】：以個人而言，筆者十分相信人馬是真盤，或者說，起碼和實際情況相差不遠，事關星圖上有多個反映點與美國文化相乎，現簡單列舉三點：

（一）人馬座作為命宮與雙子座的不同之處，人馬追求最高、卓越、超凡，熱忱自由和理想，不甘於人下，不受到拘束，立於「人民宮」還有異方種族及多元文化的意思。相反，雙子非領導型星座，它有的只是小計，非大謀，星座雖然聰明但短視，沒有野心及鴻圖大略，更不貼切的是，它不介意作為中層及從順者角色，只要給之少少甜頭，便能驅使雙子為你辦事。

（二）人馬的佈局其實與中國相似，彼此都在強調「第三象限」，此為外交、外部投資及出口形主導的發展模式。相反，如果以雙子作為「人民宮」，整個佈局便成為以「第一象限」為重點，屬於封閉主義及鎖國的一類政策，政府不喜歡介入國際事務，國家傾向自掃門前雪。

（三）從宮位「截奪」情況來看，偽盤（雙子座）的「截奪」星座為白羊和天秤，即是說國家喜歡走中庸路線，實行無為而治，這方面從火星不進取，金星不虛偽便可見一斑。相反，真盤（人馬座）的火星相當強勢，而且與它星的關係眾多，並白羊成為了「地產宮」及「股市宮」的「複式星座」，此為冒險家及擴張形的發展模式。反之，對於兄弟手足（三宮）富有同情心的雙魚座，與及肯為為國際社會（九宮）服務的處女座卻被「截奪」，加上此盤太陽和月亮無感，都在說明真盤有「寧我負天下人，莫天下人負我」的品性，惟不獨於此，稍後在其它宮位也能發掘出與美國相乎的國情。

【國際合作者】：美國星圖屬於不全完「水花四濺」或「分散式」佈局，相位較多，表示美國對外方的依存度很高，有利合作，但不宜獨當一面，最好別人出雞，我出鼓油。行星主要位於「上象限」，為事業形格局，尤其是「第三象限」的七連星最為搶眼。當中以「國際宮」由金星、火星、太陽和木星組成的主星群最為氣勢磅礴，反映國際合作者

眾。有利的是，以上行星全部都可以當作吉星看待，太陽、金星和木星視為吉星是眾所周知，但原來火星與金星只要在同一宮位，亦可視之為合則有情，在人命便是兩情相悅，有一拍即合的意思。實際情況，美國是現今世界上最多結盟的國家，全球有六十個盟友。

基於這宮為主行星帶，所以眾多的歷史故事都是由此而起，話說1914 年第一次世界大戰爆發，美國星圖上的「國際宮」便有齊三大戰爭之星（火星、土星和冥王）的運過進入，增益的是，此時其「經濟宮」全是吉星，如是「木天之合」對沖「外匯宮」的海王星，都示意著突然和巨大的海外收益。除此之外，美國之好運也絕對和「第三象限」為「貴人位」有關，從歷史引証，不論第一次或第二次世界大戰，美國都能坐收漁人之利，在世界各國打得筋疲力盡之時才輕鬆加入，結果當然令之名利雙收。

可惜的是，中國星圖都有相關佈局，可是吉星全不在此，但大家卻不宜妄自菲薄，論國家版圖面積，中美可謂不相伯仲，可是論人口而言，中國有十三億人口，比美國多出四倍有多，這十三億不僅是勞動力，也是非常龐大的消費力，市場正就是中國的絕對優勢。

我們可從美國過去的星象來推敲某些事情將會在中國出現，1782年「木土之合」發生在美國命宮，次年的 9 月 3 日《巴黎條約》便正式成宣佈美國為成首個美洲獨立國家，相同星象在中國將於 2021 年出現。同樣地，這個運限美國的天王在「國際宮」，佈置與中國 2040 年的情況相約似。

另一方面，我們又可從 1944 年 7 月的美國星象來預測 2040 年的香港情況，此時二戰將近結束，全球四十四個同盟國在布雷頓森林召開大會，商討戰後世界新秩序，此時八大行星全都落在美國的「國際宮」和「外匯宮」。如果歷史真的是以不同方式不斷重複的話，可想香港屆時甚有可能發展成為一個超級的國際性會議中心，如是作為亞洲的瑞士角色，此假設可謂與香港過去優勢一脈相承。

- 假如太陽系所有行星都有類人生物，除了文明進化及科技因素不說，論本質到底那一個行星的生物最為強大？答案一定是積體最大的行星，事關論資源，論人種的體格都必然是體積及質量大的行星佔優。我想在此帶出，認為三億人的國家能夠保持世界第一，而十四億人的國家只能排第二，那個人的智商肯定有問題，何況美國在歷史上只是威過幾十年，而中國在世界歷史上卻長期處於大國領先地位，之前的二百年只是暫時落後而已。

【愛國主義】：美國星圖上的「太陽星座」為巨蟹，主星群同落於此，反映美國人十分愛家，相當有愛國主義精神，加上巨蟹的「外匯宮」代表其宗主國英國，這方面亦說明英國正是當時美國的最大貿易及資金來源。

以事論事，巨蟹座性質被動，不多管閒事，只會自掃門前雪，近代美國之所以表現得霸道專橫，全因安全感不足所致，連一台中國製的電話都驚怕危及國家安全，可見其危機感相當之重，但箇中主因，便是原

於美國的運限冥王星入命，此點稍後再說。

回顧歷史，美國前身為英國殖民地，當時的美國人大都是由英國移民過去，因此對於美國而言，英國人就是他們的老祖宗，而美國之所以獨立，全因七年戰爭引發英國巨大財政赤字，因而大大增加殖民地的征稅所致。但在此之前，其實英國對之賦稅基本上十分輕微。從星圖上看，這個宮位的「水星逆行」對沖著摩羯座的「冥王逆行」，可見美國立國之初人民生活確實艱苦，並示意著仔與阿媽話不投契。

【霸權主義】：美國星圖上有多個暴力位置，這都是美國立國至今都從來未和平過的主要原因。第一個是雙子座的火星與天王星鄰合，代表時有突發性的暴力事件，這不獨恐怖襲擊、校園槍殺，甚至地震及龍捲風都可以歸類為關係事情。

另一個是「火土三合」，此組合容易令人脾氣暴躁，不論軟相還是硬相，兩大惡星連繫一起，可想它們打算「做世界」的可能性絕對比「做善事」還要高。與此同時，這個火星與敏感的月亮和充滿幻想的海王有相位，「火月之合」由情緒主導，而「火海之刑」代表疑心生暗鬼，經常幻想有人要加害於它。

況且，上文說「火金之合」的兩情相悅，但潛台詞就是一個願打，一個願捱，想和平要先看誰作主。

然美國的霸權主義，相信最關鍵原因，在於火星位於雙子座的守護星飛到了外匯、稅收及外來投資的宮位，與此同時對沖冥王，星象說明一旦有人夠膽敢嘗試威脅美國貿易及美元霸權，美國一定會立即行動，不留情地把它消滅。還不止，天王星在「勞動宮」與「火土合」也是一個全民皆兵，注重工業發展，並以軍事武力稱霸的象徵，當然，天王星在此則多了高科技元素及不斷軍備革新的色彩。

與之有共鳴的是，美國的「地產宮」為白羊座，這個宮位除了地

產，又代表國家安全，火星在此明顯就不太有安全感，星象反映國人普遍崇尚武力，家家戶戶都存有武器，由此可見，美國無論發生多少次槍擊事件，槍支肯定是禁不了。

有趣的是，被眾吉星保鑣包圍的太陽，而凶星火星則在附近，加上「經濟宮」的冥王也有暗沖之意，這正好穿鑿附會地解釋為什麼早期的美國總統都是被暗殺收場，可見美國總統確是一個高危職業。

再看「天頂」的土星，土星在「政府宮」代表國家地位崇高，受人尊重，它與「國際宮」的火星和大星群、「勞動宮」的天王星會合，合力地說明其話語夠分量，有相當巨大的國際影響力。

不難發現，美國星圖上有三顆星的相位特別多，火星和土星正是其中兩員，與火星有相示意武力介入，與土星有相則為長期控制。回顧歷史，美國在二戰後借馬歇爾計劃作出財政援助，通過成立北約（NATO）來控制歐洲，藉此對抗蘇聯，並利用眾亞太小國組成包圍圈，合力阻礙中國的戰略發展，可見「火土天」這三星都在慫恿美國作為世界警察及頭號惡霸的角色。

同樣道理，太陽被眾吉星包圍，美國之所以能夠成為全球霸主都與這個眾星朝拱，有眾多小弟任由差遣，重重疊疊的「左右輔弼」大有關係。

【美國文化】：一方面，星圖說明了美國可以利用軍事和經濟來控制世界，還有在文化上佔有巨大優勢。海王星在「船務宮」除了實際表示海運、國際貿易及進出口範圍廣大之外，也象徵能夠在文化上發揮軟性影響，例子如影視娛樂，荷里活夢工場便是將美國文化推向海外的最佳手段，其影響力比中國的金星高出不知多少倍。

這個看似善良的海王星與「火冥」有相，與火星相刑，象徵海軍力量為全球之最，與「冥王三合」則暗示在推廣意識形態上帶有不可告人

的暗謀詭計，從美國不斷輸出顏色革命可見，它推崇所謂的民主自由往往都帶有毒性。

【美元霸權】：說完軍事，現說經濟，亦都是最重要環節，就是把守「經濟宮」的冥王星。

不難發現，在十二個後天人事宮中，美國以「經濟宮」及「外匯宮」的面積最為龐大，巨大宮位在人命代表畢生志業，可見美國的最根本文化核心就是「錢」！這方面與中國星圖以「人民為本」的建國理念可謂極之不同。

如果認識美國的選舉制度，美利堅合眾國更似是一間股份制合資公司，各州份是以經濟貢獻作為投票標準，當中美國政府的角色更似是為商家服務，而非從人民福祉著想，從星盤上的太陽（政府）和月亮（人民）沒有交感便足以說明以上論點。

為什麼美國這個國家對「錢」這樣著緊？

這可歸究於冥王和水星都在物質宮垣逆行，記得前文曾說在「經濟宮」逆行的冥王表示實體經濟困難，水星在「外匯宮」逆行便示意交易不順，雖然美國在獨立之時已宣佈採用美元結算，於 1792 年採用金銀複合本位制，可是直到南北戰爭完結，美元都不被認可，當時仍然以西班牙銀圓為美國主流貨幣，因此這個「逆行」甚有貨幣不通用的意思。但是逆行亦非永遠，美國經過多番努力，美元現今已成為世界性的主流貨幣。

說到這裡，筆者就更感恩惠，事關中美星圖同是「外匯宮」水星逆行，但是中國在這個宮位的表現更為優勝，然其不同之處，美國的冥王星是以硬實力、強權控制及巨大的軍事力量支持，而中國的海王星則是以軟實力誘導，如是廉價商品及幫助建設（復原），讓人嚐試過後便不自覺上癮。

這個「經濟宮」可算是最骯髒不義的地方，冥王在此即是說為了錢可以不擇手段，不介意任何卑鄙殘忍的行為，所以每當世界上有任何國家敢嘗試動他的奶酪，沒有一個有好下場。

　　話說十多年前有一個中東國家伊拉克，一個北非國家利比亞，話可以用歐元來購買它們的石油時，由於觸動了石油美元的神經，隨即便被美國消滅。更高超的是，美國入侵別國的借口總是冠冕堂皇，欲加之罪，何患無辭，你或可說冒牌商品（海王星）來自中國，但假新聞（冥王星）卻幾乎來自美國，伊拉克所謂的大殺傷力武器到現時為止仍未找到，利比亞的生化武器原來是洗衣粉。

　　冥王星在「經濟宮」還有一特點，就是人民貧富懸殊。事實上，冥王確是巨富行星，但此星主肥上瘦下，沒有平均分配，更多是以權謀私，此為「財權」之表示。

　　由此可見，美國不講生產，不講出口，其經濟優勢本質上是靠強大的武力來支持。但要留意，不知何故，無論美國如何強大，其貨幣都在不斷貶值，加上廢鈔之事已早有前科，這方面可從冥王星的超濃縮特性作出聯想。有這樣的原因，原於美元乃全球性儲蓄貨幣，持有美債的人大部份都是外國投資者，換句話說，因貨幣的濫發而導致的通貨膨脹卻可以由全世界人共同承擔，正因為此，美國與眾多國家不同，極之害怕通縮而非通脹。

　　正因為美元有這樣優勢，加上「水冥對沖」善於製造恐慌和壞消息，所以美國很會製造世界性財務陷阱，如是希臘、義大利、阿根廷或土耳其危機，美國都可以從中得利，甚至只是美國自殘一下，說自己經濟有問題，也會令各地股市急跌，從中迫使資金回流，成功收割金羊毛。正因為此，之所以美國能夠用一個月滅伊拉克，但敘利亞的恐怖份子卻永遠打不贏，這些所謂的恐怖份子只會攪事歐洲，不敢在美國鬧事，當中有什麼陰謀，大家應該心裡有數。

【恐怖份子】：正所謂：「善惡到頭終有報！」美國在周圍搧風點火，在別國不斷製造危機，今次的不幸終於落到美國人頭上，2001年9月11日冥王星的運過命宮，便發生了改變了美國國運的「911事件」。在此之前，人馬座的美國人真的是天不怕，地不地，自信無懼，表現出一幅天之驕子的模樣，可是冥王星的進入卻為這個國家帶來長期恐慌，從前唯恐天下不亂，現在反被自己一手一腳訓練出來的恐怖份子襲擊，在此之後，國美人見什麼都總是杯弓蛇影，這就是冥王星所謂的「集體傷痛」。

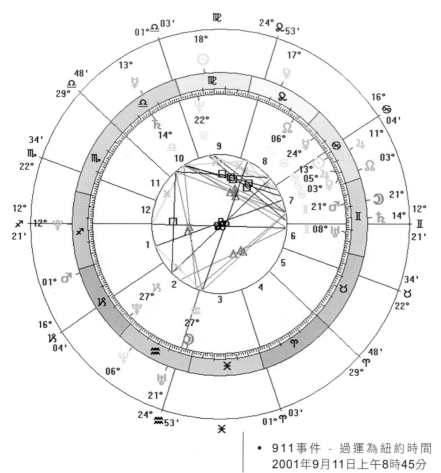

- 911事件 - 過運為紐約時間
  2001年9月11日上午8時45分

據前文述，美國的三大戰爭之王（火土冥）基於結構上的連繫，所以這些本命星只要一有沖刑，便容易牽一髮而動全身，在連鎖效應下帶來暴力衝突及戰事。從 911 發生時的星圖所見，運行的火星、土星和冥王全都在中軸線上，此時運行冥王對沖本命天王，火星對沖本命主星群，加上流年土星進犯本命火星都是導致恐怖襲擊的原因。同樣道理，當年日本偷襲珍珠港時的星象，亦都是在這三顆行星輪流互沖時發生。

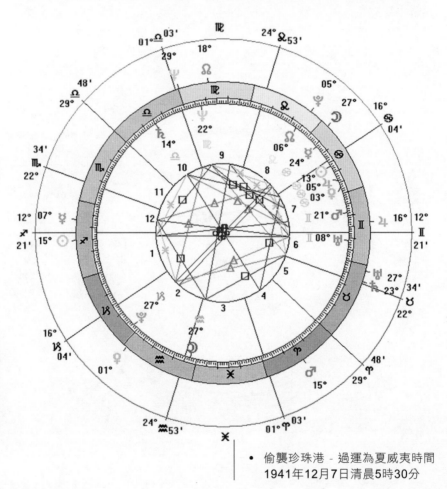

- 偷襲珍珠港 - 過運為夏威夷時間
  1941年12月7日清晨5時30分

金融占星

911 過後，由於冥王星與美國「七宮」的主星群一一對沖，結果是換來了 2001~2014 年名為「持久自由行動」的反恐戰爭，直到 2017 年的冥王離開，把拉登殺死，才宣佈任務告一段落，美國人再不用擔驚受怕，怕以後仍會受到恐怖威脅。

　　【金融恐懼】：從本命星圖來看，美國本身只重視軍事及戰略工業，然其軍工的急速發展正是得益於歐洲大戰，美國作為這些戰爭國背後的軍工廠所致。基於這些戰爭，加快了美國科技的進步，產品的換代升級便遠遠拋離其他對手，總而言之，美國的財運絕對是靠戰爭，甚至可以這樣說「因別國的不幸而富貴」，這點稍後還有話題。

　　美國在克林頓時期，政府大力推動軍轉民用，如互聯網的前身便是軍事網絡，因第三次科技革命做就了美國空前繁榮，然而克林頓上任時的星象正是天王和海王星進入「經濟宮」。可是，今次在「經濟宮」的過運行星為冥王，之前冥王星在命宮已折騰了美國人十多年，可見冥王過運對於美國而言不算得上善曜，由 2017 開始，冥王會在此停溜直到 2040 年，屆時天王入巨蟹，星象在「國際宮」代表與盟友關係的決裂、分離或重組，在「外匯宮」則表示美元會被受疏離，世界第一儲備貨幣的角色便可能有變。

　　題外一談，筆者於五年多前開始寫《四柱八字》已有提及中國、香港和台灣的命運，組合各方的運限而作推算，稍後寫《運限編》的時間，又發現了五星連珠的特別日子，到現時為此，這個 2040 年的特別日子都在不斷地重複出現。

　　正如前文所述，星象及時間「愈是巧合，就愈不巧合！」可想屆時世界格局真有可能發生巨變。

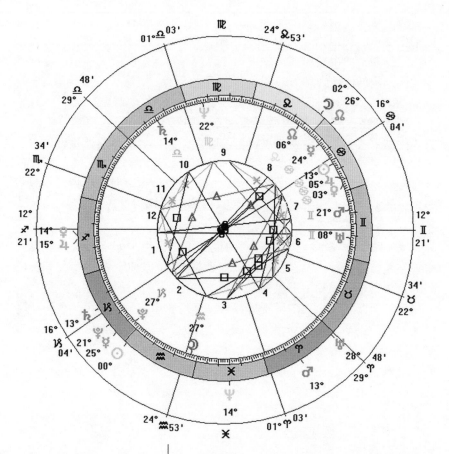

- 過運盤乃2019年1月美國月全蝕時間，不利經濟的星象有「外匯宮」月全蝕，「經濟宮」土冥合，「股市宮」的天王進入。實情是，2017年共和黨通過大規模減稅，國家財政赤字大增，此時美國挑起貿易戰就是為了填補稅改後的損失，如此一來，總統贏了口碑又成功製造國際磨擦，為中期大選贏得選票。但問題是低下階層減了入息稅，卻無形中增加了消費稅。從中可見，美國所謂的大美國主義，總統真的可以不理民生，只要有效建立強人形象便能快速取得選票，所以說美國是「火星文化」是無錯的。

$ 金融占星

【國雖大・好戰必亡】：最後要說，美國用的是「貴人盤」，美國立國至今有賴就是別國的助力，在國際間的矛盾中取得利益，如是美國之所以打贏英國取得獨立，全因法國之助，然而南北戰爭卻得助於俄羅斯，甚至俄國人白送了它阿拉斯加。此外，美蘇爭霸之成功，都是全憑歐洲多國的大力配合。可是，如今美國只是飲鴆止渴，為了自身利益而不斷出賣盟友，從前跟它搵食的人都變成了替死鬼，當今最為反美的國家如古巴、伊朗，現在的土耳其，原來之前都是美國的親密盟友。

美國現時雖然身為世界性的超級軍事大國，可美國在戰爭史上並不超然，美軍除了在一戰二戰的中途加入，憑鷸蚌相爭，漁人得利之外，絕少有由它獨擔大旗的戰爭能取得戰略上成功，更不要說有以少勝多或以弱勝強的案例。先不說韓戰和越戰，近十年阿富汗及伊拉克的戰爭也建立不起一個穩固的親美政權，如今阿富汗的塔利班依然存在，伊拉克與伊朗更是珠胎暗結，共同打擊由美國暗中支持的伊斯蘭國。

說了這麼多，都在說明得道者多助，失道者寡助，如果大家有看過《行星編》便知道冥王星的覆滅方式就是「眾叛親離」，繼而陷入完全孤立無援。

補充閱讀：息口週期

前文美國「國運圖」已有解說支持美國強大的兩項因素為軍事和美元，基於香港市場對外完全開放，加上港元與美元掛鈎，息口政策全由美國主導，因此它的強弱便深深地影響著港元資產價格的升跌（股市、樓市和物價），然其規律如下：加息導致美元強，世界資產價格下跌；減息導致導致美元弱，有利資產價格上升。還有在軍事上也對美元升跌有絕大關係，如果是別國打仗，美國的角色只是協助，例如只是提供軍火或從旁教路的話，美元便會上升；如果是美國自己跟人隻揪（單挑），親自下場，不論輸贏，美元都會下跌。

這個規律十分簡單和準確，但傳媒卻不會告訴你這個秘密，坊間的普遍解讀為美國減息，股市上揚，因為資金成本低，市場流通性強便有

利資產價格的上升。若然是加息的話，傳媒便放出有效數據，說明歷屆加息週期美股都是上升，美股上升卻有利港股同步或追落後，還有就算美國加息一至二厘仍然相當溫和，資金成本仍然相當便宜，換句話說，不論加息或減息都利好大市，這個情況在樓市也同樣合用。

但問題是，事實真的是這樣嗎？況且，美股升市與我如何干？

可能對於大多數沒有投資美股的人來說，港股上升才是關鍵，最起碼強積金（MPF）也能受益良多。最怕就是美股升，港股不跟，而美股跌，港股跌得更深，人升我跌的感覺最為難受。

日期	首次加息利率	加幅	週期內美股變幅
3/1983	8.5%	1.06%	18.1%
3/1984	10.5%	2.13%	49.8%
1/1987	6%	1.44%	10.8%
3/1988	6.75%	3.31%	31.7%
2/1994	3.25%	3%	35.3%
6/1999	5%	1.75%	-10.8%
3/2004	1.25%	4%	11.3%
3/2006	1%	5.25%	17%
12/2016	0.5%	未知	38%以上

• 加息週期美股升災表

然而美國的息口週期可以說是新興經濟市場的晴雨表，亦都是大戶收割散戶羊毛的既定程序。說段歷史，自 1971 年佈雷頓森林體系結束至今，美元經歷過兩次大牛市，第一次是 20 世紀 80 年代，美聯署為了解決高滯脹而推出高利率（息率高達20厘）政策而造成，第二次是20世紀 90 年代由高科技及電腦產業帶動而得來。

不過，美元自從與黃金脫鉤以來，大多數時間都處於熊市，原因是美聯儲局負著維護價格穩定與充分就業的雙重職責，因此聯儲局比起

$
金融占星

其他央行對通脹的容忍度更高,加上美元作為全球性儲備貨幣的獨特地位,便有助把通脹分散給其他持有美元資產的投資者,所以寬鬆貨幣政策沒有像其他經濟體那樣容易引發資本外逃。由於美元沒有一個類似孫悟空的緊箍咒,所以美國每當發生任何問題,主要方法就是以擴大貨幣供應(減息)來解決,之所以紙幣與黃金脫鉤時間只有 40 年,黃金兌美元卻上漲了 45 倍就是這個原因。

在美國減息週期的操作中,美資大戶會用盡所有辦法把你養肥,此時熱錢會大規模湧入新興經濟體,傳媒會製造一些美麗祝願,例如是金磚四國(BRIC)等火熱題材,基金及銀行便會加緊佈局,務求吸引更多人一同建設泡沫。正因為此,大戶只會購入一些容易產生泡沫的資產,例如是股票及樓房,對於地方戰略性產業及基礎建設投資均不屑一顧,無它的,全身脂肪(泡沫)總比全身肌肉(實業)更有利將來的收割和屠宰。在不斷減息的過程中,當地貨幣和資產便會不斷上漲,最終造成嚴重通脹,漸漸地這些地區便會失去競爭力,但基於資產升值有能支撐內需,所以很多人都以為自己「富貴咗」,因而傾向忽視不理。

俗語所謂:「出得來行,預咗要還。」美元的濫發,無可避免導致美元貶值,引發通貨膨脹,故此美國又要適時地回收過去印出去的銀紙(加息),隨著息口增加,美元走強,流動性危機便隨之而來,之前借了平錢炒股的人便要相繼平倉,繼而引發資產下跌,因市場的極速去槓桿便引導資金加快流回美國,此時美股屢創新高,但全球卻在股災之中。

這個「吸金大法」在美聯署手上不知操作過多少次,每次都令美國滿載而歸,不勞而獲地成功收割世界各地的財富。之所以香港經常發生股災,每隔二三年就有一次強烈震盪,一方面當然和美元的獨特性有關,另一方面卻只好怪自己不爭氣,不著重實業發展,只好紙上富貴。從下圖表(P.316)看,只要是美國稍稍加息,不論現時息率多低,週期內打算加多少,香港的第二年就會發生股災。

加息期	最低息率	最高息率	香港股災
1977年02月~1981年07月	4.68%	20%	1981年
1986年09月~1989年03月	5.80%	9.8%	1987年
1993年12月~1994年12月	3%	5.3%	1994年
1998年12月~2000年06月	4.25%	6.50%	2000年
2004年05月~2006年08月	1%	5.25%	2007年
2016年12月~未知	0.25%	未知	2018年

• 加息週期香港股災表

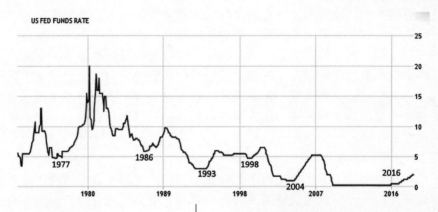

• 美國和世界打貿易戰的主要原因是迫使資金回流，由於此時息口仍不足2%，資金成本仍相當便宜，並不足夠大力推錢回國。眼看世界，吸金力最強是中國和日本，因此美國決定大打中國，小打日本和歐洲，然後在中東製造危機，這樣就足夠令資金在沒有選擇下回流美國。

第九章・廿八宿

廿八宿系列—南方朱雀

　　朱雀的外型如孔雀，或說是雉鳥。在古代的十二分宮法「十二次」當中，南方三宮為鶉首、鶉火、鶉尾，就是以朱雀的外型作為配置。南方朱雀為「井、鬼、柳、星、張、翼、軫」七宿，合共 245 顆星，42個星官。

　　南方朱雀為春季星宿，最適合觀察的時間是每年「立春」過後的二至四月份，但以個人經驗，由於南方地區春季潮濕多霧，因此觀察朱雀並非易事。

$ 金融占星

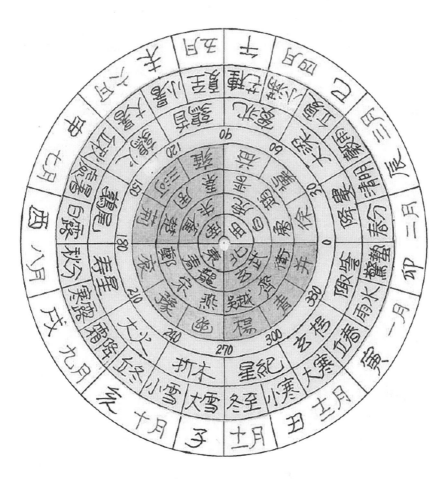

巨蟹座 —— 未宮羊類

【井宿】為朱雀頭，西方為雙子座之頭，此宿主水井，與天廚有關，因井宿在參宿「玉井」之東，故名「東井」，又為天之南門。宿內有 19 個星官共 70 顆星。井宿所佔天角度巨大，是為廿八宿之冠，因此星官特別多。以分野論來說，井宿在古時是屬於秦國，代表中州一帶、關中等地。

說天上河流（銀河）的交匯處有兩地，一是斗宿的人馬座天區，此方向是銀河的中心處，那邊的銀河最寬，亮星眾多。其相反方向便是井宿，這邊卻是銀河系的邊緣，由於井八星的排列四四正正、公公整整呈方格形狀，加上宮垣置於銀河，星官都是與水相關，故名為井宿。

和斗宿一樣，位處銀河岸邊，必然設有口岸渡口，井宿之碼頭就是雙子座的兩個頭「南河」和「北河」，渡口設於黃道之上，日、月、五星均在這條路線上運行。在「北河」之北有「積水」，東南有「積薪」，「積水」是用於釀酒而存的水，「積薪」是用來生火做飯的柴。

在宿之東為「天樽」，星官的三角排列形如酒杯，或說是盛著河水的器具，在「天樽」之北有「五諸侯」，據說五諸侯分別是帝師、帝友、三公、博士和太史。在「天樽」之下為「水位」及「水府」星官，代表的是現今的水務局，「水位」是監測河流水位的官員，「水府」就是負責供水、灌溉或防洪工事的官員。再往井宿之南，見「四瀆」，「四瀆」是中國四大河流，分別是長江、黃河、淮河、濟水。所以以占天術以言，「四瀆」星明主河道暢通，不明或有客星進犯恐有水患。在此之南就是赤道，此處有「闕邱」二星，它是古代宮門兩側的小山，即風水學上所謂左右案台。

把目光再往南看，看見天上最閃亮的恆星就是「天狼」，此乃全天第一亮星，在黑夜發出閃白色的光芒，一看就能辨認出來。在古代「天

金融占星

狼」被視為外方不懷善意的異族，其光暗間接隱喻著邊境安危，因此古人為了防範之，在「天狼」之南特設「弧矢」星官，「弧矢」有如一把拉弓狀的箭，便有如箭在弦之勢，所謂：「弧矢射天狼也!」此外，朱雀代表南方戰場，井宿設了「軍市」，「軍市」一說是軍用物資的市場，二說是補獵「天狼」的圈套，因此在「軍市」之內設「野雞」作為誘餌。

最後在「軍市」之南有數星，分別是「丈人」、「子」、「孫」，在地平線上見「老人」星，此星又曰：「南極老人」，為壽星，自古視之為一大吉星，由於「老人」的位置較近地平線，視線容易被山森樹木阻擋，因此在低緯度（南方）才容易看到。據聞清康熙南巡，途經南京，便特意找出這顆在北方不易見到的星曜來考核大臣。井宿內佈置著四代同堂，顯示出一家人樂也融融之象。

「十二次」的南方三宮為鶉首、鶉火、鶉尾，隨後便是壽星，這個佈置可謂與「老人」的視角相關。事關從天球坐標的角度來看，「老人」為井宿，屬於雙子座，可是由於「老人」位於赤道之南，靠近南極圈，假如從地面觀察，「老人」便出現在天底腳下，好像是北半球的東南方，因此古人把壽星安放在辰宮，列之為角、亢等春季星宿。

井木犴：未6°42'（吉）、乙未、14度內強，井乃水井之宿。

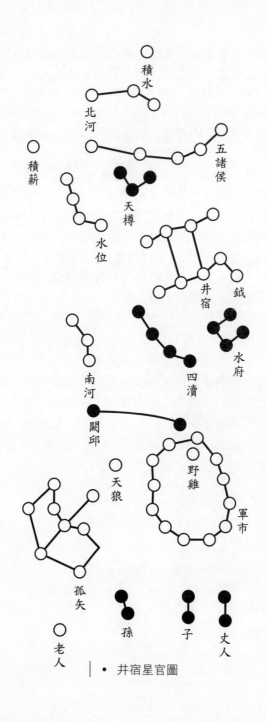

積水

北河

五諸侯

積薪

天樽

水位

鉞

井宿

水府

四瀆

南河

闕邱

野雞

天狼

軍市

孤矢

孫

子

丈人

老人

• 井宿星官圖

$ 金融占星

獅子座 —— 午宮馬類

【鬼宿】為朱雀眼睛，此宿主廟宇，是為西方的「鬼星團」（M44、NGC 2632），星官多與鬼魂有關。宿內有 7 個星官共 29 顆星。

鬼宿由四星組成，名乎其實代表人死後的鬼魂，據西安漢墓出土的星圖可見，鬼宿畫成兩人抬著的屍體，古稱之「輿鬼」，即用車運載死屍之意。在鬼宿中央有一個密集星團，名為「蜂巢狀星團」，由於肉眼所見有如一團氣，基於此氣位於鬼宿，古人便稱之為「積屍氣」。《天官書》把鬼宿名為「天目」，這便是朱雀眼睛之由來。

• 鬼星團

在宿之北有四星組成「爟」，此星官為古代設於邊境用以示警的烽火。在宿之南有「外廚」，此乃皇宮外的廚房。再往南見「天狗」，「天狗」為獵犬，還記得井宿有「天狼」，相信此「天狗」便是訓練狩捕「天狼」之用。更溫馨的是，在「天狗」旁設有「天記」，這是個代表獸醫的星官。最後，在宿之最南是「天社」，此是土地神的廟宇或指管理廟宇的官員。

鬼金羊：午6°15'（凶）、庚戌、3度內強，鬼乃天目之宿。

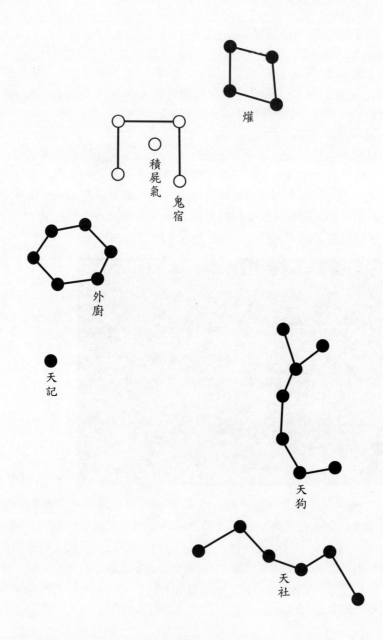

爟

積屍氣

鬼宿

外廚

天記

天狗

天社

• 鬼宿星官圖

【柳宿】為朱雀之嘴，此宿主飲食，亦代表廚師。宿內有 2 個星官共 11 顆星。

柳宿 8 星位於鬼宿之東南，古喻：「曲頭垂似柳。」連線而成有如一束垂柳。《天官書》曰：「柳為鳥注。」即是說宿的形狀似鳥嘴。整個柳宿只有兩個星官，另一個就是「酒旗」，顧名意義「酒旗」即是酒館外用作招徠的旗幟，此星官或指造酒之司。由於有酒館的存在，令人食指大動，古人視柳宿為美酒佳餚之地，主宴會尚食。事實上，鬼宿的「外廚」正落在「酒旗」之旁，從上佈局反映，一來南方物產富裕，二來古人均認為美食的烹調方法以南方最為講究。

柳土獐：午11°41'（喜）、戊午、9度內強，柳乃天廚之宿。

酒旗

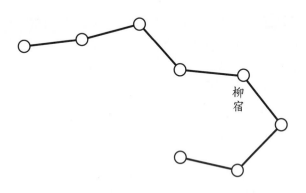

柳宿

| ・ 柳宿星官圖

【星宿】為朱雀之頸，此宿主衣著，主星為「軒轅十四」。宿內有5個星官共36顆星。

先說「軒轅」這個大星官，軒轅十七星之中，位於南端的「軒轅十四」最為明亮，加上那裡是古時（軒轅時期）的夏至點，所以特別受到重視。占星學認為「軒轅十四」立於命宮有助名譽地位的提升，見吉合者可謂貴氣非凡。而「軒轅十七」為「御女」，御女即是後宮的古稱，可能當時是母系社會之故，古人定性「軒轅」為陰性，整個星官都與皇族的女人有關，因此如有客星犯之，主後宮有爭奪之事。

由於星宿分別由七星組成，因此古代又稱之為「七星」，古傳曹操手中的七星劍，劍身的圖案就是由星宿七曜而得來。七星又名「天都」，主衣裳服裝，基於「軒轅」乃女性星官，均以織造衣履為主要工作。

在「軒轅」之西為「內平」，「內平」是古時的法官。在星宿內還有兩個星官，分別是「天相」和「天稷」，可以發現在整個中國古星空有二個天相，一顆是以紫微斗數作為題材，位於斗宿的天相星，另外就是星宿的天相星官，它們同樣代表天庭的丞相，前文已說古代星空規劃有三大法則，分別是點、線、面，「點」為單星，「線」為星官，「面」為星座，明顯這個天相就是以「線」作為代表的星官。最後，「天稷」則是天上的農作物。

星日馬：午28°42'（吉）、丙午、5度內強，星乃太陽之宿。

內平

軒轅

御女

天相

星宿

天稷

• 星宿星官圖

處女座 ── 巳宮蛇類

【張宿】為朱雀之嗉，嗉是雀鳥進食後儲存食物的部位，因此張宿主食物的存放處。宿內有 2 個星官共 20 顆星。

《天官書》：「張，嗉，為廚，主觴客。」張六星中心的部分四方，兩旁部分細長，有如一個中空容器，代表胃部，此乃嗉之因由。在張宿之南有 14 星為「天廟」，是天子拜祭先人的祖廟。在張宿附近便是太微垣，此宿被長垣分隔，長垣以北便是「少微」。

張月鹿：巳6°16'（壽）、壬午、14度內強，張乃壽星之宿。

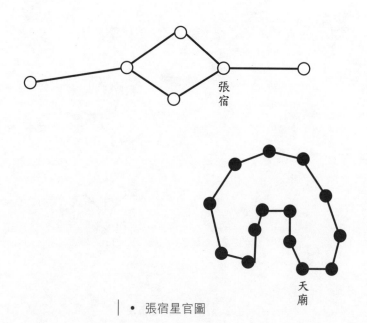

• 張宿星官圖

【翼宿】為朱雀之翼，此宿主娛樂，代表戲班樂團。宿內有 2 個星官共 27 顆星。

翼宿由 22 顆恆星組成，其形狀及範圍之廣，有如大鵬展翅，如像朱雀在星空上張開翅膀的樣子。在翼之南為「東甌」星官，此是漢朝時期的地名，現今大約在浙江南部溫州一帶，《宋・天文志》視之為南方的蠻夷部族。

翼火蛇：巳24°13'（平）、丁巳、16度內強，翼乃天翼之宿。

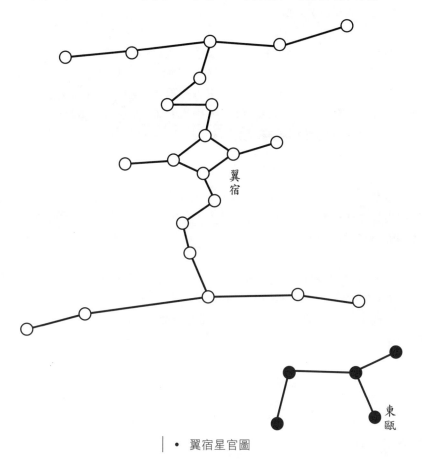

│ • 翼宿星官圖

天秤座 —— 辰宮龍類

【軫宿】為朱雀之尾,「十二次」為鶉尾,《天官書》:「軫為車,主風。」此宿主車。宿內有 5 個星官共 52 顆星。

「軫」是古代的車用部件,這個名詞在古代也代表車,因此軫宿與車可謂有莫大淵源。在軫宿的左右分別有「左轄」和「右轄」,「轄」有兩個含意,一是插入車軸端孔的釘子,是用來固定車輪的部件,二來是指天子分封的王族諸侯,嚴格來說,「左轄」冊封的為同姓王,「右轄」便是分封給異姓的王侯。

軫宿之內有一顆小星名為「長沙」,「長沙郡」自先秦時代已有,此星官與「天津」不同,「長沙」是先有地名然後有星官,「天津」則是先有星官然後有地名。在軫宿之南有「軍門」和「青丘」兩個星官,此宿身在南方戰場,自然設有戰備。南方的主要敵人為「青丘」,「青丘」乃青翠山丘的簡稱,據說是海外國名,《晉書‧天文志》指是「青丘」為南方蠻夷之國。

縱觀「廿八宿」的戰場分佈,可見北方戰場最為戰雲密佈,反之南方戰場最為安靜和平,古人對星空上的佈局,可謂與當時的時代背景與及國際形勢有必然關係。

最後還有兩個星官需要提及,便完成了「三垣廿八宿」的所有部分,軫宿之南見「土司空」及「府器」,「土司空」是古代的土木工程司,不難發現,建設者在「廿八宿」的戰場經常可見,由此引申,戰爭雖然帶來破壞,但破壞之後迎來就是全新建設。

「府器」是存放樂器的地方,星官由眾多亮星所組成,在天上有如一支龐大的合唱團。「府器」是中國古星學當中屬於最南方的一個,其區域包含了西方的「南十字星座」,「南十字星座」是全天 88 個星座中空域最細,但不要因此而看少它,眾多國家的國旗,例如澳洲、紐西

蘭、巴西、巴布亞新畿內亞和薩摩亞等南半球國家都是以南十字四星作為國家的標誌。

軫水蚓：辰11°14'（平）、癸巳、6度內強，軫乃車府之宿。

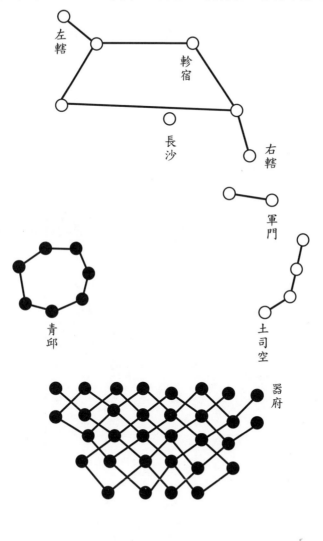

| • 軫宿星官圖

【廿八宿分野】南方朱雀七宿，井、鬼代表「雍州」，柳、星、張代表「冀州」，翼、軫代表「荊州」。南方朱雀代表古稱楚的南蠻之地。與北方相比，南方戰場相對平靜，井宿北有「天門」，南有「南門」，負責守備「長沙」。「庫樓」為軍營，以「車陣將軍」為統帥，統領「騎官」、「車騎」和「從官」。古人認為「天狼」為敵星，故在天狼下設「弧矢」以作戒備。千百年來，古人就是憑藉星象之光暗色變來占卜軍政大事。（註：以上所有宿度已根據 2016 年蔡伯勵之七政經緯曆書作出最新修正。）

廿八宿分野表

四象	星座	辰	主宿	十二次	國	州	現時地
東方青龍	天秤座	辰	角 亢	壽星	鄭 韓	兗州	山東等地
	天蠍座	卯	氐 房 心	大火	宋	豫州	河南省
	人馬座	寅	尾 箕	析木	燕	幽州	京津等地
北方玄武	摩羯座	丑	斗 牛	星紀	吳 越	揚州	滬浙等地
	水瓶座	子	女 虛 危	玄枵	齊	青州	江蘇等地
	雙魚座	亥	室 壁	娵訾	衛	并州	山西等地
西方白虎	白羊座	戌	奎 婁	降婁	魯	徐州	江蘇等地
	金牛座	酉	胃 昴 畢	大梁	趙	冀州	河北等地
	雙子座	申	觜 參	實沈	魏 晉	益州	四川等地
南方玄武	巨蟹座	未	井 鬼	鶉首	秦	雍州	陝西等地
	獅子座	午	柳 星 張	鶉火	周	三河	西安等地
	處女座	巳	翼 軫	鶉尾	楚	荊州	湖北等地

廿八宿主星度表

四象	宮	主宿	主星	距度	星座	西方星名	黃經	赤經 RA	古宮距	現宮距
東方青龍	辰	角	角宿一	24°9'5"	天秤座	α Vir	204°4'43"	13h26m5s	12.1	11
	卯	亢	亢宿一	5°29'46"	天蠍座	κ Vir	214°43'51"	14h13m48s	9.2	11
		氐	氐宿一	16°53'46"		α 2 Lib	225°19'11"	14h51m49s	16.3	17
	寅	房	房宿一	3°3'10"	人馬座	π Sco	243°10'38"	15h59m53s	5.6	5.7
		心	心宿一	8°10'12"		σ Sco	248°2'13"	16h22m13s	6.5	9.5
		尾	尾宿一	17°56'20"		μ 1 Sco	256°23'35"	16h53m1s	19.1	14
北方玄武	丑	箕	箕宿一	2°44'39"	摩羯座	γ Sgr	271°29'54"	18h6m53s	10.4	9
		斗	斗宿一	11°49'44"		φ Sgr	280°25'8"	18h46m43s	25.2	24.2
	子	牛	牛宿一	5°56'29"	水瓶座	β Cap	304°17'6"	20h21m57s	7.2	7
		女	女宿一	12°16'23"		ε Aqr	311°57'39"	20h48m35s	11.3	12
		虛	虛宿一	24°36'4"		β Aqr	323°37'58"	21h32m27s	8.9	10
	亥	危	危宿一	4°38'10"	雙魚座	α Aqr	333°35'25"	22h6m39s	15.4	20
		室	室宿一	24°31'13"		α Peg	353°43'26"	23h5m36s	17	16
西方白虎	戌	壁	壁宿一	10°50'36"	白羊座	γ Peg	9°23'38"	0h13m7s	8.6	13
		奎	奎宿二	23°34'18"		ζ And	20°49'4"	0h48m15s	16.6	11
	酉	婁	婁宿一	4°2'27"	金牛座	β Ari	34°12'28"	1h55m35s	11.8	13
		胃	胃宿一	17°4'41"		35 Ari	47°10'22"	2h44m27s	15.6	13
	申	昴	昴宿一	0°35'5"	雙子座	17 Tau	59°38'58"	3h45m53s	11.3	9
		畢	畢宿一	9°32'15"		ε Tau	68°42'10"	4h29m36s	17.4	15
		觜	觜宿二	24°18'8"		φ 1 Ori	83°50'36"	5h35m45s	0.5	1
		參	參宿三	25°18'41"		δ Ori	82°35'57"	5h32m52s	11.1	11
南方朱雀	未	井	井宿一	6°42'16"	巨蟹座	μ Gem	95°32'22"	6h23m59s	33.2	30
	午	鬼	鬼宿一	6°15'42"	獅子座	θ Cnc	125°57'56"	8h32m33s	2.2	5
		柳	柳宿一	11°41'23"		δ Hya	130°32'30"	8h38m33s	13.3	17
		星	星宿一	28°42'27"		α Hya	147°31'2"	9h28m25s	6.3	8
	巳	張	張宿一	6°16'53"	處女座	υ 1 Hya	155°55'47"	9h52m17s	17.2	18
		翼	翼宿一	24°13'43"		α Crt	173°55'31"	11h00m36s	18.7	13
	辰	軫	軫宿一	11°14'28"	天秤座	γ Crv	190°57'48"	12h16m41s	17.3	13

功德圓滿

寫到這裡，個人感慨萬分，事關筆者花了五六年時間，日以繼夜編寫，現在整個《杰赫星命》系列終於大功告成，本來打算寫一書的我，最終合共寫了十本，這真是超出了個人預期。說實在，編一兩書對個人而言感覺輕鬆，沒什麼大不了，但寫了十本之後，精神及身體上的五勞七傷便相繼湧現，所以此書會是本人最後的一本作品。

稍後，個人的努力方向是作育英才，既然占星學這樣有用，這麼好玩，為什麼在香港的普及度這樣低迷，因此加大市場推廣是我未來的主要工作，尤其是有關占星與金融研究的領域，個人傾向集思廣益，各出所長，與學生們一同研究，務求發掘出更多股票和商品的升跌訊號，甚至開發自己的金融占星團隊來發表研究佈告和提供相關顧問服務。

最後要說，有關在出書安排上，此書比《運限編》提前推出，主要原因來自經濟情況的不景氣，個人認為在這時有關金融加玄學的書籍會特別暢銷，加上「水瓶座九運」將在 2020 年的到來，早一點給大家通報也是好的。

在此，我杰赫祝願大家，橫財就手，股壇長勝，長贏一生，不是一次！

$

金融占星

金融占星（甲辰年最新修訂版）完

杰赫教你西洋占星，掌握命運真諦【正信！不迷信！】

WP183

金融占星 甲辰年最新修訂版

作者資料

系　　列／杰赫星命系列——8

作　　者／杰赫
web：www.astro-jack.com
facebook：jack.astrology

如需查詢 **杰赫** 玄學服務，歡迎 SCAN QRC 或聯繫師傅

email：astjack@hotmail.com

出　　版／才藝館
地址：新界葵涌大連排道144號金豐工業大廈2期14樓L室
Tel：852-2428 0910　　　　Fax：852-2429 1682
web：https://wisdompub.com.hk　　email：info@wisdompub.com.hk
search：wisdompub

出版查詢／Tel：852-9430 6306

香港發行／一代匯集
地址：九龍旺角塘尾道64號龍駒企業大廈10樓B＆D室
Tel：852-2783 8102　　　　Fax：852-2396 0050
facebook：一代滙集　　　　email：gcbookshop@biznetvigator.com

版　　次／2017年1月初版
　　　　　2024年9月第二版
定　　價／(平裝) HK$228.00　　　　(平裝) NT$1,030.00
國際書號／ISBN 978-988-75522-7-7
圖書類別／1.占星　2.星座　3.金融　4.命理
©杰赫

免責聲明：本書刊的資料只為一般資訊及參考用途，雖然編者致力確保此書內所有資料及內容之準確性，但本書不保證或擔保該等資料均準確無誤。本書不會對任何因使用或涉及使用此書資料的任何因由而引致的損失或損害負上任何責任。此外，編者有絕對酌情權隨時刪除、暫時停載或編輯本書上的各項資料而無須給予任何理由或另行通知。

本書如有破損或缺頁，請寄回出版社更換。